Henry en June

Vertaald door Margaretha Ferguson

Ooievaar pockets worden uitgegeven door
de Samenwerkende Uitgeverijen
Prometheus en Bert Bakker

Anaïs Nin

Henry en June

1995 Ooievaar Pockethouse Amsterdam

Eerste druk 1992
Vijfde druk 1995

Oorspronkelijke titel *Henry and June*
© 1986 Rupert Pole as Trustee under the last will and
Testament of Anaïs Nin
© 1992 Nederlandse vertaling erven Margaretha Ferguson
Omslagontwerp Erik Prinsen inízio
ISBN 90 351 1471 X

VOORWOORD

Anaïs Nin wist al heel vroeg dat ze schrijfster wilde worden. Op haar zevende ondertekende ze haar verhalen met 'Anaïs Nin, lid van de *Académie Française*'. In haar school-Frans schreef ze talrijke verhalen en toneelstukjes die spontaan leken op te wellen uit een zeer dramatische verbeeldingskracht, nog aangewakkerd door Anaïs' behoefte haar twee jongere broertjes onder de duim te houden. Ze ontdekte dat ze dit alleen voor elkaar kreeg door hun eindeloze verhalen te vertellen en hun een rol te geven in haar theaterprodukties.

In 1914, toen ze elf jaar was, begon ze het nu beroemde dagboek als een reeks brieven aan haar vader, die het gezin verlaten had. Ze behandelde het dagboek als een vertrouwelinge en schreef er haar leven lang bijna dagelijks in – in het Frans tot 1920; daarna in het Engels. (De met de hand geschreven dagboeken, zo'n 35 000 bladzijden, bevinden zich nu in het *Special Collections Department* van UCLA.) De discipline van het dagelijks schrijven zonder lezers of enige censuur verschafte Anaïs in de loop der jaren het vermogen haar emoties van het moment te beschrijven, een vermogen dat pas volledig verwezenlijkt werd in de periode van *Henry en June*, die in 1931 begon.

Ze bleef onafgebroken nog vijfenveertig jaar lang schrijven, zowel fictie als haar dagboek. Anaïs de dagboekschrijfster en Anaïs de romanschrijfster onderhielden een ongemakkelijke relatie. Zij schreef in 1933 in het dagboek: 'Mijn boek [een roman] en mijn dagboek zitten elkaar voortdurend dwars. Ik kan ze scheiden noch verzoenen. Ik speel tegenover beide de verrader.

Toch ben ik mijn dagboek meer trouw. Ik zal wel bladzijden van mijn dagboek in het boek stoppen maar nooit bladzijden van het boek in het dagboek, waarmee ik dus menselijke oprechtheid betoon jegens de menselijke waarachtigheid van het dagboek.'

Aan het eind van de jaren twintig zei John Erskine tegen Anaïs dat in haar dagboek het beste stond dat ze geschreven had, en zij begon te werken aan een idee dat haar in staat zou stellen 'vele bladzijden' ervan te publiceren. Het had toen compleet gepubliceerd kunnen worden; ze had niets te verbergen. Later zou ze een aantal plannen voor publikatie bedenken: het dagboek in fictie omzetten, in dagboekvorm met fictieve namen, of in dagboekvorm met zowel fictieve als echte namen. Maar vanaf 1932, toen ze met Henry Miller begon aan wat een levenslange zoektocht naar de volmaakte liefde werd, besefte ze dat ze het dagboek zoals ze het schreef nooit kon publiceren zonder haar echtgenoot, Hugh Guiler, en vele anderen te kwetsen. In plaats daarvan ging ze fictie publiceren.

Halverwege de jaren vijftig, toen haar verhalen en romans haar niet meer dan marginale erkenning hadden opgeleverd, bedacht ze een andere, meer bruikbare manier om haar dagboek te publiceren zonder dat anderen gekwetst konden worden. Ze besloot ware namen te gebruiken en eenvoudigweg haar persoonlijke leven, haar echtgenoot en haar minnaars eruit te laten. Na het lezen van *Henry en June* zal een ieder, bekend met het eerst gepubliceerde dagboek (1966), beseffen wat een vernuftige prestatie dit was. Anaïs de dagboekschrijfster zou dat eerste dagboek waarschijnlijk bij zijn feitelijke begin, in 1914, zijn begonnen. Maar Anaïs de romanschrijfster, die altijd overheerste, begon liever in 1931, haar meest interessante en dramatische periode, toen ze Henry en June Miller net had ontmoet.

De huidige uitgave heronderzoekt die periode vanuit een nieuw perspectief, geeft materiaal vrij dat uit het originele dagboek is geschrapt en nooit eerder is gepubliceerd. Het was Anaïs' wens dat het hele verhaal werd verteld.

De tekst is gehaald uit de dagboeken tweeëndertig tot en met zesendertig, getiteld 'June', 'De bezetene', 'Henry', 'Apotheose en ondergang' en 'Dagboek van een bezetene', geschreven van oktober 1931 tot oktober 1932. Het verhaal van Anaïs, Henry en June staat centraal in deze bewerking. Materiaal dat in het *Dagboek van Anaïs Nin, 1931-1934* verscheen is grotendeels geschrapt, maar een gedeelte ervan komt hier weer in voor ter wille van de samenhang van het verhaal.

Deze periode was de meest produktieve van Anaïs' dagboekschrijven. In 1932 voltooide ze alleen al zes dagboeken. Deze omvatten haar eerste experimenten in erotische teksten. Het puriteinse katholieke meisje dat haar (in haar naïeve gedachte) prikkelende ervaringen als schildersmodel niet in haar dagboek durfde te beschrijven moest nu het ontwaken van haar passie op schrift stellen. Zij werd natuurlijk beïnvloed door de stijl en het woordgebruik van Henry Miller. Maar uiteindelijk zegeviert haar eigen unieke vorm, en haar teksten weerspiegelen haar emotionele en fysieke bezetenheid gedurende dit zeer belangrijke jaar. Ze zal nooit meer zo losgeslagen zijn, al zal haar seksuele odyssee nog vele jaren duren.

Rupert Pole
Executeur, The Anaïs Nin Trust
Februari 1986

HENRY
EN
JUNE

PARIJS, OKTOBER 1931

Mijn neef Eduardo is gisteren naar Louveciennes gekomen. We hebben zes uur lang gepraat. Hij kwam tot dezelfde conclusie als ik: dat ik een ouder iemand nodig heb, een vader, een man die sterker is dan ik, een minnaar die me in de liefde leidt, omdat het overige te veel door mijzelf is gecreëerd. De drang om te groeien en intensief te leven is zo sterk in mij dat ik er geen weerstand aan kan bieden. Ik zal werken, ik zal mijn echtgenoot liefhebben, maar ik zal mijzelf waarmaken.

Tijdens ons gesprek begon Eduardo plotseling te beven, en hij pakte mijn hand vast. Hij zei dat ik hem toebehoorde vanaf het allereerste begin; dat tussen ons een obstakel stond: zijn angst voor impotentie omdat ik aanvankelijk platonische liefde in hem had opgewekt. Hij heeft geleden onder het besef dat wij beiden op zoek zijn naar een ervaring die wij elkaar wellicht hadden kunnen geven. Ik heb het ook vreemd gevonden. De mannen die ik begeerde, kon ik niet krijgen. Maar ik ben vastbesloten om een ervaring te hebben als die zich voordoet.

'Sensualiteit is een geheime kracht in mijn lichaam,' zei ik tegen Eduardo. 'Op een dag zal die zich openbaren, gezond en overvloedig. Heb geduld.'

Of is dit niet het geheim van het obstakel tussen ons? ...dat zijn type de grote, weelderige vrouw is die met haar beide benen op de grond staat, terwijl ik altijd de madonna-hoer zal zijn, de perverse engel, de vrouw met twee gezichten, sinister en heilig.

Al een hele week is Hugo heel laat thuisgekomen en ik bleef vrolijk en onverschillig, zoals ik me had voorgenomen. Toen, op vrijdag, werd hij bezorgd en zei: 'Besef je dat het tien over half acht is, dat ik heel laat ben? Zeg er eens iets van.' En we schoten allebei in de lach. Hij vond mijn onverschilligheid vervelend.

Anderzijds lijken onze ruzies, wanneer die zich voordoen, harder en emotioneler. Zijn al onze emoties sterker nu we ze uiten? Er zit wanhoop in onze verzoeningen, een nieuw soort gewelddadigheid zowel in de woede als in de liefde. Alleen het vraagstuk van de jaloezie blijft over. Het is het enige obstakel voor onze volledige vrijheid. Ik kan niet eens praten over mijn verlangen om naar een cabaret te gaan waar we zouden kunnen dansen met beroepsdansers.

Ik noem Hugo nu mijn 'kleine magnaat'. Hij heeft een nieuw eigen kantoor, ter grootte van een studio. Het hele bankgebouw is schitterend en inspirerend. Ik wacht vaak op hem in de vergaderkamer met muurschilderingen van New York gezien vanuit een vliegtuig, en ik voel de macht van New York zich tot hiertoe uitstrekken. Ik heb geen kritiek meer op zijn werk omdat hij zo'n conflict niet aankan. Wij hebben beiden het talent bankier als een realiteit geaccepteerd, en de kunstenaar als een zeer vage mogelijkheid. Maar omdat psychologie wetenschappelijk denken is, is het een geslaagde overbrugging geworden tussen zijn bankieren en mijn schrijven. Zo'n brug kan hij zonder veel horten of stoten overkomen.

Het is waar, zoals Hugo zegt, dat ik mijn denken en speculeren in mijn dagboek doe en dat hij de pijn die ik hem aandoe alleen voelt wanneer er iets voorvalt. Maar, ik ben zijn dagboek. Hij kan alleen met of door mij hardop denken. Dus begon hij op zondagmorgen hardop te denken over dezelfde dingen die ik in mijn dagboek had geschreven, de behoefte aan orgieën, aan vervulling in andere richtingen. Zijn behoefte overkwam hem midden in zijn eigen verhaal. Hij wou dat hij naar het Quatz Art-bal kon gaan. Hij was net zo perplex over zichzelf als ik door de plotselinge verandering van zijn gezichtsuitdrukking, het losser worden van zijn mond, het ontwaken van instincten die hij nooit eerder helemaal had wakker geschud.

In intellectueel opzicht had ik dit verwacht, maar ik kromp ineen. Ik voelde een hevig conflict – hoe hem te helpen zijn eigen aard te aanvaarden en toch onze liefde te behoeden. Ik snikte, en tegelijkertijd vroeg ik hem vergiffenis voor mijn zwakheid. Vol tederheid betuigde hij zijn wanhopige spijt – deed wilde beloften die ik niet aanvaardde. Toen mijn pijn tot op de bodem was doorleefd, gingen we naar buiten, de tuin in.

Ik bood hem allerlei oplossingen: de ene, om mij weg te laten gaan naar Zürich om te studeren en hem tijdelijk de vrijheid te geven. We beseften ten volle dat we het niet konden verdragen voor elkaars ogen onze nieuwe ervaringen op te doen. Een andere, hem een tijdje in Parijs te laten wonen, dan zou ik in Louveciennes blijven en mijn moeder vertellen dat hij op reis was. Alles waar ik om vroeg was tijd en afstand tussen ons zodat ik het leven waar we ons in gingen storten onder ogen zou kunnen zien.

Hij weigerde. Hij zei dat hij juist nu mijn afwezigheid niet kon verdragen. We hadden gewoon een vergissing gemaakt; we waren te snel gegaan. We hadden problemen opgeworpen die we fysiek niet aankonden. Hij was uitgeput, bijna ziek, en ik ook.

We willen een tijd genieten van onze nieuwe toenadering, volledig in het heden leven, de andere kwesties uitstellen. We vragen elkaar alleen maar om tijd om weer redelijk te worden, om onszelf en de nieuwe condities te aanvaarden.

Ik vroeg Eduardo: 'Is het verlangen naar orgieën een van die ervaringen waar je doorheen moet? En als je dat eenmaal hebt doorgemaakt, kun je dan verder, zonder dat dezelfde verlangens terugkomen?'

'Nee,' zei hij. 'Het leven van bevrijde instincten is samengesteld uit lagen. De eerste laag leidt tot de tweede, de tweede tot de derde, enzovoort. Uiteindelijk leidt het tot abnormale genietingen.' Hoe Hugo en ik onze liefde in stand moesten houden bij het bevrijden van die instincten wist hij niet. Fysieke ervaringen waarbij de vreugden van de liefde ontbreken, zijn voor het genot afhankelijk van afwijkingen en perversiteiten. Abnormale genietingen bederven de smaak voor normale.

Dit alles wisten Hugo en ik. Gisteravond, toen we aan het praten waren, bezwoer hij dat hij niemand anders begeerde dan mij.

Ik ben ook verliefd op hem, en dus laten wij het vraagstuk liggen, op de achtergrond. Maar toch is de bedreiging van die grillige instincten er, binnen in onze liefde zelf.

NOVEMBER

We zijn nog nooit zo ongelukkig geweest of zo ellendig. Onze ruzies zijn onheilspellend, kolossaal, vol geweld. We zijn allebei razend, bijna gek; we willen dood. Tranen hebben hun verwoestende sporen op mijn gezicht achtergelaten, de aderen op mijn slapen zwellen op. Hugo's mond trilt. Eén kreet van mij brengt hem plotseling in mijn armen, snikkend. En dan wil hij mijn lichaam. We huilen en kussen en komen op hetzelfde moment klaar. En het volgende moment maken we een analyse en praten we rationeel. Het is als het leven van de Russen in *De idioot*. Het is hysterie. Op rustigere momenten verbaas ik mij over het extravagante van onze gevoelens. Het saaie en vreedzame is voorgoed voorbij.

Gisteren, midden in een ruzie, vroegen wij ons af: wat gebeurt er met ons? We hebben nooit zulke verschrikkelijke dingen tegen elkaar gezegd. En toen zei Hugo: 'Dit is onze huwelijksreis, en we staan onder hoogspanning.'

'Weet je dat zeker?' vroeg ik ongelovig.

'Het lijkt er misschien niet op,' zei hij, lachend, 'maar het is wel zo. We lopen gewoon over van gevoelens. We kunnen ons evenwicht niet bewaren.'

Een gerijpte huwelijksreis, zeven jaar na dato, vol levensangst. Tussen onze ruzies in zijn we intens gelukkig. Hel en hemel tegelijk. We zijn tegelijkertijd vrij en geketend.

Bij tijden lijkt het of we weten dat de enige band die ons nu kan samenhouden die van het leven in gloeihitte is, hetzelfde soort intensiteit dat men bij minnaars en maîtresses aantreft. Onbewust hebben we een sterk bruisende relatie gecreëerd binnen de veiligheid en kalmte van het huwelijk. We zijn de cirkel van ons verdriet en genot binnen de cirkel van ons huis en van ons beiden aan het verwijden. Het is onze verdediging tegen de indringer, het onbekende.

DECEMBER

Ik heb Henry Miller ontmoet.

Hij kwam lunchen met Richard Osborn, een jurist die ik moest raadplegen over het contract voor mijn boek over D.H. Lawrence.

Meteen al toen hij uit de auto stapte en naar de deur liep waar ik stond te wachten, zag ik een man die me beviel. Hij schrijft flamboyant, viriel, zinnelijk, groots. Hij is een man die van het leven dronken wordt, dacht ik. Hij is net als ik.

Midden onder de lunch, toen we het serieus over boeken hadden en Richard net van wal was gestoken met een lange tirade, begon Henry te lachen. Hij zei: 'Ik lach niet om jou, Richard, maar ik kan het gewoon niet helpen. Ik geef er geen steek om, helemaal geen steek, wie er gelijk heeft. Ik ben te gelukkig. Ik ben gewoon zo gelukkig op dit moment met al die kleuren om me heen, de wijn. Alles op dit moment is zo fantastisch, zo fantastisch.' Hij lachte, bijna tot tranen toe. Hij was dronken. Ik was ook dronken, volkomen. Ik voelde me warm en draaierig en gelukkig.

We praatten urenlang. Henry zei de meest ware en diepzinnige dingen, en hij zegt op een bepaalde manier 'hmmm' als hij wegdrijft op zijn eigen introspectieve tocht.

Voor ik Henry ontmoette was ik intensief bezig met mijn boek over D.H. Lawrence. Het wordt uitgegeven door Edward Titus, en ik ben aan het werk met zijn assistent, Lawrence Drake.

'Waar kom je vandaan?' vraagt hij mij bij de eerste ontmoeting.

'Ik ben half Spaans, half Frans. Maar ik ben opgegroeid in Amerika.'

'Je hebt de transplantatie bepaald wel overleefd.' Hij lijkt altijd te spotten als hij praat. Maar ik weet wel beter.

Hij pakt het werk met enorme geestdrift en snelheid aan. Ik ben dankbaar. Hij noemt mij romantisch. Ik word boos. 'Ik word ziek van mijn eigen romantiek!'

Hij heeft een interessant hoofd – levendig, sterke accenten

van zwarte ogen, zwart haar, olijfkleurige huid, sensuele neusvleugels en mond, een goed profiel. Hij ziet eruit als een Spanjaard maar hij is joods-Russisch, vertelt hij mij. Hij intrigeert mij. Hij ziet er gevoelig uit, kwetsbaar. Ik spreek behoedzaam.

Als hij mij naar zijn huis meeneemt om de drukproeven door te nemen zegt hij tegen mij dat hij mij interessant vindt. Ik begrijp niet waarom – het lijkt mij dat hij al heel wat ervaringen achter de rug heeft; waarom maakt hij zich druk om een beginneling? We praten, op onze hoede. We werken, niet zo erg goed. Ik vertrouw hem niet. Als hij aardige dingen tegen me zegt heb ik het gevoel dat hij inspeelt op mijn onervarenheid. Als hij zijn armen om me heen slaat, denk ik dat hij zich amuseert met een overgevoelig en belachelijk vrouwtje. Als hij inniger wordt draai ik mijn gezicht af van de nieuwe ervaring van zijn snor. Mijn handen zijn koud en vochtig. Ik zeg eerlijk tegen hem: 'Je hoort niet te flirten met een vrouw die niet weet hoe ze moet flirten.'

Het amuseert hem, mijn ernst. Hij zegt: 'Misschien ben jij het soort vrouw dat een man niet kwetst.' Iemand heeft hem vernederd. Als hij denkt dat ik 'Je ergert me' gezegd heb, springt hij weg alsof ik hem gebeten heb. Zo iets zeg ik niet. Hij is heel onstuimig, heel sterk, maar hij ergert me niet. Ik beantwoord zijn vierde of vijfde kus. Ik begin me dronken te voelen. Dus sta ik op en zeg onsamenhangend: 'Ik ga nu – voor mij kan het niet zonder liefde.' Hij plaagt me. Hij bijt in mijn oren en kust me, en zijn heftigheid bevalt me. Hij werpt me op de bank, even, maar op de een of andere manier ontsnap ik. Ik voel zijn begeerte. Ik hou van zijn mond en de ervaren kracht van zijn armen, maar zijn begeerte maakt me bang, en stoot me af. Ik denk dat dat komt doordat ik niet van hem houd. Hij windt me op maar ik houd niet van hem, ik wil hem niet. Zodra ik dit weet (zijn begeerte, op mij gericht, is als een zwaard tussen ons in), bevrijd ik me, en ik ga weg, zonder hem ook maar enigszins te kwetsen.

Ik denk: nou, ik wilde gewoon het genot zonder gevoel. Maar iets houdt me tegen. Er is iets in mij dat nooit aangeraakt, nooit geprikkeld is, dat mij in zijn macht heeft. Dàt moet eerst in beweging gebracht worden wil ik volledig in beweging komen. Daar denk ik aan in de metro, en ik raak in de war.

Een paar dagen later ontmoette ik Henry. Ik wachtte die ontmoeting met hem af alsof dat iets zou oplossen, en dat was ook zo. Toen ik hem zag dacht ik: dit is een man die ik zou kunnen liefhebben. En ik was niet bang.

Dan lees ik de roman van Drake, en ik ontdek een onverwachte Drake – ongewoon, ontworteld, fantastisch, excentriek. Een realist, getergd door de realiteit.

Op slag stoot zijn begeerte mij niet meer af. Er is een kleine schakel gelegd tussen twee onbekendheden. Ik beantwoord zijn fantasie met de mijne. Zijn roman verbergt enkele van zijn eigen gevoelens. Hoe weet ik dat? Ze komen niet overeen met het verhaal, niet helemaal. Ze zijn er omdat ze voor hem vanzelfsprekend zijn. De naam Lawrence Drake is ook gemaakt.

Er zijn twee manieren om me te bereiken: door kussen of door fantasie. Maar er is een hiërarchie; de kussen alleen werken niet. Hierover zat ik gisteravond te denken toen ik het boek van Drake dichtsloeg. Ik wist dat het mij jaren zou kosten om John [Erskine] te vergeten, omdat hij de eerste was die de geheime bron van mijn leven in beroering had gebracht.

Van Drake zelf is in het boek niets te vinden, daar ben ik van overtuigd. Hij verafschuwt de gedeelten die ik mooi vind. Het werd allemaal objectief geschreven, bewust, en zelfs de fantasie was zorgvuldig voorbereid. We stellen dit vast aan het begin van mijn volgende bezoek. Heel goed. Ik begin de dingen wat duidelijker te zien. Ik weet nu waarom ik hem die eerste dag niet vertrouwde. Aan zijn handelingen ontbreekt zowel gevoel als fantasie. Zij worden gemotiveerd door louter gewoonten van leven en grijpen en analyseren. Hij is een sprinkhaan. Nu is hij mijn leven binnen gesprongen. Mijn gevoelens van afkeer worden intenser. Als hij me probeert te kussen, ontwijk ik hem.

Tegelijkertijd moet ik toegeven dat ik nog nooit iemand ontmoet heb die de techniek van het kussen beter beheerst dan hij. Zijn gebaren missen nooit hun doel, geen kus komt verkeerd terecht. Zijn handen zijn bedreven. Mijn nieuwsgierigheid naar het zinnelijke wordt geprikkeld. Ik ben altijd in verleiding gebracht door onbekende genietingen. Hij heeft, net als ik, besef van geur. Ik laat hem mij inademen, dan glip ik weg. Ten slotte lig ik stil op de divan, maar als zijn begeerte groeit probeer ik me los te maken. Te laat. Dan vertel ik hem de waarheid: vrouwenkwaaltje. Dat schijnt hem niet af te schrikken. 'Je denkt toch niet dat ik het op die voor de hand liggende manier wil – er zijn andere manieren.' Hij gaat rechtop zitten en ontbloot zijn penis. Ik begrijp niet wat hij wil. Hij duwt me op mijn knieën. Hij wil dat ik hem in mijn mond neem. Ik sta op als door een zweepslag getroffen.

Hij is woedend. Ik zeg tegen hem: 'Ik vertelde je toch dat we een verschillende manier hebben om de dingen te doen. Ik heb je gewaarschuwd dat ik geen ervaring heb.'

'Dat heb ik nooit geloofd. Ik geloof het nog niet. Dat kan niet, jij met je geraffineerde gezicht en je gepassioneerdheid. Je speelt een spelletje met me.'

Ik luister naar hem; de analytica in mij is het sterkst, nog steeds aan het werk. Hij stort het ene verhaal na het andere over me uit om te laten zien dat ik niet waardeer wat andere vrouwen doen.

In mijn hoofd antwoord ik: 'Jíj weet niet wat sensualiteit is. Hugo en ik wel. Dat zit in ons, niet in jouw afwijkende praktijken; het zit in gevoel, in passie, in liefde.'

Hij praat maar door. Ik sla hem gade met mijn 'geraffineerde gezicht'. Hij haat me niet omdat ik, hoeveel afkeer en woede ik ook voel, makkelijk kan vergeven. Als ik zie dat ik zijn opwinding heb toegestaan, lijkt het mij vanzelfsprekend dat hij zijn begeerte tussen mijn benen mag laten wegvloeien. Ik laat hem zijn gang gaan, uit medelijden. Hij voelt dat. Andere vrouwen, zegt hij, zouden hem gehoond hebben. Hij begrijpt mijn medelijden voor zijn belachelijke, vernederende nood.

Dat was ik hem schuldig; hij had mij een nieuwe wereld geopenbaard. Ik had voor het eerst de abnormale ervaringen begrepen waar Eduardo me voor gewaarschuwd had. Exotisme en sensualiteit hadden voor mij nu een nieuwe betekenis.

Niets werd mijn ogen bespaard, opdat ik het voor altijd kon onthouden: Drake, die naar zijn natte zakdoek kijkt, mij een handdoek aanbiedt, water warm maakt op het gasfornuis.

Ik vertel Hugo het verhaal gedeeltelijk, laat mijn eigen inbreng erbuiten en haal eruit wat het voor hem en voor mij betekent. Als iets dat voorgoed voorbij is, aanvaardt hij het. Wij laten een uur verglijden vol hartstochtelijke liefde, zonder kronkelingen, zonder nasmaak. Als het voorbij is is het niet voorbij, we liggen in elkaars armen, in slaap gewiegd door onze liefde, door tederheid – sensualiteit waaraan het hele wezen kan deel hebben.

Henry heeft verbeeldingskracht, een animaal levensgevoel, het grootste uitdrukkingsvermogen en de meest waarachtige genialiteit die ik ooit heb gekend. 'Onze eeuw heeft behoefte aan geweld,' schrijft hij. En hij is geweld.

Hugo bewondert hem. Tegelijkertijd maakt hij zich zorgen. Hij zegt terecht: 'Jij wordt verliefd op iemands geest. Ik raak je kwijt aan Henry.'

'Nee, nee, je zult me niet kwijtraken.' Ik weet hoe ontvlambaar mijn verbeelding is. Ik heb me al volledig overgegeven aan Henry's werk, maar ik scheid mijn lichaam van mijn geest. Ik geniet van zijn kracht, zijn lelijke, destructieve, onbevreesde, louterende kracht. Ik zou op dit moment een boek kunnen schrijven over zijn genie. Bijna om het andere woord dat hij uit veroorzaakt een elektrische lading: over Buñuels *Age d'ôr*, over Salavin, over Waldo Frank, over Proust, over de film *Der blaue Engel*, over mensen, over animalisme, over Parijs, over Franse prostituées, over Amerikaanse vrouwen, over Amerika. Hij gaat zelfs verder dan Joyce. Hij wijst vorm af. Hij schrijft zoals we denken, op meerdere niveaus tegelijk, schijnbaar onsamenhangend, schijnbaar chaotisch.

Ik heb mijn nieuwe boek af, op het polijsten na. Hugo heeft het zondag gelezen en was erover in vervoering. Het is surrealistisch, lyrisch. Hugo zegt dat ik schrijf als een man, met enorme helderheid en beknoptheid. Hij was verrast door mijn boek over Lawrence, ook al houdt hij niet van Lawrence. 'Wat een intelligent boek.' Dat is genoeg. Hij weet dat ik Lawrence ontgroeid ben. Ik heb al een ander boek in mijn hoofd.

Ik heb Drakes seksualiteit overgeheveld naar een ander soort interesse. Mannen hebben andere dingen nodig naast een seksuele ontvangster. Je moet ze sussen, koesteren, begrijpen, helpen, aanmoedigen, en naar hen luisteren. Door dit allemaal teder en warm te doen – nou, hij stak zijn pijp op en liet me met rust. Ik sloeg hem gade of hij een stier was.

Bovendien, intelligent als hij is, begrijpt hij dat mijn type niet 'veroverd' wordt zonder de illusie. Hij heeft geen tijd voor illusies. Oké. Hij is een beetje boos, maar... hij zal er een verhaal van maken. Hij is geamuseerd omdat ik tegen hem zeg dat ik weet dat hij niet van mij houdt. Hij dacht dat ik misschien wel zo kinderlijk was om te geloven dat hij dat wel deed. 'Slimme meid,' zegt hij. En hij vertelt me al zijn problemen.

Weer de vraag: willen we feestjes, willen we orgieën? Hugo zegt beslist nee. Hij wil geen risico lopen. Het zou ons temperament forceren. We houden niet van feestjes, we houden niet van drinken, we benijden Henry niet om zijn manier van leven. Maar ik protesteer: je doet die dingen niet met een heldere geest, je wordt dronken. Hugo wil niet dronken worden. Ik ook niet. Hoe dan ook, we willen niet op zoek gaan naar de hoer of de man. Als we haar of hem tegenkomen, onontkoombaar, dan zullen we ons geven aan wat we willen.

Intussen leven we door, tevreden met ons minder intensieve leven, omdat, natuurlijk, de intensiteit is bedaard – na het opleven van Hugo's passie vanwege mijn verwikkeling met John. Hij is ook jaloers geweest op Henry en Drake – hij was doodongelukkig – maar ik heb hem gerustgesteld. Hij ziet dat ik wijzer ben, dat ik echt niet van plan ben om nog ooit tegen een blinde muur op te lopen.

Ik geloof werkelijk dat als ik niet een schrijver, niet een schepper, niet een experimentator was, ik een zeer trouwe echtgenote had kunnen zijn. Ik sla trouw hoog aan. Maar mijn temperament behoort aan de schrijver, niet aan de vrouw. Zo'n scheidslijn lijkt misschien kinderlijk, maar het is mogelijk. Trek de overgevoeligheid eraf, het zieden van ideeën, en je houdt een vrouw over die perfectie bemint. En trouw is een van die perfecties. Dat komt me nu stompzinnig en onintelligent voor omdat ik grotere plannen voor ogen heb. Perfectie is statisch, en ik ben in volle voortgang. De trouwe echtgenote is maar één fase, één moment, één metamorfose, één toestand.

Ik had een echtgenoot kunnen vinden die mij minder exclusief had liefgehad, maar dat zou Hugo niet zijn, en alles wat Hugo is, alles waaruit Hugo is samengesteld, daar houd ik van. We handelen in uiteenlopende waarden. Voor zijn trouw geef ik hem mijn verbeeldingskracht – zelfs zo je wilt mijn talent. Ik ben nooit tevreden geweest over onze afrekeningen. Maar ze moeten in stand worden gehouden.

Hij zal vanavond thuiskomen en ik zal hem gadeslaan. Mooier dan welke man die ik ook ken, de bijna volmaakte man. Ontroerend volmaakt.

De uren die ik in cafés heb doorgebracht zijn de enige die ik leven noem, afgezien van schrijven. Mijn wrevel groeit vanwege de stupiditeit van Hugo's leven bij de bank. Als ik naar huis ga weet ik dat ik terugga naar de bankier. Hij ruikt ernaar. Ik walg ervan. Arme Hugo.

Alles is goedgemaakt door de hele middag praten met Henry – dat mengsel van intellect en emotionaliteit waar ik zo van houd. Hij kan zich volledig laten meeslepen. We praatten zonder op de tijd te letten tot Hugo thuiskwam, en we aten samen. Henry maakte opmerkingen over de groene dikbuikige wijnfles en het sissen van het ietwat vochtige houtblok in het haardvuur.

Hij denkt dat ik alles van het leven weet omdat ik voor schilders heb geposeerd. De mate van mijn onschuld zou hij ongelooflijk vinden. Hoe laat ben ik niet ontwaakt, en met welk een heftigheid! Wat doet het ertoe wat Henry van me denkt? Hij zal gauw genoeg precies weten wat ik ben. Hij heeft een karikaturale geest. Ik zal mijzelf in karikatuur zien.

Hugo zegt terecht dat er grote haat voor nodig is om een karikatuur te maken. Henry en mijn vriendin Natasha [Troubetskoi] kennen grote haat. Ik niet. Alles bij mij is of verering en passie of medelijden en begrip. Ik haat zelden, maar als ik haat, haat ik moorddadig. Nu bij voorbeeld, ik haat de bank en alles wat ermee verbonden is. Ik haat ook Nederlandse schilderijen, afzuigen, feestjes, en koud regenachtig weer. Maar ik houd me meer bezig met liefhebben.

Ik ben geabsorbeerd door Henry, die onzeker is, vol zelfkritiek, oprecht. Ik put een enorm en zelfzuchtig genot uit onze geldschenking aan hem. Waar denk ik aan als ik bij de haard zit? Dat ik een stapeltje treinkaartjes voor Henry zal halen; dat ik *Albertine disparue* voor hem zal kopen. Henry wil *Albertine disparue* lezen? Vlug, ik ben niet gelukkig voor hij het boek heeft. Ik ben een ezel. Niemand vindt het prettig dat die dingen voor hem gedaan worden, niemand behalve Eduardo, en zelfs hij geeft in bepaalde stemmingen de voorkeur aan opperste onverschilligheid. Ik zou Henry graag een thuis geven, verrukkelijk eten, een inkomen. Als ik rijk was, zou ik niet erg lang rijk zijn.

Drake interesseert me absoluut niet meer. Ik was opgelucht dat hij vandaag niet kwam. Henry interesseert me, maar niet lichamelijk. Is het mogelijk dat ik eindelijk tevreden ben met Hugo? Het deed me pijn toen hij vandaag naar Holland vertrok. Ik voelde me oud, niet verbonden.

Een ontstellend wit gezicht, vurige ogen. June Mansfield, Henry's vrouw. Toen ze uit het donker van mijn tuin in het licht van de deuropening naar mij toe liep zag ik voor de eerste maal de allermooiste vrouw op aarde.

Jaren geleden, toen ik mij een ware schoonheid probeerde voor te stellen, had ik in mijn geest een beeld geschapen van precies die vrouw. Ik had mij zelfs voorgesteld dat ze joods zou zijn. Lang geleden al kende ik de kleur van haar huid, haar profiel, haar tanden.

Ik verdronk in haar schoonheid. Terwijl ik tegenover haar zat voelde ik dat ik alles voor haar zou doen, al was het nog zo krankzinnig, alles wat ze van me vroeg. Henry vervaagde. Zij was kleur, schittering, vreemdheid.

Alleen haar rol in het leven houdt haar bezig. Ik wist de oorzaken: haar schoonheid bezorgt haar drama's en wederwaardigheden. Denkbeelden betekenen weinig. Ik zag in haar een karikatuur van het theater- en dramapersonage. Kleding, houding, manier van praten. Ze is een uitmuntende actrice. Meer niet. Ik kon haar kern niet vatten. Alles wat Henry over haar had gezegd was waar.

Aan het eind van de avond was ik als een man verschrikkelijk verliefd op haar gezicht en lichaam, dat zoveel beloofde, en ik haatte de persoonlijkheid in haar gecreëerd door anderen. Anderen voelen vanwege haar; en vanwege haar schrijven anderen poëzie; vanwege haar haten anderen; anderen, zoals Henry, houden van haar ondanks henzelf.

June. 's Nachts droomde ik van haar, alsof ze heel klein was, heel tenger, en ik hield van haar. Ik hield van een kleinheid die mij was opgevallen in haar manier van praten: de onevenredige trots, een gekwetste trots. Ze mist de essentie van zekerheid, ze hunkert onverzadigbaar naar bewondering. Ze leeft van weerspiegelingen van haarzelf in andermans ogen. Ze durft niet zichzelf te zijn. Er is geen June Mansfield. Ze weet het. Hoe meer men van haar houdt, hoe meer ze het weet. Ze weet dat er een hele mooie vrouw is die gisteravond een voorbeeld nam aan mijn onervarenheid en de kern van haar weten probeerde kwijt te raken.

Een ontstellend wit gezicht dat zich terugtrekt in het donker van de tuin. Ze poseert voor me als ze weggaat. Ik wil naar buiten rennen en haar ongelooflijke schoonheid kussen, die kussen en zeggen: 'Jij draagt een weerspiegeling van mij, een deel van mij, met jou mee weg. Ik heb je gedroomd, ik heb je bestaan gewenst. Jij zult altijd een deel van mijn leven zijn. Als ik van je houd moet dat zijn omdat we eens dezelfde verbeeldingen hebben gedeeld, dezelfde waanzin, dezelfde fase.

De enige kracht die jou bijeenhoudt is je liefde voor Henry, en daarom is het dat je van hem houdt. Hij kwetst je, maar hij houdt je lichaam en ziel bijeen. Hij integreert je. Hij slaat en geselt je af en toe tot heelheid. Ik heb Hugo.'

Ik wilde haar weer zien. Ik dacht dat Hugo van haar zou houden. Het leek me zo vanzelfsprekend dat iedereen van haar zou houden. Ik sprak met Hugo over haar. Ik voelde geen jaloezie.

Toen ze weer uit het donker kwam, leek ze me zelfs nog mooier dan eerst. Ook leek ze meer oprecht. Ik zei tegen mezelf: mensen zijn bij Hugo altijd meer oprecht. Ook dacht ik dat dat kwam omdat ze meer op haar gemak was. Ik wist niet wat Hugo dacht. Ze liep naar boven naar onze slaapkamer om daar haar jas neer te leggen. Ze bleef even halverwege de trap staan waar het licht haar goed deed uitkomen tegen de turkooisgroene muur. Blond haar, bleek gezicht, demonisch opgetrokken wenkbrauwen, een wrede glimlach met een ontwapenend kuiltje. Verraderlijk, oneindig begeerlijk, me naar zich toe trekkend als naar de dood.

Beneden vormden Henry en June een verbond. Ze vertelden ons over hun ruzies, hun instortingen, hun oorlogen tegen elkaar. Hugo, die zich niet op zijn gemak voelt bij emoties, probeerde de scherpe kanten weg te lachen, de disharmonie, het lelijke, het angstaanjagende glad te strijken, hun confidenties luchtig te maken. Als een Fransman, beminnelijk en redelijk, liet hij alle kans op drama vervluchtigen. Er had een heftige, onmenselijke, afschuwelijke scène kunnen ontstaan tussen June en Henry, maar Hugo verhinderde ons dat te weten te komen.

Naderhand wees ik hem erop hoe hij ons allen had tegengehouden te leven, hoe hij zich een levend moment had laten ontgaan. Ik schaamde me over zijn optimisme, over zijn pogen de dingen glad te strijken. Hij begreep het. Hij beloofde eraan te zullen denken. Zonder mij zou hij volkomen buitengesloten worden door zijn eeuwige conventionaliteit.

We hebben opgewekt met elkaar gegeten. Henry en June waren allebei uitgehongerd. Toen zijn we naar Grand Guignol gegaan. In de auto zaten June en ik naast elkaar en we praatten in harmonie.

'Toen Henry mij jou beschreef,' zei ze, 'liet hij de belangrijkste delen weg. Hij voelt je helemaal niet aan.' Zij wist dat meteen; zij en ik hadden elkaar begrepen, ieder detail, iedere nuance van elkaar.

In het theater. Wat moeilijk om Henry op te merken als zij daar zit, luisterrijk, met een maskerachtig gezicht. Pauze. Zij en ik willen roken, Henry en Hugo niet. We lopen samen naar buiten, wat een beroering wekken we! Ik zeg tegen haar: 'Je bent de enige vrouw die ooit heeft beantwoord aan de eisen van mijn verbeelding.' Zij antwoordt: 'Het is maar goed dat ik wegga. Jij zou me gauw ontmaskeren. Ik sta machteloos tegenover een vrouw. Ik weet niet hoe je met een vrouw om moet gaan.'

Zegt ze de waarheid? Nee. In de auto had ze me verteld over haar vriendin Jean, de beeldhouwster en dichteres. 'Jean had een prachtig gezicht,' en dan voegt ze er haastig aan toe: 'ik heb het niet over een gewone vrouw. Jeans gezicht, haar schoonheid, was meer die van een man.' Ze stopt. 'Jeans handen waren zo mooi, zo soepel omdat ze veel met klei gewerkt had. De vingers liepen spits toe.' Wat voor woede welt in mij op bij Junes lof over Jeans handen? Jaloezie? En zij blijft maar volhouden dat haar leven vol mannen was, dat ze niet weet hoe ze zich tegenover vrouwen moet gedragen. Leugenaar!

Ze zegt, me strak aankijkend: 'Ik dacht dat je ogen blauw waren. Ze zijn vreemd en mooi, grijs en goud, met die lange zwarte wimpers. Jij bent de meest elegante vrouw die ik ooit gezien heb. Je glijdt als je loopt.' We praten over de kleuren waar we van houden. Ze draagt altijd zwart en paars.

We gaan terug naar onze plaatsen. Ze wendt zich steeds naar mij in plaats van naar Hugo. Als we uit het theater komen neem ik haar arm. Dan laat ze haar hand over de mijne glijden; ze verstrengelen zich. Ze zegt: 'Laatst op een avond op Montparnasse deed het me pijn dat je naam werd genoemd. Ik wil niet dat goedkope mannen je leven binnen kruipen. Ik voel me nogal... beschermend.'

In het café zie ik as onder de huid van haar gezicht. Verval. Wat een verschrikkelijke ongerustheid voel ik. Ik wil mijn armen om haar heen slaan. Ik voel hoe ze zich terugtrekt de dood in, en ik ben bereid de dood te betreden om haar te volgen, om haar te omhelzen. Ze is voor mijn ogen aan het sterven. Haar aanlokkelijke, sombere schoonheid is aan het sterven. Haar vreemde, manlijke kracht.

Haar woorden zeggen me niets. Ik ben gefascineerd door haar ogen en mond, haar verkleurde mond, slecht opgemaakt. Weet ze hoe onbeweeglijk en gefixeerd ik mij voel, verloren in haar?

Ze rilt van de kou in haar dunne fluwelen cape.

'Wil je met me lunchen voor je vertrekt?' vraag ik.

Ze is blij dat ze weggaat. Henry bemint haar onvolkomen en grof. Hij heeft haar trots gekwetst door haar tegendeel te begeren: lelijke, ordinaire, passieve vrouwen. Hij kan haar positivisme, haar kracht niet verdragen. Ik haat Henry nu, uit de grond van mijn hart. Ik haat mannen die bang zijn voor de kracht van vrouwen. Waarschijnlijk hield Jean van haar kracht, haar destructieve macht. Want June is destructie.

Mijn kracht, zoals Hugo mij later vertelt wanneer ik ontdek dat hij June haat, is zacht, indirect, tactvol, innemend, creatief, teder, vrouwelijk. Die van haar is als die van een man. Hugo zegt dat ze een manlijke hals heeft, een manlijke stem, en grove handen. Zie ik dat niet? Nee, ik zie het niet, of als ik het wel zie kan het me niet schelen. Hugo geeft toe dat hij jaloers is. Vanaf het allereerste moment hadden zij een hekel aan elkaar.
'Denkt ze dat zij met haar vrouwelijke sensibiliteit en subtiliteit iets in jou kan liefhebben wat ik niet heb liefgehad?'
Het is waar. Hugo is oneindig teder met mij geweest, maar als hij over June praat denk ik aan onze ineengestrengelde handen. Ze dringt niet door tot dezelfde seksuele kern van mijn wezen als tot waar een man doordringt; die raakt ze niet. Wat is het dan dat zij in mij bewogen heeft? Ik heb ernaar verlangd haar te bezitten alsof ik een man was, maar ik heb er ook naar verlangd dat zij mij liefhad met de ogen, de handen, de zintuigen die alleen vrouwen hebben. Het is een zachte en subtiele penetratie.

Ik haat Henry dat hij het waagt haar enorme en oppervlakkige eergevoel voor haarzelf te verwonden. Junes superioriteit wekt zijn haat op, zelfs een gevoel van wraak. Hij flirt met mijn vriendelijke, eenvoudige dienstmeisje, Emilia. Door zijn wangedrag ga ik van June houden.

Ik houd van haar om wat ze heeft durven zijn, om haar hardheid, haar wreedheid, haar egoïsme, haar perversiteit, haar demonische destructiviteit. Ze zou me zonder aarzelen tot as vermorzelen. Ze is een persoonlijkheid, tot het uiterste geschapen. Ik vereer haar moed om pijn te doen, en ik ben bereid daaraan te worden geofferd. Ze zal de som van mij aan haar toevoegen. Ze zal June zijn plus alles wat ik bevat.

JANUARI 1932

We ontmoetten elkaar, June en ik, bij de American Express. Ik wist dat ze te laat zou zijn, en ik vond het niet erg. Ik was er voor het afgesproken uur, bijna ziek van gespannenheid. Ik zou haar, in het volle daglicht, uit de menigte te voorschijn zien komen. Was dat mogelijk? Ik was bang dat ik daar zou staan precies zoals ik op andere plekken had gestaan, terwijl ik naar de menigte keek en wist dat er nooit een June zou verschijnen omdat June een produkt van mijn verbeelding was. Ik kon nauwelijks geloven dat ze over die straten zou aankomen, zo'n boulevard zou oversteken, uit een handjevol donkere, gezichtloze mensen zou opduiken, die ruimte zou binnenkomen. Wat een vreugde die jachtige menigte gade te slaan en haar dan met grote passen luisterrijk, ongelooflijk, op mij af te zien komen. Ik houd haar warme hand vast. Ze gaat haar post halen. Ziet die man van de American Express niet hoe wonderbaarlijk ze is? Niemand als zij kwam ooit post halen. Droeg enige vrouw ooit versleten schoenen, een versleten zwarte jurk, een versleten donkerblauwe cape, en een oude paarse hoed zoals zij die draagt?

Ik kan in haar aanwezigheid niet eten. Maar uiterlijk ben ik rustig, met die oosterse kalmte in mijn gedrag die zo bedrieglijk is. Ze drinkt en rookt. Ze is volkomen waanzinnig, in zekere zin, onderhevig aan angsten en manieën. Wat ze zegt, voornamelijk onbewust, zou voor een analyticus onthullend zijn, maar ik kan het niet analyseren. Het zijn voornamelijk leugens. De inhoud van haar verbeelding is voor haar werkelijkheid. Maar wat is ze zo omzichtig aan het opbouwen? Een vergroting van haar persoonlijkheid, een versterking en verheerlijking ervan? In de duidelijke en omhullende warmte van mijn bewondering gedijt ze goed. Ze lijkt tegelijkertijd destructief en hulpeloos. Ik wil haar beschermen. Wat een grap! Ik haar beschermen wier macht oneindig is. Haar macht is zo sterk dat ik het werkelijk geloof wanneer ze me vertelt dat haar destructiviteit onopzettelijk is. Heeft ze geprobeerd mij te vernietigen? Nee, ze kwam mijn huis binnenlopen en ik was bereid iedere pijn die haar handen mij aandeden te ondergaan. Als er enige berekening in haar is, dan komt die pas naderhand, wanneer ze zich bewust wordt van haar macht en zich afvraagt hoe ze die moet gebruiken. Ik denk niet dat haar kwade potentie gericht is. Zelfs zij is erdoor verbijsterd.

Ik heb haar nu in mijzelf als iemand die beklaagd en beschermd moet worden. Zij is verwikkeld in perversiteiten en tragedies waartegen ze niet is opgewassen. Eindelijk heb ik haar zwakheid betrapt. Haar leven zit vol fantasieën. Ik wil haar dwingen tot de werkelijkheid. Ik wil haar geweld aandoen. Ik, die verzonken ben in dromen, in half geleefde daden, merk dat ik bezeten ben van een woest voornemen: ik wil Junes ontwijkende handen vastgrijpen, oh, met zoveel kracht, haar meenemen naar een hotelkamer en haar droom en de mijne verwezenlijken, een droom die ze haar hele leven niet onder ogen heeft willen zien.

Ik ben naar Eduardo gegaan, gespannen en verpletterd door mijn drie uren met June. Hij zag de zwakte in haar en smeekte mij om sterk te blijven.

Ik kon nauwelijks helder denken omdat ze in de taxi mijn hand had vastgehouden. Ik schaamde mij niet voor mijn adoratie, mijn nederigheid. Haar gebaar was niet oprecht. Ik geloof niet dat ze kan liefhebben.

Ze zegt dat ze de roze jurk die ik de eerste avond dat ze me zag aanhad, wil houden. Als ik haar zeg dat ik haar een afscheidscadeau wil geven, zegt ze dat ze wat van dat parfum wil hebben dat ze in mijn huis rook, om herinneringen op te roepen. En ze heeft schoenen nodig, kousen, handschoenen, ondergoed. Sentimentaliteit? Romantiek? Als ze het écht meent... Waarom twijfel ik aan haar? Misschien is ze alleen maar heel gevoelig, en overgevoelige mensen zijn onecht als anderen aan hen twijfelen; ze aarzelen. En je vindt hen onoprecht. Toch wil ik haar geloven. Tegelijkertijd lijkt het niet zo erg belangrijk of ze van me houdt. Dat is niet haar rol. Ik ben zo vervuld van mijn liefde voor haar. En tegelijkertijd voel ik dat ik stervende ben. Onze liefde zou de dood zijn. De omhelzing van verbeeldingen.

Wanneer ik Hugo de verhalen vertel die June mij heeft verteld, zegt hij dat ze gewoon heel goedkoop zijn. Ik weet het niet.

Dan brengt Eduardo, de demonische analyticus, hier twee dagen door en maakt mij duidelijk wat voor crisis ik doormaak. Ik wil June zien. Ik wil Junes lichaam zien. Ik heb niet naar haar lichaam durven kijken. Ik weet dat het mooi is.

Eduardo's vragen maken me gek. Meedogenloos merkt hij op dat ik mij vernederd heb. Ik heb niet uitgeweid over de successen die me met glorie hadden kunnen omgeven. Hij zorgt ervoor dat ik me herinner dat mijn vader me sloeg, dat mijn eerste herinnering aan hem een vernedering is. Hij zei dat ik lelijk was na tyfeuze koortsen. Ik was afgevallen en mijn krullen kwijtgeraakt.

Wat heeft mij nu ziek gemaakt? June. June en haar sinistere aantrekkingskracht. Ze heeft drugs gebruikt; ze hield van een vrouw; ze gebruikt agententaal als ze verhalen vertelt. En toch heeft ze die ongelooflijke, ouderwetse, kwetsbare sentimentaliteit behouden: 'Geef me het parfum dat ik in je huis heb geroken. Toen ik de heuvel naar je huis opliep, in het donker, was ik in extase.'

Ik vraag Eduardo: 'Denk je heus dat ik een lesbienne ben? Neem je dit serieus? Of is het alleen maar een reactie op mijn ervaring met Drake?' Hij weet het niet zeker.

Hugo neemt een duidelijk standpunt in en zegt dat hij alles buiten onze liefde als bijzaak beschouwt – fasen, gepassioneerde nieuwsgierigheid. Hij wil leven vanuit een zekerheid. Het maakt me blij dat hij dit gevonden heeft. Ik zeg tegen hem dat hij gelijk heeft.

Ten slotte zegt Eduardo dat ik geen lesbienne ben, omdat ik geen hekel aan mannen heb – integendeel. In mijn droom vannacht begeerde ik Eduardo, niet June. De nacht daarvoor, toen ik van June droomde, bevond ik mij op de top van een wolkenkrabber en moest via een hele smalle brandladder langs de voorgevel naar beneden klimmen. Ik was doodsbang. Ik kon het niet.

Maandag kwam ze naar Louveciennes. Ik vroeg haar wreed, net zoals Henry had gedaan: 'Ben jij lesbisch? Heb je voor jezelf je opwellingen onder ogen gezien?'

Zij antwoordde me zo rustig. 'Jean was te mannelijk. Ik heb mijn gevoelens onder ogen gezien, ik ben mij er volkomen van bewust, maar ik heb tot nu toe nog nooit iemand gevonden met wie ik ze had willen uitleven.' En ontwijkend bracht ze het gesprek op iets anders. 'Wat kleed jij je toch mooi. Deze jurk – die roze kleur, dat ouderwetse wijde onderaan, het zwartfluwelen jasje, de kanten kraag, het kant over de borsten – wat volmaakt, absoluut volmaakt. Ik houd ook van de manier waarop je jezelf bedekt. Er is heel weinig naaktheid, alleen je hals, eigenlijk. Ik vind je turkooizen ring mooi, en het koraal.'

Haar handen trilden; ze beefde. Ik schaamde mij over mijn grofheid. Ik was intens nerveus. Ze vertelde dat ze in het restaurant mijn voeten had willen zien en dat ze zichzelf er niet toe kon brengen ernaar te staren. Ik zei tegen haar dat ik bang was om naar haar lichaam te kijken. We spraken haperend. Ze keek naar mijn voeten in sandalen, en vond ze prachtig.

Ik zei: 'Vind je deze sandalen leuk?' Ze antwoordde dat ze altijd dol was geweest op sandalen en ze altijd gedragen had tot ze te arm was geworden om ze nog te kopen. Ik zei: 'Kom mee naar boven, naar mijn kamer, en probeer het andere paar dat ik heb.'

Ze ging op mijn bed zitten en paste ze aan. Ze waren haar te klein. Ik zag dat ze katoenen kousen aanhad, en het deed me pijn June met katoenen kousen te zien. Ik liet haar mijn zwarte cape zien, en ze vond hem mooi. Ik liet haar de cape passen, en toen zag ik de schoonheid van haar lichaam, de volheid en zwaarte ervan, en dat overweldigde me.

Ik begreep maar niet waarom ze zo slecht op haar gemak was, zo verlegen, zo angstig. Ik zei tegen haar dat ik voor haar net zo'n cape zou maken als de mijne. Een keer raakte ik haar arm aan. Ze trok hem weg. Had ik haar bang gemaakt? Zou er iemand gevoeliger en banger zijn dan ik? Ik kon het niet geloven. Ik was niet bang op dat moment. Ik verlangde er wanhopig naar haar aan te raken.

Toen ze beneden op de bank ging zitten liet de halsopening van haar jurk de aanzet van haar borsten zien, en ik wilde haar daar kussen. Op slag was ik van streek en beefde. Ik werd me bewust van haar sensitiviteit en angst voor haar eigen gevoelens. Ze praatte, maar nu wist ik dat ze praatte om een dieper innerlijk gesprek te ontwijken – de dingen die we niet konden zeggen.

De volgende dag ontmoetten we elkaar bij de American Express. Ze kwam in haar mantelpak omdat ik had gezegd dat ik het leuk vond.

Ze had gezegd dat zij van mij niets anders wilde hebben dan het parfum dat ik ophad en mijn wijnkleurige zakdoek. Maar ik hield vol dat ze beloofd had mij sandalen voor haar te laten kopen.

Eerst nam ik haar mee naar het damestoilet. Ik deed mijn tas open en trok er een paar doorzichtige kousen uit. 'Doe ze aan,' smeekte ik. Ze gehoorzaamde. Intussen deed ik een flesje parfum open. 'Doe wat op.' De toiletjuffrouw was er, die keek toe met grote ogen, wachtend op haar fooi. Het kon me niets schelen. June had een gat in haar mouw.

Ik was ontzettend gelukkig. June was dolblij. We praatten tegelijkertijd. 'Ik wilde je gisteravond opbellen. Ik wilde je een telegram sturen,' zei June. Ze had me willen vertellen dat ze in de trein heel ongelukkig was, omdat ze spijt had van haar onbeholpenheid, haar nervositeit, haar zinloos gepraat. Er was zoveel, zoveel geweest dat ze had willen zeggen.

Onze angsten om elkaar te ergeren, om elkaar teleur te stellen waren dezelfde. 's Avonds was ze als gedrogeerd naar het café gegaan, vol van gedachten aan mij. De stemmen van de mensen bereikten haar van verre. Ze was opgetogen. Ze kon niet slapen. Wat had ik met haar gedaan? Ze was altijd evenwichtig geweest, ze kon altijd goed praten, mensen brachten haar nooit van haar stuk.

Toen ik besefte wat zij mij aan het onthullen was, werd ik bijna gek van vreugde. Ze hield dus van me? June! Ze zat naast me in het restaurant, klein, verlegen, wereldvreemd, in paniek. Ze begon telkens iets te zeggen en vroeg dan vergiffenis voor de stupiditeit ervan. Ik kon het niet verdragen. Ik zei tegen haar: 'We zijn allebei onszelf niet, maar soms onthullen we het meest wanneer we het minst onszelf zijn. Ik probeer niet meer te denken. Ik kan niet denken als ik bij jou ben. Jij bent net als ik, je verlangt naar een volmaakt ogenblik, maar niets wat te lang bedacht is kan op een aardse manier volmaakt zijn. Geen van ons beiden kan precies het juiste zeggen. We zijn overweldigd. Laat ons overweldigd zijn. Het is zo heerlijk, zo heerlijk. Ik houd van je, June.'

En omdat ik niet wist wat ik verder moest zeggen spreidde ik de wijnkleurige zakdoek die ze wilde hebben tussen ons in op de bank, mijn koralen oorbellen, mijn turkooizen ring, die ik van Hugo had gekregen en waarvan het me pijn deed om hem te geven, maar het was bloed dat ik voor Junes schoonheid en voor Junes ongelooflijke nederigheid wilde neerleggen.

We gingen naar de schoenenwinkel. De lelijke vrouw die ons hielp haatte ons en ons zichtbare geluk. Ik nam de winkel in beslag. Ik was de man. Ik was vastberaden, hard, halsstarrig tegen de verkoopsters. Toen ze het over de breedheid van Junes voeten hadden, voer ik tegen hen uit. June kon hun Frans niet verstaan, maar ze kon zien dat ze vervelend waren. Ik zei tegen haar: 'Als mensen vervelend tegen je doen wil ik voor je knielen.'

We kozen de sandalen uit. Ze weigerde verder alles, alles wat niet symbolisch of representatief was voor mij. Alles wat ik droeg zou ze dragen, hoewel ze nooit eerder iemand had willen imiteren.

Toen we samen door de straten liepen, lichamen dicht tegen elkaar, arm in arm, handen verstrengeld, kon ik niet praten. We liepen over de wereld, over de realiteit, de extase in. Als ze aan mijn zakdoek rook snoof ze mij in. Als ik haar schoonheid kleedde, bezat ik haar.

Ze zei: 'Er zijn zoveel dingen die ik dolgraag met jou samen zou doen. Met jou zou ik opium gebruiken.' June, die geen geschenk aanneemt dat geen symbolische waarde heeft; June, die de was voor andere mensen doet om voor zichzelf wat parfum te kunnen kopen; June, die niet bang is voor armoede en slonzigheid en die er niet door besmet is, niet besmet door de dronkenschap van haar vrienden; June, die mensen streng beoordeelt, selecteert, verwerpt, die weet dat, als ze haar eindeloze anekdotes vertelt, dat manieren van ontsnapping zijn, en zij zich des te meer in het verborgene houdt achter dat overvloedige gepraat. In het verborgene de mijne.

Hugo begint het te begrijpen. De werkelijkheid bestaat alleen tussen hem en mij, in onze liefde. Al het overige, dromen. Er is een uitweg gevonden voor onze liefde. Ik kan trouw zijn. Ik was angstaanjagend gedurende de nacht.

Maar ik moet haar kussen, ik moet haar kussen.

Als ze had gewild had ik gisteren op de grond gezeten, met mijn hoofd tegen haar knieën. Maar zij wilde het niet hebben. Toch, op het station als we op de trein staan te wachten smeekt ze om mijn hand. Ik roep haar naam uit. We staan tegen elkaar aangedrukt, onze gezichten bijna tegen elkaar. Ik glimlach naar haar als de trein vertrekt. Ik wend mij af.

De stationschef wil me een paar liefdadigheidslootjes verkopen. Ik koop ze en geef ze aan hem, en wens hem geluk bij de trekking. Hij profiteert van mijn verlangen om aan June te geven, aan wie je niets kan geven.

Wat een geheimtaal spreken wij, ondertonen, boventonen, nuances, abstracties, symbolen. Dan gaan we terug naar Hugo en naar Henry, vol van een gloed die hun beiden angst aanjaagt. Henry is niet op zijn gemak. Hugo is verdrietig. Wat is dit machtige magische iets waaraan we ons geven, June en ik, als we samen zijn? Raadsel! Raadsel! Het komt samen met haar.

Gisteravond, na June, vervuld van June, kon ik er niet tegen dat Hugo de krant las en het over trusts en een succesvolle dag had. Hij begreep het – hij begrijpt het echt – maar hij kon het niet delen, hij kon de gloed niet vatten. Hij plaagde me. Hij was geestig. Hij was onmetelijk beminnelijk en warm. Maar ik kon niet terugkomen.

Zo lig ik op de bank, rook, en denk aan June. Op het station was ik flauwgevallen.

De intensiteit put ons beiden totaal uit. Zij is blij dat ze weggaat. Ze is minder toegeeflijk dan ik. In feite wil ze datgene wat haar leven geeft ontvluchten. Zij houdt niet van mijn macht, terwijl ik er vreugde in schep mij aan haar te onderwerpen.

Toen we elkaar vandaag voor een half uur zagen om Henry's toekomst te bespreken, vroeg ze mij voor hem te zorgen, en toen gaf ze me haar zilveren armband met een katoogsteen, terwijl ze al zo weinig bezittingen heeft. Eerst weigerde ik, en toen werd ik vervuld van vreugde over het dragen van haar armband, een deel van haar. Ik draag hem mee als een symbool. Hij is waardevol voor mij.

Hugo zag hem en vond hem afschuwelijk. Hij wilde hem van mij afnemen, om mij te plagen. Ik klemde me er uit alle macht aan vast terwijl hij mijn handen fijn drukte, en liet hem mij pijn doen.

June was bang dat Henry mij tegen haar zou opzetten. Waar is ze bang voor? Ik zei tegen haar: 'Er bestaat een fantastisch geheim tussen ons. Ik weet alleen van jou door mijn eigen kennis. Vertrouwen. Wat kan mij Henry's kennis schelen?'

Toen kwam ik Henry toevallig bij de bank tegen. Ik zag dat hij mij haatte, en ik was onthutst. June had gezegd dat hij onzeker en rusteloos was, omdat hij jaloerser is op vrouwen dan op mannen. June zaait, onvermijdelijk, waanzin. Henry, die mij een 'zeldzaam' iemand vond, haat mij nu. Hugo, die zelden haat, haat haar.

Vandaag zei ze dat als ze met Henry over mij praatte ze dan heel natuurlijk en direct probeerde te zijn, om niet iets ongewoons te suggereren. Ze zei tegen hem: 'Anaïs' leven verveelde haar gewoon, daarom heeft ze met ons aangepapt.' Dat leek me grof. Dat was het enige lelijke dat ik haar heb horen zeggen.

Hugo en ik geven ons volkomen aan elkaar over. We kunnen niet zonder elkaar, we kunnen niet tegen onenigheid, oorlog, vervreemding, we kunnen niet alleen gaan wandelen, we reizen niet graag zonder elkaar. We hebben ons overgegeven ondanks ons individualisme, onze hekel aan intimiteit. We hebben ons egocentrisch wezen geabsorbeerd in onze liefde. Onze liefde is ons ego.

Ik denk niet dat June en Henry dit bereikt hebben, omdat hun beider individualiteit te sterk is. Dus zijn ze in oorlog; liefde is een conflict; ze moeten tegen elkaar liegen, elkaar wantrouwen.

June wil terug naar New York en iets goed doen, lief voor mij zijn, mij tevreden stellen. Ze is bang dat ze mij teleurstelt.

We hebben samen geluncht in een zacht verlichte gelegenheid

die ons omgaf met een fluwelige intimiteit. We hebben onze hoed afgezet. We hebben champagne gedronken. June sloeg alle zoete of smakeloze gerechten af. Ze zou op grapefruit, oesters en champagne kunnen leven.

We praatten in half uitgesproken abstracties, alleen voor ons duidelijk. Ze deed me beseffen hoe ze ontsnapte aan alle pogingen van Henry om met logica vat op haar te krijgen, om iets over haar te weten te komen.

Ze zat daar, vol champagne. Ze had het over hasjiesj en de effecten ervan. Ik zei: 'Ik ben vaker in zo'n staat geweest zonder hasjiesj. Ik heb geen drugs nodig. Ik heb dat allemaal in mijzelf zitten.' Hier was ze een beetje boos over. Zij besefte niet dat ik in die staat raakte zonder mijn geest te verwoesten. Mijn geest mag niet sterven, omdat ik schrijfster ben. Ik ben de dichter die moet zien. Ik ben niet alleen maar de dichter die dronken kan worden van Junes schoonheid.

Het was haar schuld dat ik discrepanties begon te zien in haar verhalen, kinderachtige leugens. Haar gebrek aan coördinatie en logica lieten mazen open, en als ik de stukken bijeenlegde vormde ik een oordeel, een oordeel dat ze altijd vreest, waar ze van weg wil lopen. Ze leeft zonder logica. Zodra je probeert June te coördineren, is June verloren. Dat moet ze vele keren hebben zien gebeuren. Ze is als een man die dronken is en zichzelf verraadt.

We hadden het over parfums, hun substanties, hun samenstelling, hun betekenis. Ze zei terloops: 'Zaterdag, toen ik van jou wegging, heb ik wat parfum gekocht voor Ray.' (Ray is een meisje over wie ze me verteld heeft.) Op dat moment dacht ik niet. Ik onthield de naam van het parfum, dat heel duur is.

We praatten maar door. Mijn ogen hebben net zo'n uitwerking op haar als haar gezicht op mij. Ik vertelde haar hoe haar armband om mijn pols klampte alsof het haar vingers zelf waren, en mij in barbaarse slavernij hield. Zij wil mijn cape om haar lichaam heen.

Na de lunch liepen we een eind. Zij moest haar ticket voor New York kopen. Eerst namen we een taxi naar haar hotel. Ze haalde een marionet te voorschijn, graaf Bruga, door Jean gemaakt. Hij had paars haar en paarse oogleden, de ogen van een prostituée, een Pulcinella-neus, een slappe, corrupte mond, ingevallen wangen, een gemene, agressieve kin, moordenaarshanden, houten benen, een Spaanse sombrero, een zwartfluwelen jasje. Hij was op het podium geweest.

June liet hem op de vloer van de taxi zitten, tegenover ons. Ik lachte tegen hem.

We liepen verschillende stoombootagentschappen binnen. June had niet eens genoeg geld voor een passage derde klas en ze probeerde korting te krijgen. Ik zag haar over de toonbank leunen, haar gezicht in haar handen, aantrekkelijk, zodat de mannen achter de balie haar met hun ogen verslonden, openlijk. En zij zo zacht, aandringend, verleidelijk, steels naar hen lachend. Ik sloeg haar gebedel gade. Graaf Bruga loerde naar mij. Ik was mij alleen bewust van mijn jaloezie op die mannen, niet van haar vernedering.

We liepen naar buiten. Ik zei tegen June dat ik haar het geld zou geven dat ze nodig had, wat meer was dan ik mij kon veroorloven te geven, veel meer.

We liepen een ander stoombootagentschap binnen, terwijl June een of ander dwaas sprookje afraffelde voordat ze zei waarvoor ze kwam. Ik zag hoe de man aan de balie van zijn stuk was gebracht, als aan de grond genageld door haar gezicht en haar zachte, onderworpen manier van praten tegen hem, van betalen en ondertekenen. Ik stond erbij en sloeg hem gade hoe hij haar vroeg: 'Wilt u morgen met mij een cocktail drinken?' June en hij schudden elkaar de hand. 'Drie uur?' 'Nee, om zes uur.' Ze glimlachte tegen hem zoals ze dat tegen mij doet. Toen we naar buiten liepen legde ze haastig uit: 'Hij was heel nuttig voor mij, heel hulpvaardig. Hij gaat een boel voor me doen. Ik kon niet nee zeggen. Ik ben niet van plan te gaan, maar ik kon niet nee zeggen.'

'Je moet wel gaan, nu je ja hebt gezegd,' zei ik boos, en toen walgde ik van het letterlijke en stomme van deze bewering. Ik nam Junes arm en zei bijna met een snik: 'Ik kan er niet tegen, ik kan er niet tegen.' Ik was boos op iets ondefinieerbaars. Ik dacht aan de prostituée, eerlijk omdat ze in ruil voor geld haar lichaam geeft. June zou nooit haar lichaam geven. Maar ze zou bedelen zoals ik nooit zou bedelen, beloven zoals ik nooit zou beloven tenzij ik me eraan zou houden.

June! Er was zo'n scheur in mijn droom gekomen. Zij wist het. Dus legde ze mijn hand tegen haar warme borst en we liepen daar terwijl ik haar borst voelde. Ze was altijd naakt onder haar jurk. Ze deed het misschien onbewust, alsof ze een boos kind moest troosten. En ze praatte over dingen die de kern niet raakten. 'Had je liever gehad dat ik nee had gezegd, botweg, tegen die man? Ik ben soms bot, dat weet je, maar dat kon ik niet waar jij bij was. Ik wilde zijn gevoelens niet kwetsen. Hij was heel hulpvaardig geweest.' En omdat ik niet wist wat mij boos maakte zei ik niets. Het ging niet om het aannemen of afslaan van een cocktail. Je moest terug naar de wortel: waarom ze de hulp van die man moest hebben. Een van haar uitspraken kwam weer bij me op: 'Hoe slecht het er voor mij ook voorstaat, ik vind altijd wel iemand die me een glas champagne aanbiedt.' Natuurlijk. Zij was een vrouw die enorme schulden opstapelde die ze nooit van plan was te betalen, want naderhand pochte ze op haar seksuele onschendbaarheid. Een profiteur. Trots op het in bezit houden van haar eigen lichaam maar niet te trots om zich met prostituée-ogen te vernederen aan de balie van een stoombootmaatschappij.

Ze was me aan het vertellen dat Henry en zij ruzie hadden gemaakt over het kopen van boter. Ze hadden geen geld en... 'Geen geld?' vroeg ik. 'Maar zaterdag heb ik je vierhonderd franc gegeven, voor Henry en jou, om te eten. En vandaag is het maandag.'

'We moesten dingen afbetalen die we nog schuldig waren...'

Ik dacht dat ze de hotelkamer bedoelde. Toen herinnerde ik mij plotseling het parfum, dat tweehonderd franc kost. Waarom zei ze niet tegen me: 'Ik heb zaterdag parfum gekocht, en handschoenen en kousen.' Ze keek me niet aan toen ze liet doorschemeren dat ze de huur nog moesten betalen. Toen herinnerde me nog iets dat ze gezegd had. 'Mensen zeggen wel tegen me dat als ik een fortuin had, ik dat in één dag uit kon geven, en niemand zou ooit weten hoe. Ik kan nooit verantwoording afleggen voor de manier waarop ik geld uitgeef.'

Dit was het andere gezicht van Junes fantasie. We liepen door de straten, en al de zachtheid van haar borst kon de pijn niet verzachten.

Ik ging naar huis en lag heel zwaar in Hugo's armen. Ik zei tegen hem: 'Ik ben teruggekomen.' En hij was heel gelukkig.

Maar gistermiddag om vier uur, toen ik op haar wachtte bij de American Express, zei de portier tegen me: 'Uw vriendin was hier vanmorgen en ze zei me goedendag alsof ze niet meer terugkwam.' 'Maar we hadden afgesproken elkaar hier te ontmoeten.' Als ik June nooit meer op mij zou zien aflopen – onmogelijk. Het was als sterven. Wat deed het ertoe, alles wat ik de vorige dag had bedacht. Ze was amoreel, onverantwoordelijk – dat was haar aard. Aan haar aard zou ik niets proberen te veranderen. Mijn trots in geldzaken was aristocratisch. Ik was te gewetensvol en te trots. Ik zou in June niets veranderen dat fundamenteel was en aan de wortel van haar fantastische wezen lag. Zij alleen was zonder kluisters. Ik was een gekluisterd, moreel schepsel ondanks mijn amorele intellect. Ik kon Henry geen honger laten lijden. Ik aanvaardde haar volledig. Ik zou haar niet bestrijden. Ik hoopte zo dat ze zou komen om mij voor dat laatste uur te ontmoeten.

Ik had me voor haar ritueel gekleed, nu juist in een kostuum dat tussen mij en de andere mensen een luchtledig schepte, een kostuum dat een symbool was voor mijn individualisme en dat zij alleen zou begrijpen. Zwarte tulband, oudroze jurk met zwartkanten lijfje en kraag, oudroze mantel met een Medicikraag. Ik had op straat opschudding veroorzaakt, en ik was eenzamer dan ooit omdat de reactie voor een deel vijandig was, spottend.

Toen kwam June, helemaal in zwart fluweel, zwarte cape en hoed met veren, bleker en gloedvoller dan ooit, en ze had graaf Bruga bij zich zoals ik haar had gevraagd. Het wonder van haar gezicht en glimlach, haar ogen zonder spoor van glimlach...

Ik nam haar mee naar een Russische tearoom. De Russen zongen zoals wij ons voelden. June vroeg zich af of zij werkelijk in vuur en vlam stonden, zoals hun stemmen en intense manier van spelen deed vermoeden. Waarschijnlijk stonden ze niet zo in vuur en vlam als June en ik.

Champagne en kaviaar met June. Het is het enige moment dat je weet wat champagne is, en wat kaviaar is. Het is June, Russische stemmen en June.

Lelijke, fantasieloze, dode mensen omringen ons. We zijn blind voor hen. Ik kijk naar June, in zwart fluweel. June, afstormend op de dood. Henry kan haar tempo niet bijhouden omdat hij voor het leven vecht. Maar June en ik samen laten ons niet tegenhouden. Ik volg haar. En het is een heftige vreugde toe te geven aan de onthechting van de verbeelding, aan haar kennis van vreemde ervaringen, aan onze spelletjes met graaf Bruga, die buigingen maakt naar de wereld met zijn paarse treurwilghaar.

Het is voorgoed voorbij. Op straat zegt June spijtig: 'Ik had je willen vasthouden en strelen.' Ik zet haar op een taxi. Daar zit ze, op het punt mij te verlaten en hevig gekweld sta ik erbij. 'Ik wil je kussen,' zeg ik. 'Ik wil je kussen,' zegt June, en zij biedt mij haar mond, die ik langdurig kus.

Toen ze weg was wilde ik alleen maar dagenlang slapen, maar ik moest nog een confrontatie aan, mijn verhouding met Henry. Wij vroegen hem naar Louveciennes te komen. Ik wilde hem rust bieden, en een koesterend huis, maar natuurlijk wist ik dat we over June zouden praten.

We liepen onze rusteloosheid weg, en we praatten. In ons beiden zit een obsessie om vat te krijgen op June. Hij koestert geen jaloezie jegens mij, want hij zei dat ik in June prachtige dingen naar boven had gebracht, dat het de eerste keer was dat June zich ooit aan een waardevolle vrouw had gehecht. Hij scheen te verwachten dat ik macht over haar leven zou krijgen.

Toen hij inzag dat ik June begreep en bereid was eerlijk tegen hem te zijn, praatten we vrijuit. Toch hield ik één keer in, aarzelend, me verbazend over mijn ontrouw aan June. Toen merkte Henry op dat hoewel je in Junes geval geen rekening kon houden met de waarheid, die toch tussen ons de enige basis van iedere uitwisseling kon zijn.

We voelden allebei de behoefte onze twee geesten, onze twee verschillende vormen van logica, te verbinden om het vraagstuk June te begrijpen. Henry houdt van haar en altijd haar. Hij wil haar ook bezitten als June de figuur, het machtige, fictieachtige personage. In zijn liefde voor haar heeft hij zoveel kwellingen te verduren gehad dat de minnaar zijn toevlucht heeft gezocht in de schrijver. Hij heeft een meedogenloos en luisterrijk boek over June en Jean geschreven.

Hij vroeg zich af of ze lesbisch was. Toen hij mij bepaalde dingen hoorde zeggen die hij June had horen zeggen, was hij ontsteld, omdat hij mij gelooft. Ik zei: 'Uiteindelijk, als er een verklaring van het mysterie is is het deze: de liefde tussen vrouwen is een toevlucht en een ontsnappen naar harmonie. In de liefde tussen man en vrouw zit weerstand en conflict. Twee vrouwen veroordelen elkaar niet, zijn niet grof tegen elkaar, maken elkaar niet belachelijk. Zij geven zich over aan sentimentaliteit, wederzijds begrip, romantiek. Zo'n liefde betekent dood, dat geef ik toe.'

Gisteravond ben ik tot één uur opgebleven om Henry's roman *Moloch* te lezen, terwijl hij de mijne las. De zijne was overweldigend, het werk van een reus. Ik vond geen woorden om hem te zeggen hoezeer zijn boek mij trof. En die reus zat daar rustig en las mijn kleine boek met zoveel begrip, zoveel geestdrift; hij had het over de kundigheid ervan, de subtiliteit, het sensuele, af en toe schreeuwde hij het ook uit bij een passage, met kritiek. Wat een kracht is hij!

Ik gaf hem één ding dat June hem niet kon geven: eerlijkheid. Ik ben zo bereid toe te geven wat een uiterst ontwikkeld ego niet zou toegeven: dat June een angstaanjagend en inspirerend personage is waarbij iedere andere vrouw verbleekt, dat ik haar leven zou leven als ik niet zo meelevend en gewetensvol was, dat zij misschien Henry de man vernietigt, maar Henry de schrijver wordt meer verrijkt door beproevingen dan door rust. Ik, daarentegen, kan Hugo niet vernietigen, omdat hij niets anders heeft. Maar net als June ben ik in staat tot fijnzinnige perversiteiten. De liefde van één enkele man of vrouw is beperking.

Mijn conflict gaat groter worden dan dat van June, omdat ze geen geest heeft die haar leven gadeslaat. Anderen doen dat voor haar, en zij ontkent alles wat ze zeggen of schrijven. Ik heb een geest die groter is dan de rest van mij, een onverbiddelijk geweten.

Eduardo zegt: 'Ga in psychoanalyse.' Maar dat lijkt me te eenvoudig. Ik wil mijn eigen ontdekkingen doen.

Ik heb geen drugs, kunstmatige stimulering, nodig. Toch wil ik dat soort dingen met June meemaken, om door te dringen tot het kwaad dat mij aantrekt. Ik wil leven, en de ervaringen waarnaar ik verlang worden mij ontzegd omdat ik een kracht in mij meedraag die ze neutraliseert. Ik ontmoet June, de bijna-prostituée, en zij wordt zuiver. Een zuiverheid die Henry razend maakt, een zuiverheid van gezicht en wezen die ontzagwekkend is, net zoals ik haar op een middag zag in de hoek van de bank, transparant, bovennatuurlijk.

Henry vertelt mij over haar extreme vulgariteit. Ik ken haar gebrek aan trots. Vulgariteit verschaft de vreugde van ontheiligen. Maar June is geen kwade geest. Het leven is de kwade geest, en hun paring is gewelddadig omdat haar gulzigheid naar het leven gigantisch is, het proeven van zijn bitterste aroma's.

Na Henry's bezoek begon ik door het huis te ijsberen en zei steeds tegen Hugo dat ik weg moest. Er was luid protest. 'Je bent niet echt ziek – alleen maar moe.' Maar zoals gewoonlijk begreep Hugo het, stemde toe. Het huis verstikte me. Ik kon geen mensen zien, ik kon niet schrijven, ik kon ook niet rusten.

Zondag nam Hugo me mee uit wandelen. We vonden een paar hele grote, diepe konijneholen. Speels jutte hij onze hond Banquo op zijn neus erin te steken, te gaan graven. Ik voelde een angstaanjagende benauwdheid, alsof ik in een hol gekropen was en bezig was te stikken. Ik herinnerde me vele dromen die ik heb gehad waarin ik gedwongen werd op mijn buik, als een slang, door tunnels en openingen die te klein voor me waren te kruipen, de laatste altijd kleiner dan alle andere, waar de angst zo groot werd dat die me wakker maakte. Ik stond voor het konijnehol en schreeuwde Hugo woedend toe dat hij moest ophouden. Mijn woede verbijsterde hem. Het was maar een spelletje, en alleen met de hond.

Nu het gevoel van verstikking zich zo had uitgekristalliseerd was ik vastbesloten weg te gaan. 's Nachts, in Hugo's armen, wankelde mijn besluit. Maar ik trof alle voorbereidingen, nonchalant, anders dan ik gewend was van mezelf. Mijn uiterlijk, mijn kleren, lieten me koud. Ik vertrok overhaast. Om mijzelf te vinden. Om Hugo in mijzelf te vinden.

Sonloup, Zwitserland. Aan Hugo schrijf ik: 'Geloof me, als ik het heb over het uitleven van al onze instincten, is dat alleen maar overspanning. Er zijn veel instincten die niet uitgeleefd moeten worden omdat ze gedegenereerd en verrot zijn. Henry heeft ongelijk dat hij D.H. Lawrence veracht omdat die weigert zich onder te dompelen in onnodige ellende. Het eerste dat Henry en June zouden doen was ons inwijden in armoede, honger, verslonzing, alleen om hun beproevingen te delen. Dat is de zwakste manier om van het leven te genieten: om je erdoor te laten slaan. Door ellende te overwinnen scheppen we een toekomstige onafhankelijkheid van bestaan dat zij nooit zullen kennen. Wanneer je ophoudt met werken, lieveling, zullen wij een vrijheid kennen die zij nooit gekend hebben. Ik ben een beetje misselijk van dat Russisch gewentel in pijn. Pijn is iets om te overmeesteren, niet om je in te wentelen.

Ik ben hier gekomen om mijn kracht te vinden, en ik vind die. Ik vecht. Vanmorgen zag ik jonge, lange, dikke silhouetten van skiërs, met zware laarzen, en hun langzame, bedwingende manier van lopen was als een vlaag van kracht. Nederlaag is voor mij alleen maar een fase. Ik moet overwinnen, leven. Vergeef me het lijden dat ik je aandoe. Het zal in ieder geval nooit nutteloos lijden zijn.'

Ik lig in bed, half in slaap, doe of ik niet besta. Dit fort van kalmte dat ik heb opgebouwd tegen de invasie van ideeën, tegen koorts, werkt als dons. Ik slaap in het dons, en de ideeën dringen zich aan me op, zonder ophouden. Ik wil langzaam begrijpen. En ik begin: June, jij hebt de werkelijkheid vernietigd. Jouw leugens zijn voor jou geen leugens; het zijn voorwaarden die je wilt verwezenlijken. Jij hebt meer moeite gedaan dan een van ons om illusies te verwezenlijken. Toen je je echtgenoot vertelde dat je moeder gestorven was, dat je je vader nooit gekend hebt, dat je een bastaard was, wilde je nergens beginnen, zonder wortels beginnen, in verzinsels duiken...

Ik probeer Junes chaos te belichten, niet met de directe geest van een man maar met al de vaardigheid en vaagheid die een vrouw gegeven zijn.

Henry zei: 'June had tranen in haar ogen toen ze het over jouw edelmoedigheid had.' En ik kon zien dat hij haar daarvoor liefhad. In zijn roman is het duidelijk dat Junes edelmoedigheid niet naar hem uitging – ze kwelde hem voortdurend – maar naar Jean, omdat ze geobsedeerd was door Jean. En wat doet ze met Henry? Ze vernedert hem, ze hongert hem uit, ze verwoest zijn gezondheid, ze martelt hem – en hij vaart er wel bij; hij schrijft zijn boek.

Kwetsen en beseffen dat je kwetst, en de absolute noodzaak daarvan kennen, dat is voor mij onverdraaglijk. Ik heb Junes moed niet. Ik doe mijn uiterste best om Hugo iedere vernedering te besparen. Ik ontzie zijn gevoelens. Slechts twee keer in mijn leven is passie sterker geweest dan mededogen.

Een tante van mij leerde onze kokkin hoe je wortelsoufflé moet maken, en de kokkin leerde dat onze dienstbode Emilia. Emilia dient dit gerecht op bij iedere feestelijke maaltijd. Zij maakte het voor Henry en June. Zij waren al gehypnotiseerd door het vreemde van Louveciennes, de aangebrachte kleuren, het ongewone van mijn manier van kleden, het buitenlandse in mij, de geur van jasmijn, de open haarden waarin ik geen houtblokken brandde maar boomstronken die eruitzien als monsters. De soufflé zag eruit als een exotische schotel, en ze aten het zoals je kaviaar eet. Ook aten ze aardappelpuree die luchtig was gemaakt met een geklopt ei. Henry, die door en door burgerlijk is, begon zich onrustig te voelen, alsof hij niet normaal te eten had gekregen. Zijn biefstuk was echt en sappig, maar mooi rond afgesneden, en ik weet zeker dat hij het niet herkende. June was in extase. Toen Henry ons beter kende durfde hij te vragen of we altijd zo aten, en vroeg zich bezorgd af of dat wel goed voor ons was. Toen vertelden we hem de oorsprong van de soufflé en lachten. June zou het voor eeuwig in mysteriën hebben gehuld.

Op een morgen toen Henry bij ons logeerde probeerde ik hem een heerlijk ontbijt te geven, na al zijn hongerlijden, goedkope maaltijden, gezuip in cafés. Ik kwam beneden en stak het vuur aan in de haard. Emilia bracht, op een groen dienblad, warme koffie, dampende melk, zacht gekookte eieren, goed brood en crackers, en de meest verse boter. Henry zat bij het vuur aan de gelakte tafel. Alles wat hij kon zeggen was dat hij verlangde naar de bistro om de hoek, de zinken bar, de groenige koffie zonder kraak noch smaak en melk met vellen.

Ik was niet beledigd. Ik vond dat hij een bepaald vermogen miste om van het niet-alledaagse te genieten, dat was alles. Ik mocht dan honderd keer in de put zitten, maar iedere keer zou ik er weer uit klimmen en genieten van goede koffie op een gelakt blad bij een open haard. Iedere keer zou ik eruit klimmen en genieten van zijden kousen en parfum. Luxe is voor mij geen noodzaak, maar mooie en goede dingen wel.

June is een verhalenvertelster. Ze vertelt voortdurend verhalen over haar leven die inconsequent zijn. Eerst probeerde ik ze te verbinden tot een geheel, maar toen gaf ik me over aan haar chaos. Destijds wist ik niet dat elk verhaal, net als die van Albertine aan Proust, een geheime sleutel was voor een gebeurtenis in haar leven die met geen mogelijkheid is op te helderen. Veel van die verhalen zitten in Henry's roman. Ze aarzelt niet zich te herhalen. Ze is bedwelmd door haar eigen sterke verhalen. Nederig sta ik voor dit fantastische kind en laat mijn verstand varen.

Vannacht, in het hotel, hield het koortsig huilen van een baby mij wakker, en mijn denken was als een opgevoerde motor. Het putte me uit. 's Ochtends kwam er een gruwelijk lelijke *femme de chambre* binnen om de luiken open te doen. Een man met rood haar dat in een wilde bos om zijn gezicht heen stond was het kleed in de gang aan het vegen. Ik belde naar Hugo en smeekte hem eerder te komen dan hij beloofd had. Zijn brieven waren zacht en droevig geweest. Maar door de telefoon was hij redelijk. 'Ik kom meteen als je ziek bent.' Ik zei: 'Laat maar. Ik kom donderdag thuis. Ik kan hier niet langer blijven.' Een kwartier later belde hij op, nu ten volle bewust van mijn ontreddering, om te zeggen dat hij hier vrijdag zou zijn in plaats van zaterdagmorgen.

Ik was wanhopig over mijn plotselinge en angstaanjagende behoefte aan Hugo. Die zou me tot elke daad in staat gebracht hebben. Ik zat in bed, trillend. Ik ben beslist ziek, dacht ik. Mijn geest is niet oppermachtig.

Ik deed mijn uiterste best om Hugo een rustige, duidelijke brief te schrijven, om hem gerust te stellen. Ik had net zo mijn best gedaan om mijzelf in evenwicht te brengen toen ik hier naar Zwitserland kwam. Hugo begreep het. Hij had mij geschreven: '...hoe goed weet ik met welke brandende intensiteit jij leeft. Jij hebt al vele levens meegemaakt, met inbegrip van enkele die je met mij hebt gedeeld – volle rijke levens van geboorte tot dood, en je zult gewoon dit soort rustperiodes er tussenin moeten hebben.

Besef je wat een levenskracht je bent, om maar in een abstractie over je te spreken? Ik voel me als een machine die zijn motor kwijt is. Jij vertegenwoordigt alles wat vitaal is, leeft, beweegt, opstijgt, vliegt, in hoge vlucht...'

June verzet zich hevig tegen Henry's vrijmoedige sensualiteit. De hare is zo veel complexer. Bovendien vertegenwoordigt hij het goede voor haar. Daar klampt ze zich wanhopig aan vast. Ze is bang dat hij bedorven zal worden. Al Henry's instincten zijn goed, niet in de misselijk makende christelijke zin maar in eenvoudige menselijke zin. Zelfs de gewelddadigheid van zijn manier van schrijven is niet monsterachtig of intellectueel maar menselijk. Maar June is niet-menselijk. Ze heeft maar twee menselijke gevoelens: haar liefde voor Henry en haar enorme onzelfzuchtige edelmoedigheid. De rest is fantastisch, pervers, meedogenloos.

De demonische manier waarop ze erin slaagt verantwoording af te leggen, zodat Henry en ik vol ontzag naar haar monsterlijkheid opkijken, die ons echter meer verrijkt dan het medelijden van anderen, de afgemeten liefde van anderen, de onzelfzuchtigheid van anderen. Ik zal haar niet kapot maken zoals Henry heeft gedaan. Ik zal van haar houden. Ik zal haar verrijken. Ik zal haar onsterfelijk maken.

Henry stuurt een wanhopige brief vanuit Dijon. Dostojevski

in Siberië, alleen was Siberië veel interessanter, volgens arme Henry. Ik stuur hem een telegram: 'Neem ontslag en kom terug naar Versailles.' En ik stuur hem geld. Bijna de hele dag denk ik aan hem.

Maar ik zou me door Henry nooit laten aanraken. Ik doe mijn best om de precieze reden te vinden, en die kan ik alleen vinden in zijn eigen taal. 'Ik wil niet alleen maar op me laten pissen.'

Doe jij zulke dingen, June? Doe je dat echt? Of karikaturiseert Henry jouw begeerten? Ben jij half verzonken in zulke geraffineerde, zulke duistere, zulke enorme gevoelens dat Henry's bordelen bijna belachelijk lijken? Hij rekent erop dat ik hem begrijp, omdat ik, net als hij, schrijver ben. Ik moet het weten. Het moet mij duidelijk zijn. Tot zijn verbazing zeg ik tegen hem precies wat jij zegt: 'Het is niet hetzelfde.' Er is één wereld die voor hem voor altijd gesloten is – de wereld die onze abstracte gesprekken bevat, onze kus, onze extases.

Verontrust voelt hij dat er een bepaalde kant aan jou is die hij niet begrepen heeft, alles wat buiten zijn roman is gelaten. Jij glipt tussen zijn vingers door!

De rijkdom van Hugo! Zijn vermogen lief te hebben, te vergeven, te geven, te begrijpen. God, wat ben ik een gezegende vrouw.

Morgenavond ben ik thuis. Ik heb meer dan genoeg van het hotelleven en de eenzaamheid 's nachts.

FEBRUARI

Louveciennes. Ik kwam thuis bij een zachte en vurige minnaar. Ik draag rijke, zware brieven van Henry bij me. Lawines. Op de muur van de kamer waar ik schrijf heb ik Henry's twee grote pagina's vol woorden opgeplakt, hier en daar onderstreept, en een panoramische kaart van zijn leven, bedoeld voor een ongeschreven boek. Ik zal de muren met woorden bedekken. Het zal *la chambre des mots* zijn.

Hugo vond mijn dagboeken over John Erskine en las ze toen ik weg was, met een laatste steek van nieuwsgierigheid. Er stond niets in dat hij niet wist, maar hij leed eronder. Ik zou het nog eens willen doormaken, ja, en Hugo weet het.

Ook, toen ik weg was, vond hij mijn zwartkanten ondergoed, kuste het, vond mijn geur, en snoof hem met zo veel vreugde op.

In de trein op weg naar Zwitserland deed zich een grappig voorval voor. Om Hugo gerust te stellen had ik mijn ogen niet opgemaakt, me nauwelijks bepoederd, nauwelijks mijn lippen rood gemaakt, en niets aan mijn nagels gedaan. Ik voelde me zo gelukkig met die verwaarlozing. Ik had me nonchalant gekleed in een dierbare oude zwartfluwelen jurk die gescheurd is bij de ellebogen. Ik voelde me net June. Mijn hond Ruby zat naast me, en dus zaten mijn zwarte mantel en fluwelen jasje onder zijn witte haren. Een Italiaan die de hele reis door alles had geprobeerd om mijn aandacht te trekken, kwam ten slotte in wanhoop naar me toe en bood me een borstel aan. Dit vond ik grappig, en ik lachte. Toen ik me afgeborsteld had (en zijn borstel vol witte haren zat), bedankte ik hem. Hij zei heel zenuwachtig: 'Wilt u met mij koffie gaan drinken?' Ik zei nee, terwijl ik dacht: hoe zou het geweest zijn als ik mijn ogen had opgemaakt?

Hugo zegt dat mijn brief aan Henry het gladste is dat hij ooit gezien heeft. Ik begin zo eerlijk en open. Ik lijk Junes tegendeel, maar aan het eind ben ik net zo gladjes. Hij denkt dat ik Henry in de war zal brengen en een tijd lang zijn stijl zal verstoren – zijn rauwe kracht, zijn 'gezeik en geneuk', waarin hij zich zo zeker voelde.

Toen ik Henry schreef was ik zo dankbaar voor zijn overgave en rijkdom dat ik hem alles wilde geven wat in mijn geest was. Ik begon met grote inzet, ik was openhartig maar toen ik aan het laatste geschenk kwam, het geschenk van mijn June en mijn gedachten over haar, werd ik terughoudend. Ik wendde heel wat vakmanschap en ongrijpbaarheid aan om zijn belangstelling vast te houden, terwijl ik voor me hield wat voor mij waardevol was.

Ik ga zitten voor mijn brief of mijn dagboek met het verlangen naar eerlijkheid, maar misschien ben ik uiteindelijk de grootste leugenaar van hen allemaal, meer dan June, meer dan Albertine, vanwege de schijn van oprechtheid.

Zijn ware naam was Heinrich – wat vind ik die veel mooier. Hij is Duits. Mij lijkt hij meer Slavisch, maar hij heeft de Duitse sentimentaliteit en romantiek ten opzichte van vrouwen. Seks is voor hem liefde. Zijn ziekelijke fantasie is Duits. Hij heeft een voorliefde voor lelijkheid. Hij vindt de stank van urine en kool niet erg. Hij houdt van vloeken, en plat praten, prostituées, de onderwereld, vuiligheid, ruw gedrag.

Hij schrijft zijn brieven aan mij op de achterkant van afgedankte 'Notities' – vijftig manieren om 'dronken' te zeggen, informatie over verschillende soorten vergif, titels van boeken, flarden gesprek. Of opsommingen als deze: 'Bezoek Café des Mariniers op de rivieroever bij Exposition Bridge vlak bij Champs Elysées – soort pension voor vissers. Eet bouillabaisse, Caveau des Oubliettes Rouges. Le Paradis, rue Pigalle – gevaarlijke plek, zakkenrollers, onderwereldfiguren, etc. Fred Payne's Bar, 14 rue Pigalle (bezoek de Art Galerie beneden, ontmoetingspunt van Engelse en Amerikaanse showgirls). Café de la Régence, 261 rue St. Honoré (Napoleon en Robespierre speelden hier schaak. Zie hun tafel).'

Henry's brieven geven mij het gevoel van overvloed dat ik zo zelden krijg. Ik beantwoord ze met groot plezier, maar de grote hoeveelheid ervan overweldigt me. Nauwelijks heb ik er een beantwoord of hij schrijft een nieuwe. Opmerkingen over Proust, beschrijvingen, stemmingen, zijn eigen leven, zijn onvermoeibare seksualiteit, de manier waarop hij meteen verwikkeld raakt in actie. Te veel actie, wat mij betreft. Onverteerd. Geen wonder dat hij zich verbaast over Proust. Geen wonder dat ik zijn leven gadesla in het besef dat mijn leven nooit op het zijne zal lijken, want het mijne wordt vertraagd door nadenken.

Aan Henry: 'Gisteravond heb ik je roman gelezen. Er zaten sommige passages in die *éblouissants* waren, duizelingwekkend mooi. Vooral de beschrijving van een droom die je had, de beschrijving van de nacht vol jazz met Valeska, het hele laatste deel wanneer het leven met Blanche tot een climax komt... Andere dingen zijn vlak, levenloos, vulgair realistisch, fotografisch. Nog weer andere dingen – de oudere maîtresse, Cora, zelfs Naomi, zijn nog niet gebóren. Daar maak je je slordig, onverschillig van af. Dat heb je al lang achter je liggen. Jouw schrijven heeft het hoge tempo van je leven moeten bijhouden, en door je animale vitaliteit heb je te veel geleefd...

Ik heb een vreemd gevoel dat ik zeker weet wat er precies weggelaten zou moeten worden, net zoals jij wist wat ik uit mijn boek weg moest laten. Ik vind dat de roman het waard is om uitgewied te worden. Mag ik dat voor je doen?'

Aan Henry: 'Begrijp alsjeblieft, Henry, dat ik volledig in opstand ben tegen mijn eigen geest, dat als ik leef, ik op impuls leef, op emotie, op withete gloed. June begreep dat. Mijn geest bestond niet toen wij waanzinnig door Parijs liepen, ons niet bewust van mensen, van tijd, van plaats, van anderen. Mijn geest bestond niet toen ik voor het eerst Dostojevski las in mijn hotelkamer, en tegelijkertijd lachte en huilde en niet kon slapen, en niet wist waar ik was. Maar daarna, begrijp me, doe ik mijn uiterste best er weer bovenop te komen, mij niet meer te wentelen in mijn emotie, niet door te gaan met alleen maar lijden en branden. Waarom zou ik zo mijn best doen? Omdat ik bang ben precíes zoals June te zijn. Ik heb iets tegen volledige chaos. Ik wil in staat zijn om met June in opperste waanzin te leven, maar ik wil ook in staat zijn dat naderhand te begrijpen, greep te krijgen op wat ik doorleefd heb.

Je vraagt tegenstrijdige en onmogelijke dingen. Je wilt weten wat voor dromen, wat voor opwellingen, wat voor begeerten June heeft. Dat zul je nooit te weten komen, niet van haar. Nee, dat zou ze je niet kunnen zeggen. Maar besef je hoe heerlijk ik het vond haar te vertellen wat onze gevoelens waren, in die speciale taal? Want ik leef niet altijd alleen maar, gewoon altijd alleen maar mijn fantasieën achterna; ik kom boven om lucht te happen, om tot besef te komen. Ik verbijsterde June omdat als we ergens samen zaten het wonder van het moment mij niet alleen maar dronken maakte; ik beleefde het met het bewustzijn van de dichter, niet met het bewustzijn van de clichématige psychoanalytici. Wij gingen tot de rand, met onze twee verbeeldingen. En jij beukt met je kop tegen de muur van onze wereld, en jij wil dat ik alle sluiers verscheur. Jij wil tere, diepe, vage, duistere, wellustige sensaties forceren tot iets wat je vast kan houden. Dat vraag je niet van Dostojevski. Je dankt God voor de levende chaos. Waarom, dan, wil je meer over June weten?'

June heeft geen ideeën, geen fantasieën van zichzelf. Die worden haar gegeven door anderen, die geïnspireerd worden door haar wezen. Henry zegt boos dat ze een lege doos is en dat ik de volle doos ben. Maar wie wil er nu ideeën, fantasieën, inhouden, als de doos mooi en inspirerend is? Ik word geïnspireerd door June de lege doos. Door midden op de dag aan haar te denken word ik boven het gewone leven uit getild. De wereld is nog nooit zo leeg voor me geweest sinds ik haar heb leren kennen. June biedt de prachtige gloedvolle huid, de verblindende stem, de afgrondelijke ogen, de bedwelmde gebaren, de aanwezigheid, het lichaam, het vleesgeworden beeld van onze droombeelden. Wat zijn wij? Alleen maar de scheppers. Zij ìs.

Om de andere dag krijg ik brieven van Henry. Ik antwoord hem onmiddellijk. Ik heb hem mijn schrijfmachine gegeven, en ik schrijf met de hand. Ik denk dag en nacht aan hem.

Ik droom van een bijzonder extra leven dat ik eens zal leiden, dat misschien zelfs een volgend en speciaal dagboek zal vullen. Vannacht, nadat ik Henry's roman had gelezen, kon ik niet slapen. Het was middernacht. Hugo sliep. Ik wilde opstaan en naar mijn werkkamer gaan en Henry schrijven over zijn eerste roman. Maar dan had ik Hugo wakker gemaakt. Ik moet twee deuren opendoen, en die kraken. Hugo was zo uitgeput toen hij naar bed ging. Ik lag heel stil en dwong mijzelf te slapen, terwijl zinnen als een cycloon door mijn hoofd raasden. Ik dacht dat ik ze 's ochtends nog wel zou weten. Maar ik kon ze niet herinneren, niet eens zo'n beetje. Als Hugo niet naar zijn werk moest, had ik hem wakker kunnen maken en dan had hij de volgende morgen kunnen uitslapen. Ons hele leven wordt verpest door zijn werk bij de bank. Ik moet hem daar wegkrijgen. En daarom ga ik aan mijn boek werken, herschrijven, iets wat ik haat, want er broeit een nieuw boek in mijn hoofd – Junes boek.

Het conflict tussen mijn 'bezeten' worden en mijn toewijding aan Hugo begint ondraaglijk te worden. Ik zal van hem houden met al mijn kracht maar op mijn eigen manier. Is het voor mij onmogelijk om alleen in één richting te groeien?

Vanavond ben ik een en al vreugde omdat Henry hier weer is. De indruk is altijd dezelfde: je zit boordevol van het gewicht en de klappen van zijn schrijven, en dan komt hij zo zacht op je over – zachte stem, afwezig, zachte gebaren, zachte, witte handen – en je geeft je over aan zijn onvermoeibare nieuwsgierigheid en romantiek jegens vrouwen.

Henry's beschrijving van het krot in Henry Street (waar June Jean binnenbracht om bij hen te komen wonen):

Bed onopgemaakt de hele dag; met schoenen aan er steeds weer in klimmen; lakens een troep. Vuile hemden gebruiken als handdoek. De was zelden weggebracht. Gootstenen verstopt door te veel afval. Afwassen in de badkuip, die vet was met zwarte randen. Badkamer altijd zo koud als een ijskast. Meubels slopen om op het vuur te gooien. Blinden altijd neer, ramen nooit gelapt, atmosfeer altijd als van een graf. Overal op de vloer gips, gereedschappen, verf, boeken, sigarettepeuken, afval, vuile schalen, potten. Jean de hele dag bezig in overall. June, altijd half naakt en klagend over de kou.

Wat betekent dat voor mij? Een kant van June die ik nooit zal kennen. En de andere kant, die mij toebehoort, is vol betovering en verblindend van schoonheid en verfijning. Deze details laten mij alleen maar de tweezijdigheid van alle dingen zien, mijn eigen tweezijdigheid, nu hunkerend naar leven in verworpenheid, animaliteit.

Tegen Henry: 'Jij zegt: Gide heeft geest, Dostojevski heeft het andere, en wat Dostojevski heeft dat is waar het op aan komt.' Voor jou en mij is het hoogste moment, de sterkste vreugde, niet wanneer ons verstand overheerst maar wanneer we ons verstand verliezen, en jij en ik verliezen dat op dezelfde manier, door liefde. Wij hebben ons verstand verloren aan June...

'Vertel me eens. Je houdt van het macabere. Jouw verbeelding wordt aangetrokken door bepaalde lugubere beelden. Heb jij Bertha verteld dat leven met June leek op het rondsjouwen met een lijk? Vind je Junes neuroses en ziekte werkelijk erg, of vervloek je alleen maar wat je tot slaaf maakt?'

Ik voer een felle strijd om Henry te houden, die ik niet kwijt wil, en om de verstandhouding tussen June en mij als een kostbaar geheim te bewaren.

Gisteren in het café trok hij stukken van ons verhaal uit me. Dat deed me pijn en maakte me razend. Ik kwam thuis en schreef hem een lange, koortsachtige brief. Als hij deze brief aan June liet zien, zou ik haar kwijt zijn. Henry kan mij niet minder van haar laten houden, maar hij kan mij kwellen door haar onwerkelijker te laten lijken, onzelfzuchtiger, door te bewijzen dat er geen June is, alleen een beeld, door ons bedacht, door Henry's geest, en mijn poëzie. Hij sprak over invloeden op haar. De invloed van Jean, de vrouw in New York. Dit was een kwelling voor me.

En toen zei hij: 'Je bent voor mij een raadsel.' En ik zei niets. Gaat hij me haten? Toen we elkaar de eerste keer ontmoetten was hij zo warm en zo ontvankelijk voor mijn aanwezigheid. Zijn hele lichaam was zich van mij bewust. Gretig bogen we ons over het boek dat ik voor hem had meegebracht. We waren allebei verrukt. Hij vergat zijn koffie op te drinken.

Ik zit verstrikt in de schoonheid van June en het genie van Henry. Op een andere manier, beiden zijn me dierbaar, een deel van mij gaat naar ieder van beiden uit. Maar ik houd waanzinnig veel, onberedeneerbaar veel van June. Henry geeft me leven, June geeft me dood. Ik moet kiezen, en dat kan ik niet. Henry al de gevoelens geven die ik voor June had is hetzelfde als mijn lichaam en ziel aan hem geven.

Aan Henry: 'Misschien heb je het niet beseft, maar je hebt me vandaag voor het eerst met een schok uit een droom op doen schrikken. Al je briefjes, je verhalen over June hebben me nooit pijn gedaan. Niets deed me pijn tot je de bron van mijn doodsangst raakte: June en de invloed van Jean. Wat een doodsangst heb ik als ik me herinner hoe ze praatte en erin hoor hoe beladen zij is door de rijkdommen van anderen, al de anderen die haar schoonheid liefhebben. Zelfs graaf Bruga was Jeans schepping. Toen wij samen waren zei June: "Jij moet bedenken wat we samen zullen doen." Ik was bereid om haar alles te geven wat ik ooit heb bedacht en gecreëerd, van mijn huis, mijn kleren, mijn juwelen tot mijn schrijven, mijn droombeelden, mijn leven. Ik zou voor haar alleen gewerkt hebben.

Begrijp me. Ik aanbid haar. Ik aanvaard alles wat ze is, maar ze moet zíjn. Ik kom alleen in opstand als er geen June is (zoals ik de eerste avond schreef dat ik haar ontmoette). Zeg me niet dat er geen June is behalve de fysieke June. Jij hebt met haar geleefd.

Ik ben nooit bang geweest, tot vandaag, voor wat onze twee geesten samen zouden ontdekken. Maar wat een vergif heb jij gestookt, misschien wel hetzelfde vergif dat in jou zit. Is dat ook jouw doodsangst? Voel je je achtervolgd en tegelijkertijd op een dwaalspoor gebracht, als door een schepping van je eigen brein? Is het angst voor een illusie, die je bestrijdt met grove woorden? Zeg me dat ze niet alleen een mooi beeld is. Soms, als wij praten, voel ik dat wij proberen greep te krijgen op haar werkelijkheid. Zelfs voor ons is ze onwerkelijk, zelfs voor jou die haar bezeten heeft, en voor mij die zij gekust heeft.'

Hugo leest een van mijn oude dagboeken, de periode-John Erskine, boulevard Suchet, en hij snikt bijna van medelijden met me, zich realiserend dat ik in het Huis van de Doden leefde. Ik slaagde er niet in hem weer tot het leven terug te roepen tot hij mij bijna verloor aan John en aan zelfmoord.

Meer brieven van Henry, gedeelten van zijn boek terwijl hij het schrijft, citaten, notities onder het luisteren naar Debussy en Ravel, op de achterkant van menu's van kleine restaurants in armoedige wijken. Een stortvloed van realisme. Te veel ervan in verhouding tot verbeelding, die steeds minder wordt. Hij zal geen moment van zijn leven aan zijn werk opofferen. Hij is altijd druk in de weer met zijn werk en schrijft erover en ten slotte pakt hij dat nooit aan, hij schrijft meer brieven dan boeken, hij doet meer onderzoek dan dat hij daadwerkelijk schept. Toch is de vorm van zijn laatste boek, onsamenhangend, een keten van associaties, herinneringen, heel goed. Hij heeft zijn Proust verwerkt, minus de poëzie en de muziek.

Ik ben afgedaald in obsceniteit, vuiligheid, en zijn wereld van 'stront, kut, lul, klootzak, kruis, kreng' en ben weer op weg omhoog. Het symfonieconcert vandaag bevestigde mijn stemming van afstandelijkheid. Steeds weer heb ik de regionen van realisme doorkruist en ervoer ze als dor. En weer keer ik terug tot de poëzie. Ik schrijf aan June. Het is bijna onmogelijk. Ik kan de woorden niet vinden. Ik probeer met zo veel geweld mijn verbeelding te laten werken om haar te bereiken, mijn beeld van haar. En als ik thuiskom zegt Emilia: 'Er is een brief voor de señorita.' Ik ren naar boven, in de hoop dat hij van Henry is.

Ik wil een sterke dichter zijn, zo sterk als Henry en John in hun realisme zijn. Ik wil hen bestrijden, bij hen binnendringen en hen vernietigen. Wat mij bij Henry verbijstert en wat mij aantrekt zijn de flitsen van verbeelding, de flitsen van inzicht, en de flitsen van dromen. Vluchtig. En de diepten. Wrijf de Duitse realist eraf, de man die 'staat voor stront', zoals Wambly Bald tegen hem zegt, en er blijft een krachtige imagist over. Bij vlagen kan hij de meest fijnzinnige of diepzinnige dingen zeggen. Maar zijn zachtheid is gevaarlijk, want als hij schrijft schrijft hij niet met liefde, hij schrijft om karikaturen te maken, om aan te vallen, om belachelijk te maken, om te vernietigen, om te rebelleren. Hij is altijd tegen iets. Woede vuurt hem aan. Ik ben altijd voor iets. Woede vergiftigt mij. Ik bemin, bemin, bemin.

Dan, op bepaalde momenten, herinner ik mij een van zijn woorden en plotseling voel ik de sensuele vrouw opvlammen, alsof ik heftig word gestreeld. Ik zeg het woord hardop tegen mezelf, met vreugde. Op zo'n moment leeft mijn ware lichaam.

Gisteren bracht ik een gespannen, aangrijpende dag door met Eduardo, die het verleden oprakelt. Hij was de eerste man van wie ik hield. Hij was zwak, seksueel gezien. Ik leed onder zijn zwakte, dat weet ik nu. Die pijn werd begraven. Hij werd opnieuw gewekt toen we elkaar twee jaar geleden weer ontmoetten. Hij werd weer begraven.

Ik heb altijd manlijke elementen in me gehad, wist altijd precies wat ik wilde, maar pas toen ik John Erskine ontmoette ging ik van sterke mannen houden; ik hield van zwakke of schuchtere, oververfijnde mannen. Eduardo's vaagheid, besluiteloosheid, etherische liefde, en Hugo's angstige liefde bezorgden mij ergernis en verwarring. Ik handelde fijngevoelig en toch als een man. Het zou vrouwelijker geweest zijn om genoegen te hebben genomen met de passie van andere bewonderaars, maar ik hield vast aan mijn eigen selectie, aan een verfijndheid van aard die ik vond in een man die zwakker was dan ik. Ik leed sterk onder mijn eigen vrijpostigheid als vrouw. Als man zou ik blij geweest zijn te hebben wat ik begeerde.

Nu is Hugo sterk, maar ik ben bang dat het te laat is. De man in mij is te ver voortgeschreden. Zelfs als Eduardo nu met mij wilde leven (en gisteren werd hij gekweld door machteloze jaloezie), zouden we dat niet kunnen omdat ik creatief sterker ben dan hij, en dat zou hij niet kunnen verdragen. Ik heb de vreugde van het manlijk richting geven aan mijn leven ontdekt door mijn verliefdheid op June. Ook heb ik de verschrikkelijke vreugde ontdekt van het sterven, van het desintegreren.

Toen ik gisteravond met Hugo bij de haard zat begon ik te huilen, de vrouw die weer gespleten raakte in vrouw-man, en smeekte dat ze door een wonder, door de grote menselijke kracht van dichters, gered mocht worden. Maar de animale kracht die de vrouw bevredigt ligt in meedogenloze mannen, in de realisten als Henry, en van hem wil ik geen liefde. Liever ga ik voorwaarts en kies ik mijn June, vrijuit, als een man. Maar mijn lichaam zal sterven, omdat ik een sensueel lichaam heb, een levend lichaam, en er is geen leven in liefde tussen vrouwen.

Hugo alleen houd mij vast, nog steeds, met zijn aanbidding, zijn warme menselijke liefde, zijn rijpheid, want hij is de oudste van allen.

Ik wil zo prachtig aan June schrijven dat ik haar helemaal niets kan schrijven. Wat een zielig ontoereikende brief:

'Ik kan niet geloven dat je niet weer naar mij toe zult komen vanuit de duisternis van de tuin. Ik wacht soms waar wij elkaar altijd ontmoetten, in de hoop weer de vreugde te voelen van jou vanuit een menigte op mij af te zien komen lopen – jij, zo anders en uniek.

Nadat jij weg was gegaan verstikte het huis mij. Ik wilde alleen zijn met mijn beeld van jou...

Ik heb een appartement gehuurd in Parijs, een klein, gammel geheel, en probeer tenminste maar een paar uur per dag weg te lopen. Maar wat is dat andere leven dat ik wil leiden zonder jou? Ik moet me verbeelden dat je er bent, June, soms. Ik heb het gevoel dat ik jou wil zijn. Ik heb nooit eerder iemand anders dan mij willen zijn. Nu wil ik in jou versmelten, zo dicht bij je zijn dat mijn eigen zelf verdwijnt. Ik ben het gelukkigst in mijn zwartfluwelen jurk omdat die oud is en gescheurd aan de ellebogen.

Als ik naar je gezicht kijk, wil ik me laten gaan en in je waanzin delen, die ik in mij draag als een geheim en niet meer kan verbergen. Ik ben vervuld van een hevige, ontzagwekkende vreugde. Het is de vreugde die je voelt wanneer je dood en desintegratie hebt aanvaard, een vreugde verschrikkelijker en intenser dan de vreugde van leven, van scheppen.'

MAART

Gisteren in het Café de la Rotonde zei Henry me dat hij mij een brief had geschreven die hij verscheurd had. Omdat het een idiote brief was. Een liefdesbrief. Ik hoorde dit zwijgend aan, niet verrast. Ik had het aangevoeld. Er is zo veel warmte tussen ons. Maar ik ben niet ontroerd. Diep van binnen. Ik ben bang voor deze man, alsof ik in hem alle realiteiten die mij angst aanjagen onder ogen moet zien. Zijn sensuele wezen raakt me. Zijn woestheid, gehuld in tederheid, zijn plotselinge ernst, de zware, rijke geest. Ik ben een beetje gehypnotiseerd. Ik bekijk zijn mooie zachte witte handen, zijn hoofd, dat te zwaar lijkt voor zijn lichaam, het voorhoofd, dat op barsten staat, een dreunend hoofd, dat zoveel herbergt dat ik liefheb en haat, dat ik begeer en vrees. Mijn liefde voor June verlamt mij. Ik voel warmte voor deze man, die twee gescheiden wezens kan zijn. Hij wil mijn hand pakken en ik doe alsof ik het niet merk. Ik maak een snel vluchtgebaar.

Ik wil dat zijn liefde sterft. Waar ik van gedroomd heb, dat juist zo'n man mij zou begeren, dat verwerp ik nu. Het moment is gekomen om weg te glijden in sensualiteit, zonder liefde of dramatiek, en ik kàn het niet.

Hij begrijpt zo vaak verkeerd: mijn glimlach als hij vertelt hoe June eerst heftig al zijn denkbeelden bestreed en ze later in zich opnam en uitte alsof ze van haarzelf waren. 'Het overkomt ons allemaal,' zegt hij, terwijl hij me agressief aankijkt, alsof mijn glimlach verachtelijk was geweest. Ik geloof dat hij wil vechten. Na het geweld, de verbittering, de wreedheid, de meedogenloosheid die hij heeft meegemaakt, ergert hij zich aan mijn staat van mildheid. Hij vindt dat ik, als een kameleon, in het café van kleur verander, en misschien de kleur verlies die ik in mijn eigen huis heb. Ik pas niet in zijn leven.

Zijn leven – de onderwereld, Carco, geweld, meedogenloosheid, monstruositeit, hoererij, losbandigheid. Ik lees zijn aantekeningen gulzig en met afgrijzen. Een jaar lang, in halve eenzaamheid, heeft mijn verbeelding de tijd gehad uit proportie te groeien. 's Nachts, koortsachtig, dringen Henry's woorden zich aan me op. Zijn gewelddadige, agressieve viriliteit achtervolgt me. Ik proef dat geweld met mijn tong, met mijn schoot. Tegen de grond gedrukt met de man over me heen, bezeten tot ik het uit wil schreeuwen.

In het Café Viking vertelt Henry dat hij op een avond toen ik een paar minuten in mijn eentje de rumba danste mijn ware aard ontdekte. Hij herinnert zich nog een passage in mijn roman, wil het manuscript hebben, om het over te kunnen lezen. Hij zegt dat het het mooiste is dat hij de laatste tijd gelezen heeft. Praat over de fantastische mogelijkheden in mij: zijn eerste indruk van mij, zoals ik daar op de drempel stond – 'zo mooi' – en later op de grote zwarte stoel zat 'als een koningin'. Hij wil de 'illusie' van mijn grote eerlijkheid vernietigen.

Ik lees hem voor wat ik geschreven heb over het effect van zijn aantekeningen. Hij zei dat ik alleen zo kon schrijven, met fantasierijke intensiteit, omdat ik niet had uitgeleefd waarover ik schreef, dat het uitleven de verbeelding en de intensiteit doodt, zoals bij hem.

Briefje aan Henry in paarse inkt op zilverkleurig papier: 'De vrouw zal eeuwig in de hoge zwarte stoel zitten. Ik zal de enige vrouw zijn die je nooit zult bezitten. Buitensporig leven drukt zwaar op de verbeelding. We zullen niet leven, we zullen alleen schrijven en praten om de zeilen te bollen.'

Schrijvers maken van liefde iets waar ze behoefte aan hebben. Henry past zich aan mijn beeld aan en probeert subtieler te zijn, wordt poëtisch. Hij zei dat hij zich heel goed kon voorstellen dat June tegen hem zou zeggen: 'Ik zou het niet erg vinden als je van Anaïs hield omdat het Anaïs is.'

Ik beïnvloed hun verbeeldingen. Dat is de sterkste kracht.

Ik heb gezien hoe romantiek het langer uithoudt dan realisme. Ik heb gezien hoe mannen de mooie vrouwen die ze hebben bezeten vergaten, de prostituées vergaten, en terugdachten aan de eerste vrouw die ze vereerden, de vrouw die ze nooit konden krijgen. De vrouw die hen op romantische wijze opwond, houdt hen in haar greep. Ik zie het hardnekkige hunkeren in Eduardo. Hugo zal nooit genezen raken van mij. Henry kan nooit meer echt liefhebben nadat hij June heeft liefgehad.

Als ik over haar praat, zegt Henry: 'Wat kan jij de dingen op een prachtige manier zeggen.'

'Misschien is het het ontwijken van de feiten.'

Hij zegt tegen mij precies wat ik een tijd geleden schreef: Ik onderwerp me aan het leven en vind dan mooie verklaringen voor mijn daad. Ik laat het stuk passen in het creatieve weefsel.

'June en jij wilden me balsemen,' zeg ik.

'Omdat je zo uiterst breekbaar lijkt.'

Ik droom van een nieuw soort trouw, met stimulansen van anderen, leven in de verbeelding, en mijn lichaam alleen voor Hugo.

Ik lieg. Die dag in het café toen ik daar zat met Henry, zijn hand zag trillen, zijn woorden hoorde, was ik ontroerd. Het was waanzin om hem mijn aantekeningen voor te lezen, maar hij zette me ertoe aan; het was waanzin om te drinken en zijn vragen te beantwoorden terwijl ik hem strak in zijn gelaat keek, zoals ik nog nooit naar een man heb durven kijken. We raakten elkaar niet aan. We leunden beiden over de afgrond.

Hij had het over 'Hugo's enorme vriendelijkheid, maar hij is een jongen, een jongen'. Henry's oudere geest, natuurlijk. Ik, net zo, wacht altijd op Hugo, maar spring vooruit, soms verraderlijk, met de oudere geest. Ik probeer mijn lichaam erbuiten te laten. Maar ik ben gevangen. En dus als ik thuiskom trek ik mij los en schrijf hem dat briefje.

En intussen lees ik zijn liefdesbrief tien of vijftien keer over, en al geloof ik niet in zijn liefde, of in de mijne, toch houdt de angstdroom van enkele nachten geleden mij in zijn greep. Ik ben bezeten.

'Pas op,' zei Hugo, 'dat je niet verstrikt raakt in je eigen droombeelden. Je brengt vonken in bij anderen, je laadt hen op met jouw illusie, en als ze als vuurwerk uit elkaar spatten voel je je bedrogen.'

We wandelen in het bos. Hij speelt met Banquo. Hij zit naast mij te lezen. Zijn intuïtie zegt hem: wees vriendelijk, wees lief, wees blind. Bij mij is dat de handigste en slimste methode. Het is de manier om me te martelen, om me te winnen. En ik denk ieder moment aan Henry, chaotisch, vol angst voor zijn tweede brief.

Ik ontmoet Henry in de schemerige, spelonkachtige Viking. Hij heeft mijn briefje niet ontvangen. Hij heeft weer een liefdesbrief voor me meegenomen. Hij schreeuwt bijna uit: 'Je bent nu gesluierd. Wees echt! Wat je zei, wat je schreef, onlangs. Je was echt.' Ik ontken het. Dan zegt hij nederig: 'Oh, ik wist het, ik wist dat het te aanmatigend van me was om naar jou te streven. Ik ben een boer, Anaïs. Alleen hoeren kunnen mij waarderen.' Dat brengt de woorden naar buiten die hij hoopt te horen. Halfhartig spreken we elkaar tegen. We herinneren het begin: we begonnen met de geest. 'Was dat zo, was dat wel zo?' zegt Henry, bevend. En plotseling buigt hij naar mij over en overspoelt me in een eindeloze kus. Ik wil niet dat de kus ooit ophoudt. Hij zegt: 'Kom mee naar mijn kamer.'

Hoe verstikkend is de sluier om mij heen, die Henry probeert te scheuren, mijn angst voor de realiteit. We lopen naar zijn kamer, en ik voel de grond niet, maar ik voel wel zijn lichaam tegen het mijne. Hij zegt: 'Moet je het kleed op de trap zien, het is versleten,' en ik zie het niet, ik voel alleen het opstijgen. Mijn briefje is in zijn handen. 'Lees het,' zeg ik, onder aan de trap, 'en dan verlaat ik je.' Maar ik volg hem. Zijn kamer zie ik niet. Als hij mij in zijn armen neemt, smelt mijn lichaam. De tederheid van zijn handen, het onverwachte tot diep binnen in mij doordringen, maar zonder geweld. Wat een vreemde, rustige kracht.

Hij, ook hij, roept uit: 'Het is allemaal zo onwerkelijk, zo snel.'

En ik zie een andere Henry, of misschien dezelfde Henry als toen hij die dag mijn huis kwam binnenlopen. We praten zoals ik verlangd heb dat we zouden praten, zo gemakkelijk, zo eerlijk. Ik lig op zijn bed onder zijn jas. Hij kijkt naar me.

'Verwachtte je – meer brute kracht?'

Zijn bergen woorden, aantekeningen, citaten zijn uiteengebarsten. Ik ben verbaasd. Ik kende deze man niet. Wij waren niet verliefd op elkaars manier van schrijven. Maar waar zijn we nu verliefd op? Ik kan de foto van Junes gezicht op de schoorsteenmantel niet verdragen. Zelfs op de foto, het is griezelig, bezit zij ons beiden.

Ik schrijf krankzinnige briefjes aan Henry. We kunnen elkaar vandaag niet ontmoeten. De dag is leeg. Ik ben gevangen. En hij? Wat voelt hij? Ik ben overrompeld, ik verlies alles, mijn geest wankelt, ik heb alleen besef van sensaties.

Er zijn momenten op de dag dat ik niet in Henry's liefde geloof, dat ik voel dat June ons beiden domineert, dat ik tegen mijzelf zeg: deze morgen zal hij wakker worden en beseffen dat hij alleen van June houdt. Momenten dat ik geloof, waanzinnig, dat wij iets nieuws gaan beleven, Henry en ik, buiten Junes wereld.

Hoe heeft hij mij de waarheid opgelegd? Ik stond op het punt de vlucht te nemen uit mijn gevangenis van droombeelden, maar hij neemt me mee naar zijn kamer en daar beleven we een droom, niet een realiteit. Hij plaatst me waar hij mij wil plaatsen. Wierook. Aanbidding. Illusie. En de rest van zijn leven is volledig weggevaagd. Hij komt met een nieuwe ziel naar dit uur. Het is de slaapdrank uit de sprookjes. Ik lig daar met een brandende schoot en hij heeft er nauwelijks iets van. Onze gebaren zijn menselijk, maar er ligt een vloek op de kamer. Het is Junes gezicht. Ik herinner mij, met veel pijn, een van zijn aantekeningen: 'het meest fantastische moment van mijn leven – June die op straat knielde'. Is het June of Henry op wie ik jaloers ben?

Hij vraagt of ik weer langskom. Als ik op hem wacht in de stoel in zijn kamer, en hij knielt om mij te kussen, is hij vreemder dan al mijn gedachten. Met zijn ervaring overheerst hij mij. Hij overheerst mij met zijn geest, dat ook, en ik word tot zwijgen gebracht. Hij fluistert mij toe wat mijn lichaam moet doen. Ik gehoorzaam, en nieuwe instincten ontwaken in mij. Hij heeft mij gegrepen. Een man zo menselijk; en ik, plotseling schaamteloos natuurlijk. Ik ben verbaasd dat ik daar lig in zijn ijzeren bed, met mijn zwarte ondergoed veroverd en vertrapt. En de strak gespannen geslotenheid van mij voor een moment verbroken, door een man die zich 'de laatste man op aarde' noemt.

Schrijven is, voor ons, geen kunstvorm, maar ademhalen. Na onze eerste ontmoeting kon ik nog buiten adem wat aantekeningen maken, punten van herkenning, menselijke bekentenissen. Henry was nog ademloos, en ik was de ondraaglijke, bereidwillige vreugde aan het afblazen. Maar de tweede keer waren er geen woorden. Mijn vreugde was ontastbaar en angstaanjagend. Het zwol in me op toen ik over straat liep.

Het dringt overal doorheen, het vlamt hoog op. Ik kan het niet verbergen. Ik ben een vrouw. Een man heeft mij onderworpen. Oh, de vreugde als een vrouw een man vindt aan wie ze zich kan onderwerpen, de vreugde van haar vrouwelijkheid die zich ontplooit in sterke armen.

Hugo kijkt naar me als we bij de haard zitten. Ik praat als in een roes, stralend. Hij zegt: 'Ik heb je nog nooit zo mooi gezien. Ik heb je kracht nog nooit zo sterk gevoeld. Wat is de nieuwe zekerheid in je?'

Hij begeert me, net zoals de vorige keer, ná Johns bezoek. Mijn geweten sterft op dat moment. Hugo overweldigt me en ik gehoorzaam instinctief Henry's gefluisterde woorden. Ik klem mijn benen om Hugo heen, en verrukt roept hij uit: 'Lieveling, lieveling, wat doe je? Je maakt me gek. Ik heb nog nooit zo veel genot gevoeld!'

Ik bedrieg hem, ik misleid hem, toch gaat de wereld niet onder in zwavelkleurige nevelen. Waanzin overwint. Ik kan mijn mozaïeken niet meer in elkaar passen. Ik huil en lach.

Na een concert gingen Hugo en ik samen weg, als minnaars, zei hij. Dat was de dag nadat Henry en ik in de Viking voor bepaalde gevoelens waren uitgekomen. Hugo was zo attent, zo lief. Hij had een vrije dag. We aten in een restaurant in Montparnasse. Ik had een voorwendsel verzonnen om even langs te gaan bij een vriendin en daar Henry's eerste liefdesbrief op te halen. Die zat in mijn portefeuille. Ik dacht eraan terwijl Hugo aan me vroeg: 'Wil je oesters? Neem vanavond oesters. Het is een speciale avond. Iedere keer als ik met jou uitga voel ik me alsof ik met mijn maîtresse uitga. Jij bent mijn maîtresse. Ik houd meer van je dan ooit.'

Ik wil Henry's brief lezen. Ik excuseer me. Ik ga naar het toilet. Ik lees de brief daar. Hij is niet erg mooi geschreven, en dat feit roert me. Ik weet niet wat ik verder voel. Ik loop terug naar de tafel, duizelig. Hier ontmoetten we Henry toen hij terugkwam uit Dijon en hier besefte ik dat ik blij was dat hij terug was.

Bij een andere gelegenheid gaan Hugo en ik naar het theater. Ik denk aan Henry. Hugo weet dat, en hij vertoont de bekende tedere verlegenheid, het verlangen te geloven, en ik stel hem gerust. Hij had mij zelf de boodschap doorgegeven dat ik Henry om half negen moest bellen.

Dus gaan we voor het toneelstuk naar een café, en Hugo helpt me het nummer vinden van Henry's kantoor. Ik maak een grapje over wat hij te horen gaat krijgen. Henry en ik zeggen niet veel:

'Heb je mijn brief gekregen?' 'Ja.' 'Heb je mijn briefje gekregen?' 'Nee.'

Ik heb een slechte nacht na het toneelstuk. Hugo staat vroeg in de ochtend op om me er iets voor te geven, een slaappil. 'Wat is er?' vraagt hij. 'Wat voel je?' Hij biedt me de toevlucht van zijn armen.

De eerste keer dat ik uit Henry's kamer terugkom, verdoofd, valt het me moeilijk om op mijn gebruikelijke levendige manier te praten.

Hugo gaat zitten, pakt zijn dagboek en schrijft gedreven over mij en 'kunst' en hoe alles wat ik doe goed is. Terwijl hij mij dit voorleest, bloed ik dood. Voor het einde begint hij te snikken. Hij weet niet waarom. Ik kniel voor hem neer. 'Wat is er, lieveling, wat is er?' En ik maak deze verschrikkelijke opmerking: 'Heb je een voorgevoel?' – wat hij, vanwege zijn vertrouwen en trage begrip, niet kan begrijpen. Hij gelooft dat Henry alleen mijn verbeeldingskracht stimuleert, als schrijver. En omdat hij dit gelooft gaat hij ook iets schrijven, om me voor zich te winnen met schrijven.

Ik wil uitroepen: 'Dat is zo jong van je; het is net het vertrouwen van een kind.' God, ik ben oud, ik ben de laatste vrouw op aarde. Ik ben me bewust van een monsterlijke paradox: door mezelf te geven leer ik meer van Hugo houden. Door te leven als ik doe behoed ik onze liefde voor verbittering en dood.

De waarheid is dat dit de enige manier is waarop ik kan leven: in twee richtingen. Ik heb twee levens nodig. Ik ben twee wezens. Al ik 's avonds naar Hugo terugkeer, naar de rust en de kalmte van het huis, keer ik terug met een diepe tevredenheid, alsof dit de enige levensvoorwaarde voor me is. Ik breng voor Hugo een volledige vrouw mee naar huis, bevrijd van alle 'bezeten' koortsen, genezen van het gif van rusteloosheid en nieuwsgierigheid dat ons huwelijk vroeger bedreigde, genezen door handelen. Onze liefde leeft, omdat ik leef. Ik houd haar in stand en voed haar. Ik ben haar trouw, op mijn eigen manier, die niet zijn manier kan zijn. Als hij deze regels ooit leest, moet hij mij geloven. Ik ben kalm en helder als ik dit schrijf, terwijl ik wacht op zijn thuiskomst, zoals je wacht op je uitverkoren geliefde, de eeuwige liefde.

Henry maakt aantekeningen over mij. Hij registreert alles wat ik zeg. We registreren allebei, ieder met een andere sensor. Het leven van schrijvers is een leven erbij.

Ik zit op zijn bed, met mijn roze jurk om mij heen gespreid, te roken, en terwijl hij mij observeert zegt hij dat hij mij nooit zal opnemen in zijn leven, meenemen naar de plekken waarover hij mij heeft verteld, dat alle pracht en praal van Louveciennes juist zo goed bij me passen, dat ik niet zonder kan. 'Jij zou niet op een andere manier kunnen leven.' Ik bekijk zijn armoedige kamer en roep uit: 'Ik denk dat het waar is. Als je mij in deze kamer zou opsluiten, arm, zou ik helemaal opnieuw beginnen.'

De volgende dag schrijf ik hem een van de menselijkste briefjes die hij ooit ontvangen heeft: niets verstandelijks, alleen maar woorden over zijn stem, zijn lach, zijn handen.

En hij schrijft me: 'Anaïs, ik stond sprakeloos toen ik vanavond je briefje kreeg. Niets dat ik ooit kan zeggen zal deze woorden evenaren. Aan jou de zege – je hebt me tot stilzwijgen gebracht – ik bedoel voor zover deze dingen geschreven kunnen worden. Je weet niet hoezeer ik dat bewonder, jouw vermogen snel te absorberen en dan erover nadenken, een regen van speren laten neerdalen, het vastnagelen, het doorboren, het insluiten met je intellect. De ervaring heeft me met stomheid geslagen; ik voelde een eigenaardige vervoering, een opwelling van vitaliteit, daarna van uitputting, van leegte, van verwondering, van ongeloof, alles, alles. Op weg naar huis bleef ik maar opmerkingen maken over de Lentewind – alles was zacht en zwoel geworden, de lucht speelde langs mijn gezicht, ik kon er niet genoeg van inzuigen. En tot ik je briefje kreeg was ik in paniek. Ik was bang dat je alles zou ontkennen. Maar al lezende – ik las heel langzaam omdat ieder woord een openbaring voor me was – dacht ik terug aan je lachende gezicht, aan jouw soort onschuldige vrolijkheid, iets wat ik altijd bij je wilde bereiken maar wat me nooit helemaal lukte. Er waren momenten dat je op deze manier begon, in Louveciennes, en dan brak de geest er doorheen en dan zag ik de ernstige, ronde ogen en de vastbesloten trek om je mond, waar ik bijna bang voor was, of in ieder geval altijd van onder de indruk was.

Je maakt me onvoorstelbaar gelukkig door me onverdeeld te houden – mij als het ware de kunstenaar te laten zijn, en toch de man, het beest, de hongerige, onverzadigbare minnaar niet op te geven. Geen vrouw heeft mij ooit alle voorrechten geschonken die ik nodig heb – en jij, ja jij roept zo onbekommerd, zo stoutmoedig, zelfs met een lach uit – ja, je verzoekt me om mijn gang te gaan, mezelf te zijn, alles te wagen. Daarom aanbid ik je. Dat is waarin je werkelijk koninklijk bent, een buitengewone vrouw. Wat een vrouw ben jij! Ik lach nu tegen mezelf als ik aan jou denk – ik ben niet bang voor je vrouw-zijn. En dat je in vuur en vlam stond. En dan herinner ik me levendig je jurk, de kleur en de textuur ervan, het weelderige, luchtige volume ervan – precies wat ik je zou hebben gesmeekt om te dragen als ik het moment van tevoren had zien aankomen.

Kijk hoe jij vooruitliep op wat ik vandaag schreef – ik heb het over jouw woorden over karikatuur, haat, enzovoort.

Ik zou hier de hele nacht aan je kunnen blijven schrijven. Ik zie je voortdurend voor me, met je hoofd gebogen en je lange wimpers neergeslagen op je wangen. En ik voel me heel nederig. Ik weet niet waarom jij mij uitkiest – dat begrijp ik niet helemaal. Ik heb het idee dat vanaf het moment dat je de deur voor me opendeed en je hand uitstak, glimlachend, ik verloren was, ik de jouwe was. June voelde het ook. Ze zei onmiddellijk dat jij verliefd op me was, of anders ik op jou. Maar zelf wist ik niet dat het liefde was. Ik sprak vol gloed over jou, zonder terughoudendheid. En toen ontmoette June jou, en ze werd verliefd op jou.'

Henry speelt met het denkbeeld van heiligheid. Ik moet denken aan de orgeltonen van zijn stem en de uitdrukkingen en bekentenissen die ik van hem krijg. En ik moet denken aan zijn vermogen om ontzag te voelen, dat wil zeggen het goddelijke te vermoeden. Als ik volkomen natuurlijk ben geweest, volkomen vrouwelijk, van het bed opsta om een sigaret voor hem te pakken, hem champagne in te schenken, mijn haar te kammen, me aan te kleden, zegt hij nog altijd: 'Ik voel me met jou nog niet natuurlijk.'

Hij leeft nogal rustig, haast kil soms. Hij is niet aanwezig bij het heden. Naderhand, als hij aan het schrijven is, warmt hij op, begint te dramatiseren en te branden.

Onze woordenwisselingen: hij in zijn taal, ik in de mijne. Nooit gebruik ik zijn woorden. Ik denk dat mijn manier van registreren onbewuster, instinctiever is. Het verschijnt niet aan de oppervlakte, hoewel, ik weet het niet, want het viel hem op, de zwaarte van mijn blik. De ongrijpbaarheid van mijn geest tegenover zijn genadeloos ontleden. Mijn geloof in wonderen tegenover zijn zware, realistische aantekeningen. De vreugde wanneer hij wel het wonder aangrijpt: 'Je ogen lijken wonderen te verwachten.' Zal hij ze verrichten?

En dan maakt hij aantekeningen als: 'Anaïs: groene kam met een zwarte haar erin. Watervaste rouge. Barbaars halssnoer. Breekbaar. Fragiel.'

Die tweede middag wachtte hij op mij in het café en ik wachtte op hem in zijn kamer, door een misverstand. De *garçon* was zijn kamer aan het schoonmaken. Hij verzocht mij in de andere kamer te wachten aan de overkant van de gang, een klein saai vertrekje. Ik zat op een eenvoudige keukenstoel. De garçon kwam met een andere stoel aan, bekleed met rood pluche. 'Die is beter voor u,' zei hij. Ik was geroerd. Het leek alsof Henry mij met fluweel overtrokken stoelen aanbood. Ik was gelukkig terwijl ik zat te wachten. Toen werd ik een beetje moe en ging in Henry's kamer zitten. Ik sloeg een mapje open getiteld 'Aantekeningen uit Dijon'. Het eerste blad was een kopie van een brief aan mij die ik nog niet had ontvangen. Toen kwam hij binnen, en toen ik zei 'Ik geloof niet in onze liefde', snoerde hij mij de mond.

Die dag voelde ik mij nederig tegenover zijn kracht. Het lichaam zo sterk of sterker dan de geest. Zijn overwinning. Hij hield me vast met een soort angst. 'Je lijkt zo breekbaar. Ik ben bang dat ik je doodmaak.' En ik voelde me inderdaad klein in zijn bed, naakt, met mijn barbaarse juwelen die rinkelden. Maar hij voelde de kracht van mijn innerlijke wezen, dat brandt bij zijn aanraking.

Denk daaraan, Henry, als je mijn al te fragiele lichaam in je armen houdt, een lichaam dat je nauwelijks voelt omdat je zo gewend bent aan deinend vlees, maar je voelt de bewegingen van genot die het maakt als de golven van een symfonie, niet de statische kleiachtige zwaarte, maar het dansen ervan in je armen. Je zult me niet breken. Je vormt me als een beeldhouwer. Van de faun moet een vrouw gemaakt worden.

'Henry, ik zweer je, ik geniet ervan jou de waarheid te zeggen. Op een dag, na een van je volgende overwinningen, geef ik antwoord op welke vraag je me ook stelt.'

'Ja, dat weet ik,' zei Henry, 'ik weet het zeker. Ik wacht vol geduld. Ik kan wachten.'

Wat ik belachelijk had kunnen vinden ontroerde me alleen maar door de menselijkheid ervan: Henry rondkruipend op zoek naar mijn zwarte zijden kousebanden, die achter het bed waren gevallen. Zijn bewondering toen hij mijn halssnoer van twaalf franc zag: 'Het is zo iets moois, bijzonders wat je daar aanhebt.'

Toen ik hem naakt zag, vond ik hem weerloos, en mijn tederheid welde op.

Daarna was hij loom, en ik was vrolijk. We praatten zelfs over ons vak: 'Ik vind het prettig,' zei Henry, 'om mijn bureau op orde te hebben voor ik begin, alleen aantekeningen om me heen, stapels aantekeningen.'

'Vind je dat echt?' zei ik opgewonden, alsof het een bijzonder interessante opmerking was. Ons vak. Verrukking over het praten over technieken.

Ik vermoed, Henry, dat jij lijdt onder het streven naar volledige onthullingen over jezelf en June, onverbiddelijke openheid maar met pijn en moeite verkregen. Je hebt momenten van terughoudendheid, van het gevoel dat je heilige intimiteiten schendt, het geheime leven van je eigen wezen zowel als dat van anderen.

Er zijn momenten dat ik bereid ben je te helpen vanwege onze gemeenschappelijke objectieve passie voor de waarheid. Maar het doet pijn, Henry, het doet pijn. Ik probeer in mijn dagboek eerlijk te zijn, van dag tot dag.

In zekere zin heb je gelijk als je het over mijn eerlijkheid hebt.

Een poging, met de gebruikelijke menselijke of vrouwelijke herroepingen. Herroepen is niet vrouwelijk, manlijk, of bedrog. Het is doodsangst in het aangezicht van opperste vernietiging. Wat we onverbiddelijk analyseren, zal dat sterven? Zal June sterven? Zal onze liefde sterven, plotseling, ogenblikkelijk, als je er een karikatuur van zou maken? Henry, er schuilt gevaar in te veel kennis. Jij hebt een passie voor absolute kennis. Daarom zullen mensen je haten.

En soms geloof ik dat je genadeloze analyse van June iets erbuiten laat, en dat is jouw gevoel voor haar, dat verder gaat dan kennis, of ondanks kennis. Dikwijls zie ik hoe je snikt over wat je vernietigt, hoe je wil stoppen en alleen maar vereren; en je stopt ook, en dan, een moment later, snij je er weer op los, als een chirurg.

Wat ga je doen als je alles wat er te weten valt over June onthuld hebt? Waarheid. Wat een wreedheid zit er in jouw zoektocht daarnaar. Je vernietigt en je lijdt. Op een vreemde manier ben ik niet voor je, maar tegen je. We zijn voorbestemd om aan twee waarheden vast te houden. Ik bemin je en bestrijd je. En jij, hetzelfde. We zullen er des te sterker door zijn, ieder van ons, sterker met onze liefde en onze haat. Als jij karikaturiseert, omlaag haalt en aan flarden scheurt, haat ik je. Ik wil je antwoord geven, niet met zwakke of stompzinnige poëzie maar met een wonder dat even sterk is als jouw realiteit. Ik wil jouw chirurgenmes bestrijden met alle occulte en magische krachten van de wereld.

Ik wil je zowel bestrijden als me aan je onderwerpen, omdat ik als vrouw je moed aanbid, ik aanbid de pijn die het opwekt, ik aanbid de strijd die je in je meedraagt, die ik alleen volledig besef, ik aanbid je angstaanjagende oprechtheid, ik aanbid je kracht. Je hebt gelijk. De wereld moet gekarikaturiseerd worden, maar ik weet ook hoeveel jij kunt houden van wat je karikaturiseert. Hoeveel passie er in jou zit! Dat is het wat ik in jou voel. Ik voel niet de alwetende, de onthuller, de waarnemer. Als ik bij jou ben, voel ik het bloed.

Deze keer ga je niet ontwaken uit de extases van onze ontmoetingen om alleen de belachelijke momenten te onthullen.

Nee. Deze keer zul je dat niet doen omdat, terwijl wij samen leven, terwijl jij onderzoekt hoe mijn watervaste lippenstift de vorm van mijn mond uitwist, zich verspreidend als bloed na een operatie (jij kuste mijn mond en het was weg, de vormgeving ervan was weg als in een aquarel, de kleuren waren uitgelopen); terwijl jij dat doet grijp ik het wonder vast dat langs ons strijkt (het wonder, oh het wonder dat ik onder jou lig), en breng het naar je toe, ik blaas het om je heen. Aanvaard het. Ik stroom over van mijn gevoelens als jij mij bemint, gevoelens die zo onafgestompt zijn, zo nieuw, Henry, niet verloren gegaan in gelijkenis met andere momenten, zo de onze, de jouwe, de mijne, jij en ik samen, niet zo maar een man of zo maar een vrouw samen.

Wat is er ontroerender werkelijk dan jouw kamer. Het ijzeren bed, het harde kussen, het ene glas. En alles fonkelend als een feestelijke 4 juli-verlichting vanwege mijn vreugde, de zacht deinende vreugde van de schoot die jij ontvlamde. De kamer is vol van de gloed die jij bij mij binnenbracht. De kamer zal exploderen als ik aan je bed zit en jij tegen me praat. Ik hoor je woorden niet: je stem weerkaatst tegen mijn lichaam als een ander soort streling, een ander soort binnendringing. Ik heb geen macht over je stem. Die komt direct van jou in mij. Ik zou mijn oren kunnen dicht stoppen en hij zou zijn weg vinden naar mijn bloed, en mij ophitsen.

Ik ben niet onkwetsbaar voor de platte visuele aanval van dingen. Ik zie je kaki overhemd op een haakje hangen. Het is jouw overhemd en ik kon jou erin zien – jij, die een kleur draagt waar ik een hekel aan heb. Maar ik zie jou, niet het kaki hemd. Er wordt iets in mij wakker als ik ernaar kijk, en dat is zeker de menselijke kant van jou. Het is een visioen van het menselijke in jou, dat aan mij een verbazingwekkende subtiliteit onthult. Het is jouw hemd en jij bent de man die nu de as van mijn wereld is. Ik wentel rond jouw rijkdom van zijn.

'Kom dicht bij me, kom dichterbij. Ik beloof je dat het prachtig zal zijn.'

Je komt je belofte na.

Luister, ik geloof niet dat ik alleen voel dat wij iets nieuws beleven omdat het voor mij nieuw is. Ik vind in wat je schrijft niets terug van de gevoelens die je mij hebt getoond of van de zinnen die je hebt gebruikt. Toen ik las wat je geschreven hebt vroeg ik me af, welke episode gaan we herhalen?

Jij draagt je visie met je mee, en ik de mijne, en ze hebben zich vermengd. Als ik af en toe de wereld zie zoals jij die ziet (omdat het Henry's hoeren zijn houd ik van ze), zal jij hem soms zien zoals ik.

Aan Henry de ondervrager geef ik raadselachtige antwoorden.

Toen ik me aan het aankleden was, gaf ik lachend commentaar op mijn ondergoed, dat June mooi had gevonden, June die altijd naakt is onder haar jurk. 'Het is Spaans,' zei ik.

Henry zei: 'Wat mij te binnen schiet als je dit zegt is hoe June wist dat jij zulk ondergoed draagt.'

Ik zei: 'Denk maar niet dat ik het allemaal onschuldiger probeer te maken dan het was, maar tegelijkertijd, pak zulke denkbeelden niet zo direct aan want dan zul je nooit helemaal de waarheid te horen krijgen.'

Hij heeft geen oog voor de wellustigheid van half-weten, half-bezitten, gevaarlijk over de rand leunen, zonder op een specifieke climax uit te zijn.

Zowel Henry als June hebben de logica en eenheid van mijn wereld vernietigd. Dat is goed, want een patroon is niet leven. Nu leef ik. Ik maak geen patronen.

Wat mij voor altijd ontsnapt is de realiteit een man te zijn. Als de verbeelding en de emoties van een vrouw normale grenzen te buiten gaan, wordt zij af en toe bezeten door gevoelens die ze niet kan uiten. Ik wil June bezitten. Ik vereenzelvig mij met de mannen die haar kunnen penetreren. Maar ik ben machteloos. Ik kan haar het genot van mijn liefde geven, maar niet de ultieme geslachtsdaad. Wat een kwelling!

En Henry's brieven: '...verschrikkelijk, verschrikkelijk levend, gekweld, en voel zo sterk dat ik je nodig heb... Maar ik moet je zien: ik zie je stralend en prachtig en tegelijkertijd heb ik aan June geschreven en ben totaal verscheurd, maar dat zal jij begrijpen: je moet het begrijpen. Anaïs, sta me bij. Je omringt me als een heldere vlam. Anaïs, jezus, als je eens wist wat ik nu voel.

Ik wil meer vertrouwd met je raken. Ik hou van je. Ik hield van je toen je kwam en op het bed ging zitten – die hele tweede middag was als een warme mist – en ik hoor weer de manier waarop je mijn naam zegt – met dat eigenaardige accent van je. Je maakt in mij zo'n warboel van gevoelens wakker, ik weet niet hoe ik je moet benaderen. Maar kom bij me – kom dichter en dichter bij me. Het zal prachtig zijn, ik beloof het je. Ik hou zo van je openheid – bijna nederigheid. Die zou ik nooit kunnen kwetsen. Vannacht schoot mij te binnen dat ik met een vrouw als jij had moeten trouwen. Of komt het omdat liefde, in het begin, altijd tot dergelijke gedachten inspireert? Ik ben niet bang dat je me zult willen kwetsen. Ik zie dat je ook een kracht hebt – van een andere orde, ongrijpbaarder. Nee, je zult niet breken. Ik heb een hoop onzin gezegd – over je broosheid. Ik ben altijd een beetje verlegen geweest. Maar de laatste keer minder. Het zal helemaal verdwijnen. Je hebt zo'n verrukkelijk gevoel voor humor – ik aanbid dat in jou. Ik wil jou altijd zien lachen. Het hoort bij je. Ik heb zitten denken over waar we samen heen zouden moeten gaan – kleine onbekende tentjes, overal, in Parijs. Alleen maar om te kunnen zeggen – hier ben ik met Anaïs geweest – hier hebben we gegeten of gedanst of zijn we samen dronken geworden. Ach, om jou een keer echt dronken te zien, dat zou geweldig zijn! Ik ben bijna bang om het voor te stellen – maar Anaïs, als ik eraan denk hoe je je tegen mij aandrukt, hoe gretig je je benen spreidt en hoe vochtig je bent, god, ik word gek als ik eraan denk hoe je zou zijn als alles wegvalt.

Gisteren dacht ik aan jou, hoe ik daar stond en jij je benen tegen me opdrukte, hoe de kamer wankelde, hoe ik boven op je viel en alles zwart voor mijn ogen werd en ik niets meer wist. En ik huiverde en kreunde van verrukking. Ik denk eraan dat het ondraaglijk is als ik het weekend moet doorbrengen zonder je te zien.

Als het niet anders kan wil ik zondag wel naar Versailles komen – wat dan ook – maar ik moet je zien. Aarzel niet om me koel te bejegenen. Het zal genoeg zijn dicht bij je te staan, bewonderend naar je te kijken. Ik hou van je, dat is alles.'

Hugo en ik zitten in de auto, op weg naar een chique avond. Ik zing tot het lijkt of mijn gezang de auto aandrijft. Ik zet mijn borst op en imiteer het geroekoekoe van de duiven. Mijn Franse *rrrrrrrrrrr* rollen. Hugo lacht. Later komen we, met een markies en een markiezin, het theater uit, en hoeren drommen om ons heen, dicht tegen ons aan. De markiezin verstrakt. Ik denk: dat zijn Henry's hoeren, en ik heb een warm gevoel voor ze, vriendschappelijk.

Op een avond stel ik Hugo voor om samen naar een 'demonstratie' te gaan, alleen maar om te kijken. 'Wil je dat?' zeg ik, hoewel ik in mijn gedachten bereid ben het te beleven, niet te bekijken. Hij is nieuwsgierig, opgetogen. 'Ja, ja.' We bellen Henry voor informatie. Hij stelt rue Blondel 32 voor.

Op weg erheen aarzelt Hugo, maar ik zit lachend naast hem, en jut hem op. De taxi zet ons af in een smal straatje. We waren het nummer vergeten. Maar ik zie '32' in rood boven een van de deuren. Ik heb het gevoel dat we op een springplank hebben gestaan en de duik gemaakt hebben. En nu zitten we in een toneelstuk. We zijn anders geworden.

Ik duw een klapdeur open. Ik zou vooruitgaan om over de prijs te onderhandelen. Maar als ik zie dat het niet een huis is maar een café vol mensen en naakte vrouwen, ga ik terug om Hugo te roepen, en we lopen naar binnen.

Lawaai. Verblindende lichten. Veel vrouwen om ons heen, die naar ons roepen, onze aandacht proberen te trekken. De *patronne* leidt ons naar een tafel. Toch blijven de vrouwen schreeuwen en wenken. Wij moeten kiezen. Hugo glimlacht, van zijn stuk gebracht. Ik bekijk ze vluchtig. Ik kies een hele levendige, dikke, grove Spaans-ogende vrouw, en dan wend ik me af van de schreeuwende groep naar het eind van de rij en roep een vrouw die geen moeite had gedaan om mijn aandacht te trekken, klein, vrouwelijk, bijna bedeesd. Nu zitten ze voor ons.

De kleine vrouw is lief en meegaand. We praten, o, zo beleefd. We hebben het over elkaars nagels. Ze maken opmerkingen over het ongewone van mijn paarlemoeren nagellak. Ik vraag Hugo zorgvuldig te kijken om te zien of ik goed gekozen heb. Dat doet hij en hij zegt dat ik het niet beter had kunnen doen. We kijken hoe de vrouwen dansen. Ik zie alleen in vlekken, intens. Bepaalde plekken zijn volkomen blanco voor me. Ik zie brede heupen, billen, en hangborsten, zo veel lichamen, allemaal tegelijk. Wij hadden verwacht dat er een man zou zijn voor de 'demonstratie'. 'Nee,' zegt de patronne, 'maar de twee meisjes zullen u amuseren. U zult alles zien.' Het zal dan niet Hugo's avond worden, maar hij accepteert alles. We onderhandelen over de prijs. De vrouwen glimlachen. Ze nemen aan dat het mijn avond is omdat ik hun gevraagd heb of ze lesbische houdingen willen laten zien.

Alles is nieuw voor mij en voor hen vertrouwd. Ik voel me alleen op mijn gemak omdat ze mensen zijn die dingen nodig hebben, voor wie je iets kan doen. Ik geef al mijn sigaretten weg. Ik wou dat ik honderd pakjes had. Ik wou dat ik veel geld had. We gaan naar boven. Ik geniet van het naakte lopen van de vrouwen.

De kamer is zacht verlicht en het bed laag en ruim. De vrouwen zijn vrolijk, en zij wassen zich. Wat zal het plezier in de dingen afnemen met zoveel automatisme. We kijken toe hoe de grote vrouw op zichzelf een penis vastbindt, een roze ding, een karikatuur. En ze nemen houdingen aan, nonchalant, professioneel. Arabisch, Spaans, Parisienne, liefde als er geen geld is voor een hotelkamer, liefde in een taxi, liefde als een van de partners slaperig is...

Hugo en ik kijken toe, lachen een beetje om hun kunstjes. We leren niets nieuws. Het is allemaal onwerkelijk, tot ik om de lesbische houdingen vraag.

De kleine vrouw houdt daarvan, zij houdt daar meer van dan van de benadering door de man. De grote vrouw onthult mij een geheime plek in het vrouwenlichaam, een bron van nieuw genot, dat ik soms vaag had gevoeld maar nooit zeker – de kleine kern aan de opening van de schaamlippen, precies daar waar de man langs gaat. Daar werkt de grote vrouw met snelle bewegingen van haar tong. De kleine vrouw sluit haar ogen, kreunt, en siddert in extase. Hugo en ik leunen over haar heen, meegesleept door dat moment van lieflijkheid in de kleine vrouw, die aan onze ogen haar veroverd, siddered lichaam biedt. Hugo is zeer opgewonden. Ik ben niet langer vrouw; ik ben man. Ik raak aan de kern van Junes wezen.

Ik word me bewust van Hugo's gevoelens en zeg: 'Wil jij de vrouw? Neem haar. Ik zweer je dat ik het niet erg zal vinden, lieveling.'

'Ik zou nu bij iedereen kunnen klaarkomen,' zegt hij.

De kleine vrouw ligt stil. Dan komen ze overeind en maken grapjes en het moment gaat voorbij. Wil ik...? Ze maken mijn jasje los; ik zeg nee, ik wil niets.

Ik had hen niet kunnen aanraken. Slechts een moment van schoonheid – het hijgen van de kleine vrouw, haar handen die het hoofd van de andere vrouw streelden. Dat moment alleen joeg mijn bloed op met een andere begeerte. Als we wat gekker geweest waren... Maar de kamer leek ons vies. We liepen naar buiten. Duizelig. Opgetogen. Uitgelaten.

We zijn gaan dansen in het Bal Nègre. Eén angst was voorbij. Hugo was bevrijd. We hadden elkaars gevoelens begrepen. Samen. Arm in arm. Een wederzijdse edelmoedigheid.

Ik was niet jaloers op de kleine vrouw, die Hugo had begeerd. Maar Hugo dacht: 'Stel dat er een man geweest was...' Dus, we weten het nog niet. Het enige dat we weten is dat de avond prachtig is verlopen. Ik was in staat geweest Hugo een deel te geven van de vreugde die mij vervulde.

En toen we weer thuis waren, aanbad hij mijn lichaam omdat het mooier was dan wat hij had gezien en we gleden samen weg in sensualiteit met nieuw bewustzijn. Wij zijn bezig spoken te doden.

Ik ging naar de Viking om Eduardo te ontmoeten. We hebben elkaar bekentenissen gedaan: hij over een vrouw in zijn pension; ik over Henry. We zaten in het zachte licht. Eduardo is bang om buiten mijn leven te worden gesloten. 'Nee,' zei ik, 'er is ruimte genoeg. Ik houd van Hugo, meer dan ooit, ik houd van Henry en June, en ook van jou, als je dat wilt.' Hij glimlachte.

'Ik zal je Henry's brieven voorlezen,' zei ik, omdat hij zich zorgen maakte over mijn 'verbeelding' (Misschien is Henry wel niets, dacht hij). En terwijl ik ze aan hem voorlas, liet hij me ophouden. Hij kon het niet verdragen.

Hij vertelt me over zijn psychoanalyse, die onthult hoe veel hij van mij houdt, hoe hij me nu ziet. Henry's liefde schept een aureool om me heen. Ik zit daar zo zelfverzekerd tegenover Eduardo's verlegenheid. Ik sla gade hoe hij mij benadert, op zoek naar intimiteit, een aanraking van mijn hand, van mijn knie. Ik sla gade hoe hij menselijk wordt. Voor dit moment had ik, lang geleden, heel wat overgehad, maar ik heb het allemaal ver achter me gelaten.

'Voor we weggaan,' zegt hij, 'wil ik...' En hij begint me te kussen. 'Het is Eduardo,' mompel ik, meegaand. De kus is heerlijk. Ik ben half bewogen, half genomen. Maar hij zet de begeerte niet voort. Hij had een halve dosis gewild. En hij kreeg het. We gaan weg. We nemen een taxi. Hij is buiten zichzelf van de vreugde mij aan te raken. 'Onmogelijk,' roept hij uit. 'Eindelijk! Maar het betekent voor mij meer dan voor jou.' Dat is waar. Ik ben alleen maar bewogen omdat ik er gewend aan ben geraakt die prachtige mond te begeren.

Kijk wat ik gedaan heb! Kijk naar het schouwspel van Eduardo's kwelling. Mijn mooie Eduardo, Keats en Shelley, gedichten en krokussen – zo vele uren van kijken in zijn doorschijnende groene ogen en de weerspiegeling zien van mannen en hoeren. Dertien jaar lang wendde zijn gezicht, zijn geest, zijn verbeelding zich naar mij toe, maar zijn lichaam was dood. Zijn lichaam leeft nu. Hij kreunt mijn naam. 'Wanneer zie ik je weer? Ik moet je morgen zien.' Kussen op de ogen, in de hals. De wereld lijkt op zijn kop te staan. Morgen zal het over zijn, dacht ik.

Maar morgen, omdat ik daar zit en niets verwacht, keert Eduardo's waanzin terug, en ik voel, voor de eerste keer, nóódlot, een gebiedende behoefte aan een psychologische oplossing. We lopen in de volle zon naar een hotel dat hij kent, we lopen de trap op, vrolijk, we gaan een gele kamer binnen. Ik vraag hem de gordijnen dicht te trekken. We hebben genoeg van dromen, van droombeelden, van tragedie, van literatuur.

Beneden betaalt hij voor de kamer. Ik zeg tegen de vrouw: 'Dertig franc is te duur voor ons. Kunt u hem de volgende keer voor minder verhuren?'

En op straat barsten we in lachen uit: de volgende keer!

Het wonder is voltrokken. We wandelen wat, ontplooid. We hebben erge honger. We gaan naar de Viking en eten vier grote sandwiches (er was een tijd dat ik in Eduardo's aanwezigheid niet kon slikken).

'Wat heb ik veel aan je te danken!' roept hij uit. En in mijn hart antwoord ik: 'Wat heb je veel aan Henry te danken.'

Ik heb vandaag steeds maar het gevoel dat een ander deel van mij terzijde staat en toekijkt hoe ik leef, en zich verbaast. Het leven ingeworpen zonder ervaring, naïef, voel ik dat iets mij gered heeft. Ik voel me opgewassen tegen het leven. Het lijkt op de scènes van een uitzonderlijk toneelstuk. Henry heeft me begeleid. Nee. Hij wachtte. Hij sloeg me gade. Ik bewoog, ik acteerde. Ik deed onverwachte dingen, verrassend voor mijzelf – op dat moment, zegt Henry, toen ik op de rand van het bed zat. Ik had voor de spiegel mijn haar staan kammen. Hij lag in bed en zei: 'Ik voel me nog niet op mijn gemak bij je.' Impulsief, snel, liep ik naar het bed, ging dicht bij hem zitten, bracht mijn gezicht dicht bij het zijne. Mijn jas gleed af, en de bandjes van mijn hemd ook, en in het hele gebaar, in wat ik zei, lag iets zo vanzelfsprekend gevends, meegaands, menselijks dat hij niet kon spreken.

Ik voel dat als Henry tegen mij praat of aan mij schrijft, hij een andere taal zoekt. Ik voel dat hij het woord dat het gemakkelijkst bij hem opkomt ontwijkt, naar een ander, een subtieler woord grijpt. Soms voel ik dat ik hem een verwarrende wereld heb binnengehaald, een nieuw land, en hij loopt niet als John, alles vertrappend, maar met een bewustzijn, dat ik vanaf de allereerste dag in hem bespeurde. Hij loopt binnen in Prousts symfonieën, Gides bedekte toespelingen, Cocteaus opiumraadsels, Valéry's stiltes; hij loopt de suggestiviteit in, de ruimten in; de lichtbronnen van Rimbaud in. En ik loop met hem mee. Vanavond heb ik hem lief om de mooie wijze waarop hij mij de aarde heeft geschonken.

Op mijn weg kan en moet ik niet kapotmaken. Ik zal Hugo zelfs niet om één vrije avond vragen. Daardoor breng ik in Henry nieuwe en diepe gevoelens naar buiten.

'Ben je blij,' vraagt Eduardo, 'dat hij wil schrijven, werken, dat

hij eerder in vervoering dan vernietigd is?'
'Ja.'
'De echte test komt pas wanneer jij ernaar begint te verlangen je macht over mannen destructief en wreed te gebruiken.'
Zal die tijd komen?

Ik vertel Hugo over mijn imaginaire dagboek van een bezeten vrouw, dat hem versterkt in zijn houding dat alles verzonnen is behalve onze liefde.
'Maar hoe weet je dat er niet echt zo'n dagboek bestaat? Hoe weet je dat ik niet tegen je lieg?'
'Dat doe je misschien,' zei hij.
'Je hebt echt een werkelijk soepele geest.'
'Geef mij realiteiten om te bestrijden,' heeft hij tegen me gezegd. 'Mijn verbeelding maakt het erger.' Ik liet hem mijn brief aan June lezen, en het weten luchtte hem op. De beste leugens zijn halve waarheden. Ik vertel hem halve waarheden.

Zondag. Hugo gaat golf spelen. Ik kleed mij voor de gelegenheid en vergelijk de vreugde van me voor Henry te kleden met mijn verdriet om me voor idiote bankiers en telefoonmagnaten te kleden.
Later, een kleine, donkere kamer, heel sjofel, als een diepe alkoof. Onmiddellijk de rijkdom van Henry's stem en mond. Het gevoel van het wegzinken in warm bloed. En hij, overweldigd door mijn warmte en vochtigheid. Langzame penetratie, met onderbrekingen en draaiingen, die me doet hijgen van genot. Ik heb er geen woorden voor; het is allemaal nieuw voor me.
De eerste keer dat Henry met me naar bed ging, kwam ik achter een verschrikkelijk feit – dat Hugo seksueel te groot voor me was, zodat mijn genot niet onvermengd is geweest, altijd een beetje pijnlijk. Was dat het geheim van mijn onbevredigdheid? Ik beef terwijl ik dit schrijf. Ik wil er niet bij stil blijven staan, bij de uitwerking die het op mijn leven heeft, op mijn honger. Mijn honger is niet abnormaal. Bij Henry ben ik tevreden. We bereiken een climax, we praten, we eten en drinken, en voor ik wegga bevloeit hij me opnieuw. Ik heb zo'n volledigheid nooit gekend.

Het is niet langer Henry; en ik ben alleen maar vrouw. Ik verlies het besef van afzonderlijke wezens.

Ik kom terug bij Hugo, gekalmeerd en zo blij; het slaat op hem over. En hij zegt: 'Ik ben nog nooit zo gelukkig met je geweest.' Het is alsof ik hem niet meer verslond, niet zo veel meer van hem eiste. Het is geen wonder dat ik nederig ben tegenover mijn reus, Henry. En hij is nederig tegenover mij. 'Weet je, Anaïs, ik heb nooit eerder van een vrouw gehouden met een geest. Al de andere vrouwen waren inferieur aan mij. Ik beschouw jou als mijn gelijke.' En ook hij lijkt vervuld te zijn van een grote vreugde, een vreugde die hij met June niet heeft gekend.

Die laatste middag in Henry's hotelkamer was voor mij als een withete oven. Daarvoor kende ik alleen de withete gloed van de geest en van de verbeelding; maar nu van het bloed. Heilige volledigheid. Verdoofd kom ik naar buiten in de zachte lenteavond en ik denk: nu zou ik het niet erg vinden om dood te gaan.

Henry heeft mijn echte instincten geprikkeld, zodat ik niet meer ongemakkelijk, uitgehongerd, misplaatst in mijn wereld sta. Ik heb gevonden waar ik in pas. Ik hou van hem, en toch ben ik niet blind voor de elementen in ons die botsen en waaruit, later, onze scheiding zal ontstaan. Ik kan alleen het nu voelen. Het nu is zo rijk en zo fantastisch. Zoals Henry zegt: 'Alles is goed, goed.'

Het is half elf. Hugo is naar een diner gegaan, en ik zit op hem te wachten. Hij stelt zichzelf gerust door een beroep te doen op mijn geest. Hij denkt dat mijn geest altijd de leiding heeft. Hij weet niet tot wat voor waanzin ik in staat ben. Ik bewaar dit verhaal voor wanneer hij ouder is, als ook hij zijn instincten heeft bevrijd. Nu de waarheid over mezelf vertellen zou alleen maar dodelijk voor hem zijn. Zijn ontwikkeling is van nature langzamer. Op zijn veertigste zal hij weten wat ik nu weet. Intussen zal hij zonder pijn dingen vermoeden en absorberen.

Ik ben altijd bezorgd over Hugo, alsof het mijn kind is. Dat komt omdat ik het meest van hem houd. Was hij maar tien jaar ouder.

Henry vroeg mij laatst: 'Was ik minder woest, minder vurig dan je verwachtte? Heeft wat ik schrijf je misschien meer doen verwachten?'

Ik was verbaasd. Ik herinnerde hem eraan dat bijna de eerste woorden die ik hem schreef na onze ontmoeting waren: 'De berg van woorden is gespleten, literatuur is weggevallen.' Ik bedoelde dat echte gevoelens begonnen waren, en dat de intense sensualiteit van wat hij schrijft één ding is, en onze sensualiteit samen iets anders, iets wezenlijks.

Zelfs Henry, met zijn avontuurlijke leven, heeft geen onbeperkt vertrouwen. Geen wonder dat het Eduardo en mij, overgevoelig, tot in tragische mate ontbrak. Het was dat breekbare vertrouwen dat wij bij onze laatste ontmoeting koesterden, Eduardo en ik, die het kwaad dat wij elkaar onopzettelijk hebben aangedaan proberen te herstellen, en de loop van een merkwaardig lot proberen te vervolmaken en te genezen. We gingen alleen met elkaar naar bed omdat dat het was wat we van begin af aan hadden moeten doen.

Mijn vriendin Natasha gaat voortdurend tegen me tekeer over mijn idiote gedrag. Wat doen Henry's gordijnen ertoe? Waarom schoenen voor June? Ze begrijpt niet hoe verwend ik ben. Henry geeft me de wereld. June gaf me waanzin. God, wat ben ik dankbaar twee wezens te vinden die ik kan liefhebben, die tegenover mij vrijgevig zijn op een manier die ik aan Natasha niet kan uitleggen. Kan ik aan haar uitleggen dat Henry mij zijn aquarellen geeft en June haar enige armband? En meer.

In de Viking zeg ik voorzichtig tegen Eduardo, met afgezaagde woorden, dat we niet moeten doorgaan, dat ik voel dat de ervaring niet bedoeld was om te worden voortgezet; het alleen een beetje gesol met het verleden was. Het was fantastisch, maar er is tussen ons geen bloedspanning.

Het doet Eduardo pijn. Zijn fundamentele angst mij niet te kunnen behouden wordt nu verwezenlijkt. Waarom hebben we niet gewacht tot hij volkomen genezen was? Genezen? Wat betekent dat? Rijpheid, viriliteit, volledigheid, de macht mij te veroveren? Ik weet nu al dat hij mij niet kan veroveren, nooit. Ik hou het voor hem geheim. Oh, het medelijden dat in mij opwelt als ik zie hoe hij zijn mooie hoofd laat hangen, hoe gekweld hij is. Dat hij van Henry weet staat nu tussen ons in. Hij smeekt me: 'Ga mee naar onze kamer, nog één keer, alleen maar om met z'n tweeën te zijn. Geloof in mijn gevoelens.' Ik zeg: 'Dat moeten we niet doen. Laten we het moment dat we hadden bewaren.'

Ik wilde helemaal niet gaan. Voorgevoelens. Maar hij wil het onderwerp verhelderen.

Onze kamer was grijs vandaag, en koud. Het regende. Ik bood weerstand aan de verlatenheid die me overviel. Als ik ooit toneel gespeeld heb in mijn leven dan was het vandaag. Ik was niet geprikkeld, maar dat gaf ik niet toe. Toen bespeurde hij de onbevredigdheid, en we beleefden pagina's uit Lawrences boeken. Voor het eerst begreep ik die, beter misschien dan Lawrence zelf, omdat hij alleen de gevoelens van de man beschreef.

En wat voelt Eduardo? Hij voelt meer voor mij dan voor welke vrouw ook; hij is voor zijn doen het dichtst bij volledigheid, bij man-zijn, geweest.

Ik kon hem niet stukmaken. Ik ging door met zachte woorden: 'Forceer het leven niet. Laat de dingen langzaam groeien. Lijd niet.'

Maar hij weet het nu.

Dit was allemaal als een nachtmerrie voor mij. Mijn wezen schreeuwde om Henry. Ik zag hem vandaag. Hij was met zijn vriend Fred Perlès, de zachte, verfijnde man met poëtische ogen. Ik vind Fred aardig, maar toch voelde ik me dichter bij Henry staan, zo dichtbij dat ik hem niet aan kon kijken. We zaten in de keuken van hun nieuwe appartement in Clichy. Henry was vol vuur. Toen ik zei dat ik moest gaan, nadat we lange tijd gepraat hadden, nam Henry me mee naar zijn kamer en begon me te kussen, en dat met Fred zo dichtbij, Fred de aristocratische en gevoelige man, waarschijnlijk gekwetst. 'Ik kan je niet laten gaan,' zei Henry. 'We doen de deur wel dicht.' Ik gaf me volledig over aan dat moment. Ik geloof dat ik gek aan het worden ben, want de gevoelens die het in mij wakker maakte achtervolgen me, hebben me aldoor in hun greep, en ik hunker naar steeds meer van Henry.

Ik kom thuis. Hugo leest de krant. De tederheid, de kleinheid, de kleurloosheid van dit alles. Maar ik heb Henry, en ik denk aan wat hij zei, opgewonden, toen hij klaarkwam. Ik denk eraan dat ik nog nooit zo natuurlijk ben geweest als nu, nooit mijn ware instincten heb uitgeleefd. Het kon me vandaag niet schelen dat Fred mijn waanzin zag. Ik wilde de wereld tegemoet treden, tegen de wereld schreeuwen: 'Ik houd van Henry.'

Ik weet niet waarom ik hem zo vertrouw, waarom ik hem vanavond alles wil geven – waarheid, mijn dagboek, mijn leven. Ik wenste zelfs dat June plotseling haar komst zou aankondigen om de pijn te voelen die het verlies van Henry mij zou aandoen.

Ik had een afspraak voor een massage gemaakt. De masseuse was klein en mooi. Ze droeg een badpak. Ik zag haar borsten toen ze over me heen boog, klein maar stevig. Ik voelde haar handen over mijn lichaam, haar mond dicht bij de mijne. Op een gegeven ogenblik was mijn hoofd dicht bij haar benen. Ik had ze gemakkelijk kunnen kussen. Ik was waanzinnig opgewonden. Op slag was ik mij bewust van de frustratie van mijn begeerte. Wat ik kon doen leek niet bevredigend genoeg. Zou ik haar kussen? Ik voelde dat ze geen lesbienne was. Ik wist dat ze mij zou vernederen. Het moment ging voorbij. Maar wat een half uur van verrukkelijke marteling! Wat een marteling om een man te willen zijn! Ik stond versteld over mezelf, bewust van de aard van mijn gevoelens voor June. En gisteren nog had ik kritiek op wat Hugo en ik collectieve seksualiteit noemen, gedepersonaliseerd, niet selectief, iets dat ik nu begrijp.

Aan Henry: 'De vervolging is begonnen – ze zijn allemaal gekwetst, beledigd, dat ik [D.H.] Lawrence verdedig. Ze kijken me treurig aan. Vol ongeduld kijk ik uit naar de dag dat ik jouw werk kan verdedigen, zoals jij Buñuel verdedigde.

Ik ben blij dat ik niet bloosde voor Fred. Die dag was het hoogtepunt van mijn liefde, Henry. Ik wilde schreeuwen: "Vandaag houd ik van Henry." Misschien wou je dat ik nonchalance had voorgewend, ik weet het niet. Schrijf me. Ik heb je brieven nodig, als een menselijke bevestiging van realiteit. Een man die ik ken wil me bang maken. Als ik over jou praat zegt hij: "Hij kan jou niet waarderen." Hij heeft ongelijk.'

Aan Henry: 'Dit is vreemd, Henry. Vroeger ging ik, zodra ik thuiskwam van waar dan ook vandaan, meteen in mijn dagboek zitten schrijven. Nu wil ik jou schrijven, met je praten. Onze "afspraakjes" zijn zo onnatuurlijk – de ruimtes ertussen, als ik, zoals vanavond, er wanhopig behoefte aan heb je te zien. Ik suggereerde Hugo dat we morgenavond met jou zouden kunnen uitgaan, maar hij wilde er niets van weten.

Ik vind het heerlijk als je zegt: "Alles wat gebeurt is goed." Ik zeg: "Alles wat gebeurt is fantastisch." Voor mij is het allemaal symfonie, en ik raak zo opgewonden van leven – god, Henry, alleen in jou heb ik hetzelfde opzwellende enthousiasme gevonden, hetzelfde snelle opstijgen van het bloed, de volheid. Vroeger dacht ik bijna altijd dat er iets niet in orde was. Alle anderen leken op de rem te staan. En als ik jouw opwinding over het leven voel opvlammen, naast de mijne, dan duizelt het me. Wat zullen we doen, Henry, de nacht dat Hugo naar Lyon gaat? Vandaag had ik graag in jouw kamer gordijnen zitten naaien terwijl jij tegen me praatte.

Denk je dat wij samen gelukkig zijn omdat we het gevoel hebben dat we "iets bereiken", terwijl je bij June het gevoel had steeds meer richting duisterheid, mysterie, verwikkelingen geleid te worden.'

Ik ontmoet Henry in het grijze station, op slag stijgt mijn bloed, en ik onderken dezelfde gevoelens in hem. Hij vertelt me dat hij nauwelijks naar het station kon lopen omdat hij mank liep van zijn begeerte naar mij. Ik weiger naar zijn appartement te gaan omdat Fred daar is en ik stel Hotel Anjou voor, waar Eduardo me mee naar toe nam. Ik zie de achterdocht in zijn ogen, en daar geniet ik van. We gaan naar het hotel. Hij wil dat ik met de conciërge praat. Ik vraag haar om kamer nummer drie. Zij zegt dat het dertig franc kost. Ik zeg: 'U geeft hem ons wel voor vijfentwintig.'

En ik pak de sleutel van de plank. Ik loop de trap op. Henry houdt me halverwege tegen om me te kussen. We zijn op de kamer. Hij zegt met die warme lach van hem: 'Anaïs, je bent een duivel.' Ik zeg niets. Hij is zo onstuimig dat ik geen tijd heb om me uit te kleden.

En hier haper ik, vanwege onervarenheid, verdoofd door de intensiteit en woestheid van die uren. Ik herinner mij alleen Henry's gulzigheid, zijn energie, zijn ontdekking van mijn billen, die hij prachtig vindt – en oh, het vloeien van de honing, de hoogtepunten van genot, uren en uren van coïtus. Gelijkheid! De diepten waarnaar ik hunkerde, het duister, het uiteindelijke, de verlossing. De kern van mijn wezen wordt geraakt door een lichaam dat het mijne overmeestert, het mijne overstroomt, dat met zoveel kracht zijn vlammentong binnen in mij ronddraait. Hij roept: 'Zeg me, zeg me wat je voelt.' En dat kan ik niet. Er is bloed in mijn ogen, in mijn hoofd. Woorden verdrinken. Ik wil woest, woordeloos schreeuwen – ongearticuleerde kreten, zonder betekenis, vanuit de meest primitieve basis van mezelf, uit mijn schoot stromend als de honing.

Tranenrijk genot, dat mij woordeloos achterlaat, overwonnen, tot zwijgen gebracht.

God, ik heb zo'n dag gekend, zulke uren van vrouwelijke onderwerping, zo'n geven van mijzelf dat er niets meer te geven is.

Maar ik lieg. Ik verfraai. Mijn woorden zijn niet diep genoeg, niet woest genoeg. Ze vermommen, ze verbergen. Ik zal niet rusten voor ik verteld heb van mijn afdaling in een soort sensualiteit die even duister, even schitterend, even wild was als mijn momenten van mystiek scheppen verblindend, extatisch, uitzinnig zijn geweest.

Voor we elkaar die dag ontmoetten had hij me geschreven: 'Het enige dat ik kan zeggen is dat ik gek op je ben. Ik probeerde je een brief te schrijven maar dat lukte niet. Ik zit vol ongeduld op je te wachten. Dinsdag is zo ver weg. En niet alleen dinsdag – ik vraag me af wanneer je een hele nacht bij me zult blijven, wanneer ik je een lange tijd achtereen kan hebben. Het is een kwelling voor me om je maar een paar uur te zien en je dan over te geven. Als ik je zie verdwijnt alles wat ik wilde zeggen. De tijd is zo kostbaar en woorden irrelevant. Maar jij maakt me zo gelukkig, omdat ik met je kàn praten. Ik hou van je helderheid, je voorbereidingen om te vluchten, je benen als in een klem, de warmte tussen je benen. Ja, Anaïs, ik wil je ontmaskeren. Ik ben te hoffelijk tegen je. Ik wil lang en gretig naar je kijken, je jurk optillen, je knuffelen, je onderzoeken. Weet je dat ik nauwelijks naar je gekeken heb? Er kleeft nog te veel heiligheid aan je. Ik weet niet hoe ik je moet vertellen wat ik voel. Ik leef in een voortdurende verwachting. Jij komt en de tijd verglijdt in een droom. Het is pas wanneer je gaat dat ik je aanwezigheid volledig besef. En dan is het te laat. Je verdooft me. Ik probeer me je leven in Louveciennes voor te stellen maar dat lukt niet. Je boek? Ook dat lijkt onwezenlijk. Pas wanneer je komt en ik naar je kijk wordt het beeld duidelijker. Maar je gaat zo snel weg, ik weet niet wat ik moet denken. Ja, de Poesjkin-legende zie ik duidelijk. Ik zie je in mijn gedachten zitten op die troon, juwelen om je hals, sandalen, grote ringen, gelakte vingernagels, vreemde Spaanse stem, levend in een soort leugen die niet echt een leugen is maar een sprookje. Dit is een beetje dronken, Anaïs. Ik zeg tegen mezelf: dit is de eerste vrouw tegen wie ik absoluut oprecht kan zijn. Ik herinner me dat je zei: "Je zou me voor de gek kunnen houden, ik zou het niet doorhebben." Als ik over de boulevards loop en daaraan denk, kan ik je niet voor de gek houden – en toch zou ik dat graag doen. Ik bedoel dat ik nooit absoluut trouw kan zijn – dat zit niet in me. Ik hou te veel van vrouwen, of het leven – welk van tweeën het is weet ik niet. Maar lach, Anaïs... ik vind het heerlijk om je te horen lachen. Je bent de enige vrouw die gevoel heeft gehad voor vrolijkheid, een wijze tolerantie – nee, het is meer, het lijkt of je me ertoe aanzet om je te bedriegen. Daarvoor houd ik van je. En waarom doe je dat – liefde? Oh, het is prachtig om lief te hebben, en tegelijkertijd vrij te zijn.

Ik weet niet wat ik van je verwacht, maar het is zo iets als een wonder. Ik ga alles van je eisen – zelfs het onmogelijke, omdat je het aanmoedigt. Jij bent werkelijk sterk. Ik houd zelfs van je bedrog, je verraad. Ik vind het aristocratisch. (Klinkt aristocratisch verkeerd uit mijn mond?)

Ja, Anaïs, ik zat te bedenken hoe ik je kon bedriegen, maar ik kan het niet. Ik wil jou. Ik wil je uitkleden, je een beetje vulgair maken – ach, ik weet niet wat ik zeg. Ik ben een beetje dronken omdat jij hier niet bent. Ik wou dat ik in mijn handen kon klappen en voilà, Anaïs! Ik wil dat je van mij bent, je gebruiken, ik wil je neuken, ik wil je dingen leren. Nee, ik waardeer je niet – god verhoede! Misschien wil ik je zelfs een beetje vernederen – waarom, waarom? Waarom ga ik niet op mijn knieën liggen en je alleen maar aanbidden? Ik kan het niet, ik bemin je lachend. Vind je dat leuk? En lieve Anaïs, ik ben zoveel dingen. Je ziet nu alleen de goede dingen – of tenminste, je doet me dat geloven. Ik wil je voor een hele dag op zijn minst. Ik wil overal met je naar toe – je bezitten. Je weet niet hoe onverzadigbaar ik ben. Of hoe achterbaks. En hoe zelfzuchtig!

Ik heb me bij jou van mijn beste kant laten zien. Maar ik waarschuw je, ik ben geen engel. Ik denk voornamelijk dat ik een beetje dronken ben. Ik hou van je. Ik ga nu naar bed – het is te pijnlijk om wakker te blijven. Ik ben onverzadigbaar. Ik zal je vragen het onmogelijke te doen. Wat dat is dat weet ik niet. Waarschijnlijk zul je me dat vertellen. Je bent sneller dan ik. Ik hou van je kut, Anaïs – die maakt me gek. En hoe je mijn naam uitspreekt! God, het is onwezenlijk. Luister, ik ben erg dronken. Ik ben gekwetst dat ik hier alleen ben. Ik heb je nodig. Mag ik alles tegen je zeggen? Dat mag ik toch? Kom dan snel en neuk me. Kom met me klaar. Wikkel je benen om me heen. Maak me warm.'

Ik had het gevoel alsof ik zijn meest onderbewuste gevoelens aan het lezen was. Ik voelde het leven mij omhelzen, in die woorden. Ik voelde de opperste uitdaging aan mijn verering van het leven, en ik wilde toegeven, mij aan al het leven geven, en dat is Henry. Wat een nieuwe sensaties wekt hij in mij op, wat een nieuwe kwellingen, nieuwe angst en nieuwe moed!

Geen brief van hem na onze dag. Hij voelde een enorme opluchting, voldoening, vermoeidheid, net als ik.

En toen?

Gisteren kwam hij naar Louveciennes. Een nieuwe Henry, of liever, de Henry vermoed achter de algemeen bekende, de Henry verder dan wat hij geschreven heeft, verder dan alle letterlijke kennis, mijn Henry, de man waar ik nu ongelooflijk veel van hou, te veel, gevaarlijk veel.

Hij keek zo serieus. Hij had een brief van June gekregen, met potlood geschreven, onregelmatig, gek, als van een kind, ontroerend, simpel, kreten van haar liefde voor hem. 'Zo'n brief wist alles uit.' Ik voelde dat voor mij het moment was gekomen om mijn June los te laten, om hem mijn June te geven, 'omdat,' zei ik, 'je dan meer van haar gaat houden. Het is een prachtige June. Op andere dagen had ik het gevoel dat je misschien zou lachen om mijn portret, snieren om de naïveteit ervan. Vandaag weet ik dat je dat niet zult doen.'

Ik las hem alles voor wat ik in mijn dagboek over June had geschreven. Wat gebeurt er? Hij is diep ontroerd, verscheurd. Hij gelooft. 'Zo had ik moeten schrijven over June. Het andere is onvolledig, oppervlakkig. Jij hebt haar goed getroffen, Anaïs.' Maar wacht. Hij heeft zachtheid, tederheid uit zijn werk gelaten, hij heeft alleen de haat, het geweld opgeschreven. Ik heb alleen wat hij eruit gelaten heeft ingevoegd. Maar hij heeft het er niet uitgelaten omdat hij het niet voelt, of het niet weet, of niet begrijpt (zoals June denkt), maar alleen omdat het moeilijker uit te drukken is. Tot dusver is zijn manier van schrijven alleen voortgekomen uit geweld, het is uit hem geranseld, de slagen hebben hem doen jammeren en vloeken. En nu zit hij daar en ik neem hem volledig in vertrouwen, de gevoelige, onpeilbare Henry. Hij is gewonnen.

Hij zegt: 'Zo'n liefde is fantastisch, Anaïs. Ik haat of verafschuw dat niet. Ik begrijp wat jullie elkaar geven. Ik begrijp het zo goed. Lees, lees – dit is een openbaring voor me.'

Ik lees, en ik beef als ik lees, tot aan onze kus. Hij begrijpt het te goed.

Plotseling zegt hij: 'Anaïs, ik realiseer me ineens dat wat ik jou geef iets grofs en gewoons is, vergeleken daarbij. Ik besef dat als June terugkomt...'

Ik onderbreek hem. 'Je weet niet wat je mij gegeven hebt! Het is niet grof en gewoon! Vandaag, bij voorbeeld...' Ik stik van gevoelens die te verstrikt zijn. Ik wil hem zeggen hoeveel hij mij heeft gegeven. We worden bevangen door dezelfde angst. Ik zeg: 'Zie je nu een prachtige June?'

'Nee, ik haat haar!'

'Je haat haar?'

'Ja, ik haat haar,' zegt Henry, 'want ik zie aan jouw aantekeningen dat wij haar slachtoffers zijn, dat je bedrogen wordt, dat er in haar leugens één bepaalde boosaardige, destructieve richting zit. Arglistig zijn ze bedoeld om mij in jouw ogen te vervormen, en jou in mijn ogen. Als June terugkomt zal zij ons tegen elkaar opstoken. Daar ben ik bang voor.'

'Er is iets tussen ons, Henry, een band die June niet helemaal kan aanvoelen of begrijpen.'

'De geest,' mompelde hij.

'Daar zal ze ons om haten, ja, en zij zal strijden met haar eigen wapens.'

'En haar wapens zijn leugens,' zei hij.

Wij waren ons beiden zo scherp bewust van haar macht over ons, van de nieuwe banden die ons samenhielden.

Ik zei: 'Als ik de middelen had om June terug te brengen, zou je dan willen dat ik dat deed?'

Henry huiverde en boog plotseling naar me over. 'Ah, zo'n vraag moet je me niet stellen, Anaïs, vraag me dat niet.'

Op een dag waren we aan het praten over zijn schrijverschap. 'Misschien zou jij hier in Louveciennes niet kunnen schrijven,' zei ik. 'Het is te vredig, niets dat je aandrijft.'

'Ik zou gewoon anders schrijven,' zei hij. Hij dacht aan Proust, wiens werkwijze bij Albertine hem bleef achtervolgen.

Hoe ver verwijderd zijn we van zijn dronken brief. Gisteren was hij ontwapenend; hij was zo volledig! Wat zoog hij het in zich op! June nam hem zelden in vertrouwen. Zal hij omdraaien en al zijn gevoelens ontkennen? Ik plaagde hem. 'Misschien is alles wat ik geschreven heb onwaar, onwaar van June, onwaar van mij. Misschien is het hypocrisie.' 'Nee! Nee!' Hij kende het. Ware passies, ware liefdes, ware driften.

'Voor het eerst zie ik enige schoonheid in dit alles,' zegt Henry.

Ik ben bang dat ik niet eerlijk genoeg geweest ben. Ik sta versteld van Henry's emotie.

'Ben ik niet *De idioot?*' vraag ik.

'Nee, je zíet, je ziet gewoon meer,' zegt Henry. 'Wat je ziet is er, wel degelijk. Ja.' Hij denkt na terwijl hij spreekt. Dikwijls herhaalt hij een zin, om zichzelf tijd te geven om na te denken. Wat zich achter dit compacte voorhoofd afspeelt fascineert me.

De extravagantie van Dostojevski's taal heeft ons beiden vrijgemaakt. Hij was voor Henry een schrijver van groot gewicht. Nu, wanneer we leven met dezelfde gloed, dezelfde temperatuur, dezelfde extravagantie, voel ik me verrukkelijk. Dit is het leven, het praten, dit zijn de emoties die bij mij horen. Ik adem nu vrijuit. Ik ben thuis. Ik ben mezelf.

Na mijn middag met Henry, ga ik naar Eduardo toe. 'Ik verlang naar je, Anaïs! Geef me nog een kans! Je hoort bij mij. Wat heb ik geleden vanmiddag, wetend dat je bij Henry was. Vroeger heb ik nooit last gehad van jaloezie; en nu is die zo sterk dat ik er kapot aan ga.' Zijn gezicht is angstaanjagend wit. Hij glimlacht altijd, net als ik. Nu kan hij dat niet. Ik ben nog niet gewend aan de aanblik van ellende door mij veroorzaakt; of, liever, Eduardo aangedaan. Het brengt me van mijn stuk. Toch, diep in mijn hart, laat het me koud. Ik zit daar, en zie Eduardo's gezicht verwrongen van pijn, en ik voel werkelijk niets anders dan medelijden. 'Ga je met me mee?'

'Nee.' Ik wend alle verontschuldigingen aan die hem niet zullen kwetsen. Ik vertel hem alles behalve dat ik van Henry houd.

Ten slotte win ik. Ik laat hem mij met een taxi naar het station brengen waar ik heb afgesproken met Hugo. Ik laat hem mij kussen. Ik beloof hem maandag op te zoeken. Ik ben zwak. Maar ik wil zijn leven niet stukmaken, hem verminken, hem beroven van zijn nieuw verworven zelfvertrouwen. Genoeg van mijn oude liefde voor hem is daarvoor nog over. Ik heb hem gewaarschuwd dat ik hem zou kunnen vernietigen, al had ik er een hekel aan om te vernietigen, en dat ik een man gevonden had die ik niet kon vernietigen, dat hij de juiste man voor mij was. Ik probeerde hem mij te laten haten. Maar hij zei: 'Ik verlang naar je, Anaïs.' En de horoscoop zegt: wij zijn elkaars complement.

De respons op het leven is van belang. June en Henry reageren extravagant, net als ik. Hugo is matter, lustelozer. Vandaag kwam hij uit de matheid tot een bewustwording van *De demonen*. Ik liet hem zijn gedachten neerschrijven, die waren zo prachtig. Zijn beste momenten zijn heel diepzinnig.

Hij vertegenwoordigt de waarheid. Hij is Sjatov, in staat tot liefde en trouw. Wat ben ik dan? Die vrijdag, toen ik in de armen van drie mannen lag, wat was ik?

Aan Eduardo: 'Luister, *cousin chéri*, ik schrijf je in de trein, op weg naar huis. Ik beef van het verdriet over deze morgen. De dag leek zo zwaar dat ik niet kon ademen... Ik was onder de indruk van je activiteit, leven, emotie, kracht. Het is een tragedie voor mij dat jij op je hoogste moment bent wanneer ik het meest van je houd, alleen niet sensueel, niet sensueel. Wij zijn voorbestemd om elkaar nooit met gelijke gevoelens te ontmoeten. Nu is het Henry die mijn lichaam bezit. Cousin chéri, ik probeerde vandaag voor het laatst het leven te sturen, overeenkomstig een ideaal. Mijn ideaal was om mijn hele leven op jou te wachten, en ik heb te lang gewacht, en nu leef ik op instinct, en de stroom voert mij naar Henry. Vergeef me. Het is niet dat jij de kracht niet hebt mij vast te houden. Denk je dat jij vroeger niet van mij hield omdat ik minder om van te houden was? Nee. Het zou even onwaar zijn om te zeggen dat jij de kracht miste als dat ik veranderd ben. Het leven is niet rationeel; het is gewoon waanzinnig en vol verdriet. Vandaag heb ik Henry niet gezien en ik zal hem morgen ook niet zien. Ik geef deze twee dagen aan de herinnering van onze uren. Wees fatalistisch, ja, zoals ik vandaag ben, maar heb geen lage of bittere gedachten zoals het idee dat ik uit ijdelheid met je gespeeld heb. Oh, Eduardo, *querido*, ik aanvaard pijn die niet uit dergelijke motieven maar uit wezenlijke bronnen komt – echte pijn, om de verraderlijkheid van het leven, die ons beiden op een verschillende manier kwetst. Ga niet op zoek naar het omdàt – in liefde is er geen omdat, geen reden, geen verklaring, geen oplossingen.'

Ik kwam thuis en wierp mijzelf op de bank; ik kon haast niet ademhalen. In antwoord op Eduardo's smeekbede had ik hem vanochtend vroeg ontmoet. Hij had twee dagen doorgebracht vol jaloezie op Henry, beseffend dat hij, de narcist, ten slotte door een ander overheerst werd. 'Wat is het goed om buiten jezelf te treden! Ik heb twee dagen lang voortdurend aan je gedacht, slecht geslapen, heb gedroomd dat ik je hard sloeg, oh zo hard, en dat je hoofd eraf viel en ik het ronddroeg in mijn armen. Anaïs, ik heb je een hele dag voor mijzelf. Dat heb je me beloofd. De hele dag.' Alles wat ik wil is het café uitvluchten. Dat zeg ik tegen hem. Zijn smeekbeden, zachtheid, intensiteit wekken vagelijk mijn oude liefde op en mijn medelijden, de liefde van Richmond Hill, met zijn vage verwachtingen, de oude gewoonte om te denken: natuurlijk wil ik Eduardo.

Ik ben bang dat hij zich weer in zijn narcisme zal opsluiten omdat hij de pijn niet kan verdragen. 'En dan te denken dat ik je nu zelfs tot op je botten aanbid, Anaïs!' Ik ben zwak, zwak geprikkeld, toch wil ik het liefst van hem weglopen. Ik weet niet waarom, ik gehoorzaam hem, ik volg hem.

Het doet pijn als ik *Albertine disparue* lees, omdat het van kanttekeningen voorzien is door Henry, en Albertine June is. Ik kan iedere toelichting op zijn jaloezieën, zijn twijfels, zijn tederheid, zijn spijt, zijn afgrijzen, zijn passie volgen, en ik word overmand door een brandende jaloezie op June. Op dit moment is deze liefde, die zo in evenwicht was tussen Henry en June dat ik geen enkele jaloezie kon voelen, is deze liefde sterker voor Henry, en ik voel me gemarteld en ben bang.

Toch droomde ik vannacht van June. June was plotseling teruggekomen. We sloten ons op in een kamer. Hugo, Henry en andere mensen zaten op ons te wachten. Wij moesten ons nog verkleden en dan zouden we met z'n allen uit eten gaan. Ik verlangde naar June. Ik smeekte haar zich uit te kleden. Langzaam maar zeker ontdekte ik haar lichaam, met kreten van bewondering, maar in de nachtmerrie zag ik de gebreken ervan, vreemde misvormingen. Toch leek ze volkomen begerenswaardig. Ik smeekte haar mij tussen haar benen te laten kijken. Ze spreidde ze en hief ze op, en daar zag ik vlees dicht begroeid met harde zwarte haren, als van een man, maar het uiterste puntje van haar vlees was weer sneeuwwit. Wat mij deed gruwen was dat ze in grote opwinding heen en weer bewoog, en dat de lippen zich snel openden en sloten als de bek van een goudvis in de vijver als hij eet. Ik keek alleen maar naar haar, gefascineerd en vol walging, en toen wierp ik mij op haar en zei: 'Laat mij het met mijn tong aanraken,' en dat liet ze toe maar ze leek niet bevredigd terwijl ik haar likte. Ze leek koud en onrustig. Plotseling ging ze overeind zitten, wierp mij neer, en boog zich over mij heen, en toen ze boven op me lag voelde ik de aanraking van een penis. Ik stelde een vraag en ze antwoordde triomfantelijk: 'Ja, ik heb een kleintje; ben je niet blij?' 'Maar hoe verberg je dat voor Henry?' vroeg ik. Ze glimlachte, verraderlijk. De hele droom door was er een gevoel van grote wanorde, van bewegingen die niets uithaalden, van alles wat te laat kwam, van iedereen aan het wachten, rusteloos en verslagen.

En toch ben ik jaloers op al het lijden dat Henry met haar doormaakt. Ik voel dat ik wegglijd uit alle wijsheid en alle begrip, dat mijn instincten huilen als beesten in het oerwoud. Als ik terugdenk aan de middag met Henry in Hotel Anjou, dan lijd ik. Twee middagen die in mijn lichaam en in mijn geest gegrift zijn.

Toen ik gisteren van Eduardo thuiskwam zocht ik mijn toevlucht in Hugo's armen. Ik was zwaar beladen met gevoelens van ongerustheid over Eduardo en verlangen naar Henry, en tegelijkertijd, terwijl ik in Hugo's armen lag en alleen maar zijn mond en hals kuste, vond ik een gevoel zo zoet en zo diep dat het alle duisternis en laagheid van het leven leek te overwinnen. Ik had het gevoel dat ik een lepralijder was en dat zijn kracht zo groot was dat hij me op slag kon genezen door een kus. Ik hield vannacht van hem met een oprechtheid die alle climaxen waarnaar mijn koorts mij doet hunkeren overtreft. Proust schrijft dat geluk iets is waarin koorts afwezig is. Vannacht heb ik geluk meegemaakt en ik heb het herkend, en ik kan naar waarheid zeggen dat alleen Hugo mij dat ooit gegeven heeft, en dat gaat door, onverslagen door de sprongen van mijn koortsachtige lichaam en geest.

Nu, terwijl ik de rijkste periode van mijn leven doormaak, laat mijn gezondheid mij weer in de steek. Alle artsen zeggen hetzelfde: geen ziekte, niets aan de hand afgezien van algemene zwakte, laag weerstandsvermogen. Mijn hart klopt nauwelijks, ik heb het koud, ik ben snel uitgeput. Vandaag heb ik me door Henry laten uitputten. Hoe kostbaar het moment in de keuken in Clichy, met Fred, ook dat. Ze waren om twee uur aan het ontbijten. Stapels boeken, die welke ze mij willen laten lezen en die welke ik voor ze meebracht. Daarna in Henry's kamer, alleen. Hij doet de deur dicht, en ons gesprek smelt weg in strelingen, in vaardig, direct de kern rakend neuken.

Het gesprek gaat over Proust, en het veroorzaakt deze bekentenis van Henry. 'Heel eerlijk gezegd vind ik het prettig om bij June vandaan te zijn. Dàn geniet ik het meest van haar. Als ze hier is ben ik somber, neerslachtig, wanhopig. Met jou – nou ja, jij bent lìcht. Ik ben oververzadigd van ervaringen en pijn. Misschien kwel ik jou. Ik weet het niet. Doe ik dat?'

Ik kan daar niet goed op antwoorden, hoewel het me duidelijk is dat hij duisternis voor mij is. En waarom? Vanwege de instincten die hij in mij heeft wakker gemaakt? Het woord 'oververzadigd' maakte me doodsbang. Het leek de eerste druppel vergif die mij werd ingegoten. Tegenover zijn oververzadiging stel ik mijn angstige frisheid, de nieuwheid in mij, die intensiteit verleent aan iets wat voor hem misschien van minder waarde is. De eerste druppel vergif, zo per ongeluk ingegoten, was als een voorspelling van de dood. Ik weet niet door welke spleet onze liefde plotseling zal wegsijpelen en verloren zal gaan.

Henry, vandaag ben ik treurig om de momenten die ik mis, die momenten dat jij tot vroeg in de morgen met Fred praat, dat jij welsprekend of briljant of fel of opgetogen bent. En ik was treurig dat jij een fantastisch moment in mij hebt gemist. Gisteravond zat ik bij de haard en praatte zoals ik zelden praat, ik verblufte Hugo en voelde me onmetelijk en verbazingwekkend rijk, vertelde het ene verhaal en idee na het ander, waarvan je genoten had. Het ging over leugens, de verschillende soorten leugens, de speciale leugens die ik vertel om specifieke redenen, om het leven aangenamer te maken. Op een keer toen Eduardo overdreven analytisch bezig was kwam ik met het verhaal van mijn denkbeeldige Russische minnaar. Hij was verrukt. En daarmee liet ik hem de noodzaak van waanzin voelen, de rijkdom in emotie die hij mist, omdat hij emotioneel onmachtig is. Als ik ernstig in moeilijkheden zit, verbijsterd, verloren, verzin ik als kennis een wijze oude man met wie ik converseer. Ik vertel iedereen over hem, hoe hij eruitziet, wat hij zei, zijn uitwerking op mij (iemand om voor een ogenblik steun bij te vinden), en aan het eind van de dag voel ik me gesterkt door mijn ervaring met de wijze oude man, en net zo voldaan alsof het allemaal waar was. Ik heb ook vrienden verzonnen wanneer degenen die ik had niet bevredigend waren. En wat geniet ik van mijn ervaringen! Wat vullen ze mij, voegen ze aan mij toe. Borduurwerk.

Vandaag kom ik Fred tegen, en terwijl we samen naar Trinité oplopen komt de zon te voorschijn van achter een donkere wolk en verblindt ons. En ik begin te citeren uit wat hij geschreven heeft over een zonnige ochtend op de markt, hetgeen hem ontroert. Hij heeft me gezegd dat ik goed ben voor Henry, dat ik hem dingen geef die June hem niet kon geven. En toch moet hij toegeven dat Henry volkomen in Junes macht is wanneer zij er is. June is sterker. Ik groei toe naar grotere liefde voor Henry dan voor June.

Fred verwondert zich erover dat Henry tegelijkertijd twee vrouwen kan liefhebben. 'Hij is een grote grote man,' zegt hij. 'Er is zoveel ruimte in hem, zo veel liefde. Als ik van jou hield, zou ik niet van een andere vrouw kunnen houden.' En ik dacht: ik ben net als Henry. Ik kan van Hugo en Henry en June houden.

Henry, ik begrijp dat je June en mij omhelst. De een sluit de ander niet uit. Maar June voelt dit misschien niet zo, en het is zeker dat jij June niet begreep, dat ze jou en Jean allebei omhelsde. Nee, jij eiste een keuze.

We gaan alles proeven wat we elkaar kunnen geven. Voor June komt gaan we zo vaak mogelijk met elkaar naar bed. Ons geluk is in gevaar, ja, maar we gaan het snel, volledig verslinden. Voor iedere dag ervan ben ik dankbaar.

Brief aan June: 'Vanmorgen werd ik wakker met een heftige en wanhopige begeerte naar jou. Ik heb vreemde dromen. Nu eens ben je klein en zacht en soepel in mijn armen, dan ben je machtig en overheersend en de leider. Als een nachtvlinder en tegelijkertijd niet klein te krijgen. June, wat ben jij? Ik weet dat je Henry een liefdesbrief hebt geschreven, en ik leed. Ik heb tenminste een vreugde ontdekt en dat is dat ik openlijk met Henry over jou kan praten. Ik heb het gedaan omdat ik wist dat hij meer van je zou gaan houden. Ik heb hem míjn June gegeven, het portret van jou dat ik opschreef tijdens de dagen dat wij samen waren... Nu kan ik tegen Henry zeggen: "Ik houd van June," en hij bestrijdt onze gevoelens niet, hij verafschuwt ze niet. Hij is ontroerd. En jij, June? Wat betekent het dat je mij niet hebt geschreven...? Ben ik een droom voor jou, ben ik niet werkelijk en warm voor jou? Welke nieuwe liefdes, nieuwe extases, nieuwe aandriften houden je nu bezig? Ik weet dat je niet graag schrijft. Ik vraag niet om lange brieven, alleen een paar woorden, wat je voelt. Heb jij jezelf ooit terug gewenst hier in mijn huis, in mijn kamer, en heb je spijt dat we zo overweldigd waren? Verlang jij er ooit naar deze uren opnieuw en anders te beleven, met meer vertrouwen? June, ik aarzel om alles te schrijven, alsof ik weer voelde dat jij naar beneden zou hollen om aan mij te ontkomen, zoals je die dag deed, of bijna.

Ik stuur je mijn boek over Lawrence en de cape. Ik hou van je June, en je weet hoe heftig, en hoe wanhopig. Je weet dat niemand iets kan zeggen of doen dat mijn liefde aan het wankelen kan brengen. Ik heb jou in mijzelf opgenomen, helemaal. Je hoeft niet bang te zijn ontmaskerd te worden, alleen bemind.'

Aan Fred: 'Als je aardig tegen me wilt zijn, zeg dan niets meer ten nadele van June. Vandaag realiseerde ik me dat jouw verdediging van mij June alleen nog maar dieper graveert in die groef van mijn wezen. Weet je hoe ik daarachter kwam? Gisteren luisterde ik naar je, weet je nog, met een soort dankbaarheid. Ik zei niet veel ten gunste van June. En toen schreef ik vanochtend een liefdesbrief aan June, gedreven door een onzelfzuchtig instinct ter bescherming, alsof ik mijzelf strafte omdat ik geluisterd had naar lof over mij die Junes waarde verminderde. En Henry, dat weet ik, voelt het net zo en handelt net zo. Maar ik begrijp alles wat je zei en voelt en bent, en om die reden ben ik op je gesteld, immens.'

Eduardo zegt tegen dr. Allendy, zijn psychoanalyticus: 'Ik weet niet of Anaïs van me hield of niet, of ze mij voor de gek hield of zichzelf voor de gek hield over haar gevoelens.'
'Ze hield van je,' zei Allendy. 'Dat kan ik zien aan haar preoccupatie met jou.'
'Maar je kent haar niet,' zei Eduardo. 'Je kent niet de mate van haar sympathie voor anderen, haar vermogen tot zelfopoffering.'
Tegen mij zegt Eduardo: 'Wat is er gebeurd, Anaïs? Wat voor ingeving had je op het moment dat je mij vroeg je te laten gaan? Waar was je achter gekomen?'
'Precies wat ik je schreef – ik realiseerde me het belang voor jou dat je mij veroverde, om jou het zelfvertrouwen te geven dat je miste, een zich roeren van de oude liefde, wat wij voor iets anders aanzagen...' Oh, ik draai er zo omheen.
Dus rationaliseert hij, uit zelfbescherming. 'Dan heb jij dus ook een gevoel van incest.' De broosheid van zijn zelfvertrouwen (als ik Anaïs verover, heb ik alles veroverd) is zo meelijwekkend. Ik handelde naar zijn behoeften. Ik gehoorzaamde niet aan mijn instincten, mijn alles overheersende zekerheid dat ik alleen Henry wil. Maar wanneer ik denk dat ik goed heb gedaan en volkomen eerlijk geweest ben, blijkt het dat ik kwaad heb gedaan, op een subtiele, bedrieglijke manier. Ik heb Eduardo twijfel omtrent zijn passie gesuggereerd, die door psychoanalyse gevoed is, kunstmatig gestimuleerd. Het wetenschappelijk geknoei met emoties. Voor het eerst ben ik tegen analyse. Misschien heeft het Eduardo geholpen zijn passie te verwezenlijken, maar zijn kracht wordt er niet wezenlijk door vergroot. Ik heb het gevoel dat de werking van korte duur is, iets dat er met pijn en moeite is uitgeperst, een slap aftreksel uit kruiden geperst.

Ik zie overeenkomsten tussen Henry en mij in menselijke relaties. Ik zie ons vermogen pijn te verduren wanneer we liefhebben, onze gemakkelijk te bedriegen aard, ons verlangen om in June te geloven, ons op de bres staan om haar te verdedigen tegen de haat van anderen. Hij heeft het over June slaan, maar dat zou hij nooit durven. Dat is alleen maar een wensvervulling, om waardoor hij gedomineerd wordt te domineren. In *Bubu de Montparnasse* wordt gezegd dat een vrouw zich onderwerpt aan de man die haar slaat omdat hij is als een sterke regering, die haar ook kan beschermen. Maar als Henry slaat zou dat nutteloos zijn omdat hij geen beschermer van de vrouw is. Hij heeft zich laten beschermen. June heeft voor hem gewerkt als een man, en dus kan zij zeggen: 'Ik heb van hem gehouden als van een kind.' Ja, en het vermindert haar passie. Hij heeft haar haar eigen kracht laten voelen. En daar kan niets aan veranderd worden, omdat het in beiden gegrift staat. Zijn hele leven zal Henry zijn manlijkheid doen gelden door destructie en haat in zijn werk; elke keer dat June verschijnt zal hij zijn hoofd buigen. Nu wordt hij alleen door haat gedreven. 'Het leven is smerig, smerig,' roept hij. En met deze woorden kust hij mij wakker, ik die honderd jaar geslapen heb, met hallucinaties als gordijnen van spinrag boven mijn bed hangend. Maar de man die zich over mijn bed buigt is zacht. En over deze momenten schrijft hij niets. Hij probeert zelfs niet het spinrag weg te trekken. Hoe moet ik overtuigd worden dat de wereld smerig is? 'Ik ben geen engel. Je hebt me alleen op mijn best gezien, wacht maar af...'

Ik droomde ervan dit allemaal aan Henry voor te lezen, alles wat ik over hem heb geschreven. En toen moest ik lachen omdat ik Henry al hoorde zeggen: 'Wat vreemd; waarom zit er zoveel dankbaarheid in jou?' Dat wist ik niet, totdat ik las wat Fred over Henry schreef: 'Arme Henry, ik beklaag je. Je kent geen dankbaarheid omdat je geen liefde kent. Om dankbaar te zijn moet je eerst weten hoe je moet liefhebben.'

Freds woorden gevoegd bij de mijne over Henry's haat deden me pijn. Geloof ik of geloof ik er niet in? Verklaren zij de oprechte verbazing die ik voelde, bij het lezen van zijn roman, over de wreedheid van zijn aanvallen op Beatrice, zijn eerste vrouw. Tegelijkertijd dacht ik dat ik ongelijk had, dat mensen moeten vechten en elkaar moeten haten, en dat haat goed is. Maar liefde nam ik als vanzelfsprekend aan; liefde kan haat insluiten.

Ik verspreek me constant en heb het over 'John' in plaats van 'Henry' tegen Hugo. Ze lijken absoluut niet op elkaar, en ik kan de associatie in mijn geest maar niet begrijpen.

'Luister,' zeg ik tegen Henry, 'laat me niet uit fijngevoeligheid uit je boek. Neem me erin op. Dan zullen we wel zien wat er gebeurt. Ik verwacht veel.'

'Maar intussen,' zegt Henry, 'is het Fred die drie prachtige bladzijden over jou heeft geschreven. Hij dweept met je, hij aanbidt je. Ik ben jaloers op die drie bladzijden. Ik wou dat ik ze geschreven had.'

'Dat doe je ook nog een keer,' zeg ik vol vertrouwen.

'Bij voorbeeld, je handen. Ik heb er nooit op gelet. Fred geeft ze zo veel aandacht. Laat ze me eens zien. Zijn ze echt zo mooi als hij schrijft? Ja, inderdaad.' Ik lach. 'Jij waardeert andere dingen, wellicht.'

'Wat dan?'

'Warmte bij voorbeeld.' Ik glimlach, maar Henry's woorden richten zo veel subtiele verwondingen aan. 'Als Fred mij over June hoort praten, zegt hij dat ik niet van jou houd.'

Toch laat hij mij niet gaan. Hij roept om mij in zijn brieven. Zijn armen, zijn liefkozingen, en zijn neuken zijn alles verslindend. Hij zegt dat al denken we nog zo veel (Prousts woorden of die van Fred, of de mijne), het ons niet zal tegenhouden om te leven als we samen zijn. En wat is leven? Het moment dat hij aanbelt aan Natasha's deur (ze is weg en ik mag haar flat gebruiken) en mij meteen begeert. Het moment dat hij tegen me zegt dat hij niet meer aan hoeren gedacht heeft. Ik ben zo belachelijk eerlijk en trouw ten opzichte van June in ieder woord dat ik over haar uit. Hoe kan ik mijzelf bedriegen over de mate van Henry's liefde als ik zijn gevoelens voor June begrijp en deel?

Hij slaapt in mijn armen, we zijn versmolten, zijn penis nog in mij. Het is een moment van wezenlijke rust, een moment van veiligheid. Ik doe mijn ogen open, maar ik denk niet. Een van mijn handen ligt op zijn grijze haar. De andere hand gespreid om zijn been. 'Oh, Anaïs,' had hij gezegd, 'je bent zo geil, zo geil dat ik niet kan wachten. Ik moet in je klaarkomen snel, snel.'

Is hoe je bemind wordt altijd zo belangrijk? Is het noodzakelijk dat je onvoorwaardelijk of hevig moet worden liefgehad? Zou Fred van mij zeggen dat ik kan liefhebben omdat ik anderen meer liefheb dan mijzelf? Of is het Hugo die liefheeft wanneer hij drie maal naar het station gaat om me af te halen omdat ik drie treinen heb gemist? Of is het Fred met zijn nevelige, poëtische, fijnzinnige begrip? Of heb ik het meest lief wanneer ik tegen Henry zeg: 'De vernietigers vernietigen niet altijd. June heeft jou niet vernietigd, uiteindelijk. De kern van jou is een schrijver. En de schrijver leeft.'

'Henry, zeg tegen Fred dat we morgen de gordijnen kunnen gaan halen.'

'Ik ga ook mee,' zegt Henry, plotseling jaloers.

'Maar je weet dat Fred mij wil zien, met mij praten.' Henry's jaloezie deed me plezier. 'Zeg tegen hem dat hij me op dezelfde plek als de laatste keer moet komen afhalen.'

'Ongeveer vier uur.'

'Nee, om drie uur.' Ik vond dat we de laatste keer dat we elkaar zagen niet genoeg tijd hadden samen. Henry's gezicht is ondoorgrondelijk. Ik kan nooit aan enig teken afleiden wat hij voelt. Er zijn overgangen, ja, wanneer hij geagiteerd en opgewonden is, of serieus en gelouterd, of oplettend en introspectief. De blauwe ogen zijn analytisch, als van een wetenschapper, of vochtig, vol gevoel. Als ze vochtig zijn ben ik tot in mijn tenen geroerd omdat ik moet denken aan een verhaal over zijn kindertijd. Zijn ouders (zijn vader was kleermaker) namen hem altijd mee op hun zondagse uitjes, legden bezoekjes af en sleepten het kind de hele dag tot laat in de avond mee. Zij zaten bij vrienden thuis te kaarten en te roken. Het werd heel rokerig en Henry kreeg dan pijn aan zijn ogen. Dan legden ze hem in bed in de kamer naast de zitkamer, met natte handdoeken over zijn brandende ogen.

En nu raken zijn ogen vermoeid door het lezen van de drukproeven op de krant, en ik zou hem daar graag van bevrijden, en ik kan het niet.

Vannacht kon ik niet slapen. Ik verbeeldde me dat ik weer met Henry in Natasha's appartement was. Ik wilde het moment herleven dat hij in me kwam terwijl we stonden. Hij leerde me hoe ik mijn benen om hem heen moest slaan. Dergelijke houdingen zijn mij zo onbekend dat ik er van in de war raak. Daarna barst het genot over al mijn zintuigen uit, omdat het een nieuw soort begeerte heeft losgelaten.

'Anaïs, ik voel je, je geilheid helemaal tot in mijn tenen.' Ook in hem is het als bliksemflitsen. Hij is altijd verbaasd door mijn vochtigheid en warmte.

Maar vaak drukt de passiviteit van de vrouwenrol zwaar op me, verstikt me. In plaats van zijn genot af te wachten, zou ik het liever willen nemen, het in vervoering brengen. Is dat het wat me naar het lesbische drijft? Het maakt me doodsbang. Handelen vrouwen inderdaad zo? Gaat June naar Henry toe als ze hem begeert? Gaat zij op hem liggen? Wacht ze op hem? Hij stuurt mijn onervaren handen. Het is als een bosbrand, met hem te zijn. Nieuwe plekken van mijn lichaam worden geprikkeld en in brand gezet. Hij is de aanstichter. Ik verlaat hem in onblusbare koorts.

Ik heb net voor het open raam van mijn slaapkamer gestaan en ik heb diep ingeademd, al de zonneschijn, de sneeuwklokjes, de krokussen, de sleutelbloemen, het gekoer van de duiven, het kwinkeleren van de vogels, de hele processie van zachte winden en koele geuren, van tere kleuren en luchten zo zacht als bloemblaadjes, het knoestige grijsbruin van oude bomen, de verticale loten van jonge takken, de vochtige bruine aarde, de gescheurde wortels. Het is allemaal zo geurig dat ik mijn mond open, en het is Henry's tong die ik proef, en ik ruik zijn adem terwijl hij slaapt, in mijn armen gewikkeld.

Ik verwacht Fred, maar het is Henry die naar het rendez-vous komt. Fred is aan het werk. Mijn ogen zijn wijd open gericht op Henry, de man die gisteren in mijn armen sliep, en ik heb kille gedachten. Ik zie de vlekken op zijn hoed en het gat in zijn jas. Een andere dag zou me dit ontroerd hebben, maar vandaag besef ik dat het gewilde armoede is, berekend, met opzet, uit minachting voor de bourgeois die zijn beurs nauwlettend in de gaten houdt. Hij spreekt prachtig over Samuel Putman en Eugene Jolas, en zijn werk, en mijn werk en dat van Fred. Maar dan raakt hij onder de invloed van de Pernod en hij vertelt me dat hij gisteravond na het werk met Fred in een café zat, en dat hoeren tegen hem praatten, en dat Fred streng naar hem keek, omdat hij die middag met mij samen was geweest en niet met die vrouwen had moeten zitten praten; en dat ze lelijk waren. 'Maar Fred heeft ongelijk,' zeg ik, tot Henry's verrassing. 'De hoeren vullen mij aan. Ik begrijp de opluchting die een man moet voelen als hij naar een vrouw gaat die geen eisen stelt aan zijn emoties of gevoelens.' En Henry voegt eraan toe: 'Je hoeft hun geen brieven te schrijven!' Omdat ik lach beseft hij dat ik het volkomen begrijp. Ik begrijp zelfs zijn voorkeur voor Renoir-achtige lichamen. *Voilà*. Toch behoud ik het beeld van een woedende Fred die mij aanbidt. En Henry zegt: 'Toen kwam ik het dichtst in de buurt van jou ontrouw worden.'

Ik weet niet of ik Henry's trouw wel zo graag wil, want ik begin te beseffen dat alleen al het woord 'liefde' me vandaag verveelt. Liefde of geen liefde. Freds woorden dat Henry niet van me houdt. Ik begrijp de behoefte bevrijd te worden van complicaties, en daar verlang ik zelf ook naar, alleen kunnen vrouwen zo'n situatie niet bereiken. Vrouwen zijn romantisch.

Veronderstel dat ik Henry's liefde niet wil. Veronderstel dat ik tegen hem zeg: 'Luister, we zijn twee volwassenen. Ik ben ziek van fantasieën en emoties. Noem het woord "liefde" niet. Laten we zoveel praten als we willen en alleen neuken wanneer we dat willen. Laat liefde erbuiten.' Ze zijn allemaal zo serieus. Op het ogenblik voel ik me oud, cynisch. Ook ik heb genoeg van eisen. Sinds een uur voel ik me vandaag zonder emotie. In één ogenblik zou ik de hele legende kunnen vernietigen, van het begin tot het eind, alles vernietigen, behalve de essentie: mijn passie voor June en mijn verering voor Hugo.

Misschien haalt mijn intellect weer een streek met me uit. Is dàt realiteitszin hebben? Waar zijn de gevoelens van gisteren en van vanmorgen, en hoe kom ik aan het voorgevoel dat Henry mij zou ontmoeten in plaats van Fred? En wat heeft het allemaal te maken met het feit dat Henry dronken was, en dat ik, zonder het te beseffen, hem voorlas over zijn macht mij te 'breken'. Hij begreep het niet, natuurlijk niet, ondergedompeld in de zwavelkleurige Pernod.

Het kluchtige ervan deed me pijn. Ik vroeg hem: 'Hoe is Fred als hij dronken is?'

'Vrolijk, ja, maar altijd een beetje neerbuigend tegen de hoeren. Dat voelen ze.'

'Terwijl jij vriendschappelijk wordt?'

'Ja, ik praat tegen ze als een vrachtrijder.'

Wel, uit dit alles putte ik geen vreugde. Het maakt me koud en leeg van binnen. Een keer maakte ik een grapje en zei dat ik hem op een dag een telegram zou sturen met de woorden: 'Tot nooit, omdat je niet van mij houdt.' Thuisgekomen dacht ik: morgen zien we elkaar niet. Of als we elkaar zien, zullen we nooit meer samen slapen. Morgen zal ik tegen Henry zeggen dat hij zijn liefde kan houden. Maar de rest?

Hugo zegt vanavond dat mijn gezicht gloeit. Ik kan een glimlach niet onderdrukken. We zouden een feestmaal moeten aanrichten. Henry heeft het serieuze in mij gedood. Dat was niet bestand tegen zijn veranderlijke stemmingen, van bedelaar naar god, van sater naar dichter, van waanzinnige naar realist.

Als hij mij aanvalt, word ik voor snikken of terugslaan behoed door mijn verdomde begrip. Alles wat ik begrijp, zoals Henry en de hoeren, daar kan ik niet goed over strijden. Wat ik begrijp, aanvaard ik ook tegelijkertijd.

Henry is zo'n wereld op zich dat het mij niet zou verbazen als hij zou willen stelen, doden, of verkrachten. Tot dusver heb ik voor alles begrip gehad.

Gisteren, bij het rendez-vous, zag ik voor het eerst een kwaadaardige Henry. Hij was meer gekomen om Fred te kwetsen dan om mij te zien. Hij genoot ervan toen hij zei: 'Fred is aan het werk. Wat moet hem dat ergeren.' Ik wilde de gordijnen niet uitzoeken zonder Fred maar Henry stond erop ze wel uit te zoeken. Ik weet niet of ik het mij verbeeldde of niet maar het leek wel of hij genoegen schepte in zijn ongevoelig-zijn. 'Ik vond evenveel genot in kwaad doen...' zei Stavrogin. Voor mij een onbekend genot. Ik was van plan geweest Henry een telegram te sturen terwijl ik met Fred was met de woorden: 'Ik houd van jou.' In plaats daarvan wilde ik nu Fred opzoeken om de pijn uit te wissen. Henry's plezier was verbijsterend voor me. Hij zei: 'Vroeger vond ik het leuk geld te lenen van een bepaalde man en dan besteedde ik de helft van het bedrag dat hij me gaf aan een telegram aan hem.' Als dit soort verhalen oprijzen uit dronken nevelen, zie ik in hem een glimp van slechtheid, een geheim plezier in wreedheid. June die parfum koopt voor Jean terwijl Henry honger leed, of er genoegen aan beleefde een fles oude Madeira in haar koffer verborgen te houden terwijl Henry en zijn vrienden, zonder een cent, wanhopig snakten naar drank. Wat mij verbijstert is niet de daad maar het genoegen dat ermee gepaard gaat. Henry werd aangezet om Fred te kwellen. June voert dat nog veel verder dan hij, demonstratief, zoals die keer dat ze worstelde met Jean in het huis van Henry's ouders. Deze liefde voor wreedheid bond hen onlosmakelijk samen. Ze zouden er beiden genoegen aan beleven mij te vernederen, mij te vernietigen.

Ik voel mijn verleden als een ondraaglijke last op mij drukken, als een vloek, de bron van iedere beweging die ik maak, ieder woord dat ik uit. Op sommige momenten overweldigt het verleden me, en Henry treedt terug in onwerkelijkheid. Een verschrikkelijke terughoudendheid, een onnatuurlijke zuiverheid omwikkelt me, en ik sluit de wereld volledig buiten. Vandaag ben ik *la jeune fille* van Richmond Hill, schrijvend aan een ivoorwit bureau over helemaal niets.

Ik koester geen vrees voor God, en toch houdt vrees mij 's nachts wakker, vrees voor de duivel. En als ik in de duivel geloof, dan moet ik in God geloven. En als kwaad mij afschuw inboezemt, dan moet ik een heilige zijn.

Henry, red me van zaligverklaring, van de verschrikkingen van statische perfectie. Stort mij het inferno in.

De ontmoeting gisteren met Eduardo kristalliseerde mijn mentale kilte. Ik luister naar zijn verklaring van mijn gevoelens. Het klinkt heel aannemelijk. Ik ben plotseling verkild ten opzichte van Henry omdat ik getuige was van zijn wreedheid tegen

Fred. Wreedheid is het grote conflict in mijn leven geweest. In mijn kindertijd was ik getuige van wreedheid – vaders wreedheid tegen moeder, en zijn sadistische manier om mijn broers en mij te straffen – en de sympathie die ik voor mijn moeder voelde grensde aan hysterie als zij en mijn vader ruzie maakten, daden die mij later verlamden. Ik werd volwassen met zo'n onvermogen tot wreedheid dat het nu een zwakte is.

Toen ik een klein aspect ervan in Henry zag veroorzaakte dat een besef van zijn andere wreedheden. En meer dan dat, Fred wekte al de terughoudendheid in me op, vervulde me met herinneringen uit mijn jeugd, dat wat Eduardo beschrijft als regressie, het weer terugvallen in een staat van kind-zijn, hetgeen me zou kunnen verhinderen ooit nog verder door te dringen tot een meer volwassen manier van leven.

Ik had iemand in vertrouwen willen nemen, ik wilde me zelfs laten leiden. Eduardo zei dat voor mij het moment was gekomen om in psychoanalyse te gaan. Dat had hij altijd gewild. Hij kon me helpen om met mij over de dingen te praten, maar alleen dr. Allendy kon leidsman zijn, een váder (Eduardo verleidt mij graag met een vaderfiguur). Waarom stond ik erop om, in plaats daarvan, van Eduardo mijn psychoanalyticus te maken? Dat betekende alleen maar uitstel van de werkelijke opgave. 'Misschien kijk ik graag tegen je op,' zei ik.

'In plaats van de andere verhouding, die je niet wilt?'

Op een of andere manier leek het gesprek een voortreffelijke uitwerking op me te hebben. Ik was al aan het zingen. Hugo was weg voor een bankopdracht. Eduardo ging door met analyseren. Hij zag er buitengewoon knap uit. Al de tijd dat we aan tafel zaten was ik onder de indruk van zijn voorhoofd en zijn ogen, zijn profiel, zijn mond, zijn sluwe uitdrukking – het introvert zich verlustigen in zijn geheimen. Dit geweldige mooi-zijn liet ik later bij mij binnengaan toen hij mij begeerde, maar ik liet het binnengaan zoals je lucht inademt, of een sneeuwvlok inslikt, of je overgeeft aan de zon. Mijn lachen bevrijdde hem van serieus-zijn. Ik vertelde hem van de aantrekkingskracht van zijn gezicht en zijn groene ogen. Ik verlangde naar hem en nam hem, een toevallige minnaar. Maar een slechte psychoanalyticus, zei ik plagend, omdat hij naar bed ging met zijn patiënt.

Toen ik naar boven holde om mijn haar te kammen, wist ik dat ik de volgende dag geen moment zou kunnen wachten om naar Henry toe te gaan. Het enige dat hij doet om mijn spookbeelden te verjagen is mij tegen de muur van zijn kamer te drukken en te kussen, me fluisterend te vertellen wat hij vandaag van mijn lichaam wil, welke gebaren, welke houdingen. Ik gehoorzaam, en ik geniet uitzinnig van hem. In vliegende vaart scheren we langs fantasmagorische obstakels. Nu weet ik waarom ik van hem gehouden heb. Zelfs Fred leek, voor hij ons verliet, minder tragisch, en ik bekende Henry dat ik van hem geen volmaakte liefde verlangde, dat ik wist dat hij schoon genoeg had van dat alles, net als ik, dat ik een vlaag van wijsheid en humor voelde, en dat niets onze verhouding kon tegenhouden totdat we gewoon niet meer met elkaar naar bed wilden. Voor het eerst denk ik dat ik begrijp wat genot is. En ik ben blij dat ik gisteravond zoveel heb gelachen, en vanmorgen zong, en onweerstaanbaar naar Henry trok. (Eduardo was nog hier toen ik wegging met het pak onder mijn arm waar Henry's gordijnen in zaten.)

Vlak daarvoor waren mijn broer Joaquín en Eduardo aan het praten over Henry, in mijn aanwezigheid. (Joaquín heeft mijn dagboek gelezen.) Zij denken dat Henry een destructieve kracht is die mij, de meest creatieve kracht, heeft uitgekozen om er zijn macht op uit te proberen, dat ik bezweken ben voor de magie van tonnen literatuur (het is waar dat ik van literatuur houd), dat ik gered zal worden – ik ben vergeten hoe, maar op de een of andere manier ondanks mijzelf.

En terwijl ik daar lag, al gelukkig omdat ik besloten had vandaag mijn Henry te hebben, glimlachte ik.

Op de eerste bladzijde van een prachtig paars overtrokken dagboek, dat Eduardo me gegeven heeft, met een inscriptie, heb ik Henry's naam al geschreven. Geen dr. Allendy voor mij. Geen verlammende analyse. Alleen maar leven.

APRIL

Als Henry Hugo's mooie, krachtige, hartverwarmende stem hoort door de telefoon, maakt hij zich kwaad over de amoraliteit van vrouwen, van alle vrouwen, van vrouwen als ik. Hijzelf pleegt elke denkbare ontrouw, elk denkbaar verraad, maar de trouweloosheid van een vrouw kwetst hem. En ik raak verschrikkelijk van streek als hij in zo'n bui is, omdat ik het gevoel heb trouw te zijn aan de band tussen Hugo en mij. Niets van wat ik buiten de cirkel van onze liefde beleef verandert of vermindert die. Integendeel, ik houd meer van hem omdat ik zonder huichelachtigheid van hem houd. Maar door de paradox word ik zwaar gekweld. Dat ik niet volmaakter ben, of meer zoals Hugo, is om te verafschuwen, ja, maar het is alleen maar de andere kant van mijn wezen.

Henry zou het begrijpen als ik hem verliet uit consideratie voor Hugo, maar als ik dat deed zou dat huichelachtig van me zijn. Maar een ding is zeker: als ik op een dag gedwongen zou zijn om te kiezen tussen Hugo en Henry, dan zou ik zonder aarzeling Hugo kiezen. De vrijheid die ik mijzelf uit Hugo's naam heb gegeven, als een geschenk van hem, doet de rijkdom en potentie van mijn liefde voor hem alleen maar toenemen. Amoraliteit, of een meer gecompliceerde moraliteit, richt zich op de uiteindelijke loyaliteit en gaat verder dan onmiddellijke en letterlijke trouw. Ik deel met Henry een woede, niet om de onvolmaaktheden van vrouwen, maar om de smerigheid van het leven zelf, die wellicht door dit deel van het dagboek luider wordt verkondigd dan door al Henry's vervloekingen.

Gisteren dreigde Henry mij volkomen dronken te maken, wat pas echt zijn uitwerking kreeg toen ik Freds gedehydrateerde en uitgekristalliseerde brieven aan Céline las. Ons gesprek breekt en spat uiteen zoals een caleidoscoop. Als Henry naar de keuken gaat praten Fred en ik alsof we van fort tot fort een brug hebben geslagen en we niets tegen kunnen houden. Woorden stormen, als een optocht, over een brug die meestal is opgehaald en zelfs roestig is geworden door de hang naar eenzaamheid. En dan is daar Henry, voortdurend in communicatie met de wereld, alsof hij voorgoed aan het hoofd zit van een gigantisch feestmaal.

In de kleine keuken raken wij drieën elkaar bijna aan zonder ons te bewegen. Henry bewoog zich om een hand op mijn schouder te leggen en me te kussen, en Fred wilde niet naar die kus kijken. Ik zat gebogen onder de twee soorten liefde. Daar was Henry's warmte, zijn stem, zijn handen, zijn mond. En daar waren Freds gevoelens voor mij, die een subtieler gebied raakten, zodat ik, terwijl Henry mij kuste, mijn hand wilde uitstrekken naar Fred en beide liefdes vasthouden.

Henry barstte van universele vrijgevigheid: 'Ik geef je Anaïs, Fred. Je ziet hoe ik ben. Ik wil dat iedereen van Anaïs houdt. Ze is fantastisch.'

'Ze is te fantastisch,' zei Fred. 'Je verdient haar niet.'

'Je bent een pestkop,' riep Henry, de gekwetste reus.

'Bovendien,' zei Fred, 'jij hebt Anaïs niet aan mij gegeven. Ik heb mijn eigen Anaïs, een andere dan de jouwe. Ik heb haar genomen zonder een van jullie te vragen. Blijf de hele nacht, Anaïs. We hebben je nodig.'

'Ja, ja,' riep Henry.

Ik zit daar als een idool, en het is Fred die kritiek heeft op de reus omdat de reus mij niet vereert.

'Verdomme, Anaïs,' zegt Henry, 'ik vereer je niet, maar ik hou van je. Ik voel dat ik je evenveel kan geven als Eduardo, bij voorbeeld. Ik zou je geen pijn kunnen doen. Als ik jou daar zie zitten, zo breekbaar, weet ik dat ik je geen pijn zal doen.'

'Ik verlang geen verering,' zegt het idool. 'Je geeft me – nou ja, wat jij me geeft is beter dan verering.'

Freds hand trilt als hij me een glas wijn aanbiedt. De wijn prikkelt het centrum van mijn lichaam, en het bonst. Henry gaat even weg. Fred en ik zwijgen. Fred heeft nog gezegd: 'Nee, ik houd niet van grote feestmalen. Ik houd van samen eten zoals nu, met zijn tweeën of zijn drieeën.' Daarna viel er een diepe stilte, en ik voel me terneergedrukt. Henry komt terug en vraagt Fred ons alleen te laten. Hij heeft nauwelijks de deur achter zich dicht getrokken of Henry en ik proeven van elkaars vlees. We vallen samen in onze woeste wereld. Hij bijt me. Hij doet mijn botten kraken. Hij laat me met mijn benen wijd open liggen en boort zich in me. Onze begeerten worden uitzinnig. Onze lichamen trekken zich krampachtig samen.

'Oh, Anaïs,' zegt hij, 'ik weet niet hoe je het geleerd hebt, maar jij kan neuken, jij kan neuken. Ik heb het nog nooit eerder gezegd, niet zo duidelijk, maar luister nu, ik houd waanzinnig veel van je. Je hebt me, je hebt me nu. Ik ben gek op je.'

En dan zaait iets wat ik zeg plotseling twijfel bij hem. 'Het is toch niet alleen het neuken? Je hóudt toch van me?'

De eerste leugen. Monden die elkaar raken, adem die zich mengt; ik, met zijn natte, hete penis in me, zeg dat ik van hem houd.

Maar terwijl ik het zeg weet ik dat het niet waar is. Zijn lichaam kan het mijne opwinden, het mijne beantwoorden. Als ik aan hem denk wil ik mijn benen spreiden. Nu slaapt hij in mijn armen, diep in slaap. Ik hoor een accordeon. Het is zondagnacht, in Clichy. Ik denk aan *Bubu de Montparnasse,* aan hotelkamers, aan de manier waarop Henry mijn been omhoog duwt, dat hij mijn billen mooi vindt. Ik ben niet mijzelf op dit ogenblik, de vagebond. Het accordeon doet mijn hart zwellen, het witte bloed van Henry heeft mij gevuld. Hij ligt te slapen in mijn armen en ik houd niet van hem.

Ik denk dat ik Fred gezegd heb dat ik niet van Henry hield toen we daar zwijgzaam bij elkaar zaten. Ik heb hem gezegd dat ik van zijn visioenen, zijn hallucinaties hield. Henry heeft het vermogen om te neuken, te ontladen, te vloeken, te vergroten en leven in te blazen, te vernietigen en lijden te veroorzaken. Het is de demon in hem die ik bewonder, de onverwoestbare idealist, de masochist die een manier heeft gevonden om zichzelf te pijnigen, omdat hij lijdt onder zijn daden van verraad, zijn wreedheden. Het ontroert me wanneer ik zie hoe nederig hij is tegenover zo iets als mijn huis. 'Ik weet dat ik een lomperd ben en dat ik niet weet hoe ik me in zo'n huis moet gedragen, en dus doe ik of ik het verafschuw, maar ik vind het prachtig. Ik hou van de schoonheid en verfijning ervan. Het is zo warm dat ik, wanneer ik binnenkom, me opgenomen voel in de armen van Ceres, ik word betoverd.'

En dan brengt Hugo me naar huis in de auto, en hij zegt: 'Vannacht lag ik wakker, en ik dacht eraan dat er een liefde is die groter en fantastischer is dan neuken.' Omdat hij een paar dagen ziek was geweest en we niet met elkaar naar bed waren gegaan, maar in elkaars armen hadden geslapen.

Ik had het gevoel of ik uit mijn broze schelp zou barsten. Ik voelde mijn borsten zwaar en vol. Maar ik was niet droevig. Ik dacht: lieveling ik ben zo rijk vanavond, maar het is ook voor jou. Het is niet allemaal voor mezelf. Ik lieg nu iedere dag tegen je, maar kijk, ik geef jou de vreugden die mij gegeven worden. Hoe meer ik opneem in mijzelf, hoe groter mijn liefde voor jou. Hoe meer ik mijzelf ontzeg, hoe armzaliger ik voor jou zou zijn, mijn lieveling. Het is geen tragedie, als je me kunt volgen in die vergelijking. Er zijn vergelijkingen die meer voor de hand liggen. Zo een zou zijn: ik houd van jou en daarom doe ik afstand van de wereld en van het leven voor jou. Je zou een gebroken non voor je hebben, vergiftigd door eisen waaraan je niet kon voldoen en die je zouden doden. Maar moet je me vanavond zien. Wij rijden samen naar huis. Ik heb genot gekend. Maar ik sluit je niet buiten. Kom in mijn opengesperde lichaam en proef het. Ik draag het leven in me. En jij weet het. Jij kan me niet naakt zien zonder me te begeren. Mijn vlees lijkt jou onschuldig en helemaal jouw eigendom. Je zou me kunnen kussen waar Henry me beet en daar genot in vinden. Onze liefde is onveranderlijk. Alleen het weten zou je pijn doen. Misschien ben ik een demon, dat ik in staat ben van Henry's armen over te gaan in de jouwe, maar letterlijke trouw is voor mij zonder enige betekenis. Ik kan daar niet naar leven. Het is wel een tragedie dat wij zo dicht bij elkaar leven zonder dat jij hier iets van weet, dat zulke geheimen mogelijk zijn, dat jij alleen weet wat ik je wil vertellen, dat er geen spoor op mijn lichaam is van wat ik doormaak. Maar ook liegen is leven, het soort liegen dat ik doe.

Freds aanwezigheid remt me, alsof ik met mijn eigen ogen gadesla hoe ik mij steeds verder begeef in sferen die ik vaarwel zou moeten zeggen. Met Fred zou ik iets verfijnds en complex kunnen beleven. Maar ik wil niet met mijzelf leven. Ik ontvlucht mijzelf. Toch ben ik mijn ware natuur niet aan het misvormen maar manifesteer de sensualiteit die in mij leeft. Henry beantwoordt aan een kracht in mij die eerder niet beantwoord werd. Zijn seksuele vitaliteit is in overeenstemming met de mijne. Toen ik met dansen begon was het een Henry naar wie ik hunkerde. Het is een Henry die ik, foutievelijk, zocht in John.

Mijn gedachten zijn, als elastiek, uitgerekt tot hun meest gespannen betekenis. Met Henry ga je in een gesprek niet tot op de bodem van de dingen. Hij is geen Proust, die talmt en uitrekt. Hij is in beweging. Hij leeft bij vlagen. Het zijn de vlagen waarvan ik geniet bij Henry. Na een vlaag kan ik een hele dag blijven zitten en mijn bootje langzaam de gevoelens laten afzeilen die hij zo verkwistend heeft rondgestrooid.

Eduardo zegt dat ik mijzelf nooit echt helemaal heb gegeven, maar dat lijkt onmogelijk als ik zie hoe ik mij onderwerp aan de noblesse en volmaaktheid van Hugo, aan de zinnelijkheid van Henry, aan de schoonheid van Eduardo zelf. Gisteravond op het concert stond ik als aan de grond genageld voor hem. Hij heeft geleerd niet te glimlachen, iets wat ik nog moet leren. De kleur van zijn huid alleen al trekt me aan. Hij heeft de gouden bleekheid van de Spanjaarden maar met daarbij een noordelijke gloed, iets rozigs onder het bruingebrande. En de kleur van zijn ogen, dat steeds veranderende groen, ondraaglijk koel. Het zijn de mond en de neusvleugels die beloften inhouden. Maar weer heb ik de gewaarwording dat Eduardo en ik door de wereld lopen en onze hoofden tegen elkaar stoten. Alleen onze hoofden komen bij elkaar en stoten tegen elkaar aan. Ik zou niets anders hebben. Ik houd van zijn geest, die als een heiligdom is, zeer rijk met zijn voortdurend peilen en analyseren. Hij lijkt zonder wil omdat hij gehoorzaamt aan zijn onderbewuste en, net als Lawrence, niet altijd kan zeggen waarom.

Henry heeft opgemerkt wat noch een Hugo noch een Eduardo zou opmerken. Ik lag in bed en hij zei: 'Het lijkt wel of jij altijd poses aanneemt, op een bijna oosterse manier.'

Hij eist krachttermen van me als hij neukt, en ik kan ze niet geven. Ik kan hem niet zeggen wat ik voel. Hij leert mij nieuwe bewegingen, verlengingen, variaties.

Eduardo vroeg mij onlangs of ik Junes manier zou willen proberen: je storten in een absolute ontkenning van scrupules, liegen (tegen jezelf voornamelijk), je aard dusdanig misvormen door geen enkele belemmering te dulden, zoals mijn onvermogen tot wreedheid. Gisteren, op het absolute hoogtepunt van zinnelijk genot, kon ik Henry niet bijten zoals hij van mij verlangde.

Eduardo is bang voor mijn dagboek. Hij is bang voor een aanklacht, en dat ik hem niet begrepen heb. Hij bekende deze angst aan zijn psychoanalyticus.

Ik heb besef van alles wat ik eruit laat – de lacunes, in het bijzonder de dromen, de hallucinaties. Bovendien, de leugens worden eruit gelaten, een wanhopige behoefte aan verfraaien. Dus schrijf ik die niet op. Het dagboek is daarom een leugen. Wat uit het dagboek wordt gelaten wordt ook uit mijn geest gelaten. Op het moment van schrijven jaag ik schoonheid na. Ik verstrooi de rest, het dagboek uit, mijn lichaam uit. Ik zou terug willen komen, als een detective, en bij elkaar rapen wat ik heb weggespoeld. Bij voorbeeld de verschrikkelijke, goddelijke goedgelovigheid van Hugo. Ik denk aan wat hij had kunnen opmerken. De keer dat ik terugkwam van Henry's kamer en me waste, had hij de paar druppels water kunnen zien die op de vloer vielen; vlekken in mijn ondergoed; lippenstift afgeveegd aan mijn zakdoeken. Hij had in kunnen gaan op wat ik tegen hem zei: 'Waarom probeer je niet twee keer klaar te komen?' (zoals Henry), mijn extreme vermoeidheid, de kringen onder mijn ogen.

Ik houd mijn dagboek zeer geheim, maar hoe vaak heb ik niet zitten schrijven aan zijn voeten bij het haardvuur, en heeft hij niet geprobeerd over mijn schouder mee te lezen. Toen Eduardo Hugo vroeg te gaan liggen, zijn ogen te sluiten, en te reageren op woorden – 'liefde', 'kat', 'sneeuw', 'jaloezie' – waren zijn reacties verbazingwekkend langzaam en vaag. Alleen jaloezie veroorzaakte een onmiddellijke respons. Hij lijkt te weigeren om te registreren, te realiseren. Dat is goed. Het is zijn zelfbescherming. Het is de basis van de merkwaardige vrijheid die ik geniet ondanks zijn sterke jaloezie. Hij wil niet zien. Dit roept zo'n medelijden in me op dat het me soms razend maakt. Ik wou dat hij me strafte, me sloeg, me opsloot. Dat zou me opluchten.

Ik heb een afspraak met dr. Allendy om over Eduardo te praten. Ik zie een knappe, gezonde man, met heldere, intelligente zienersogen. Mijn geest is alert, en verwacht dat hij iets dogmatisch, clichématigs gaat zeggen. Ik wil dat hij dat zegt, want als hij dat doet zal het weer een man zijn op wie ik niet kan leunen, en dan moet ik doorgaan met mezelf alleen te overwinnen.

Eerst praatten we over Eduardo, dat hij gewonnen had aan kracht. Allendy was blij dat ik een duidelijk verschil had opgemerkt. Maar nu kwamen wij bij een moeilijk punt. 'Wist u,' vroeg Allendy, 'dat u de belangrijkste vrouw in zijn leven bent geweest? Eduardo was geobsedeerd door u. U bent zijn imago. Hij heeft u gezien als moeder, zuster en onbereikbare vrouw. U te overwinnen betekent hemzelf overwinnen, zijn neuroses.'

'Ja dat weet ik. Ik wil dat hij geneest. Ik wil hem niet beroven van zijn herboren zelfvertrouwen door hem te zeggen dat ik in sensuele zin niet van hem houd.'

'Hoe houdt u van hem?'

'Ik ben altijd geestelijk gehecht aan hem geweest. Dat ben ik nu ook, maar niet lichamelijk. Er is een andere man, een meer animale man, die mij werkelijk stevig in zijn greep heeft.'

Ik vertel hem een beetje over Henry. Hij is verbaasd dat ik mijn liefdes op die manier verdeel. Hij vraagt me naar mijn ware gevoelens over mijn ervaring met Eduardo.

'Ik was volkomen passief,' zeg ik. 'Ik voelde geen genot. En ik ben bang dat hij dat misschien beseft en zichzelf dat kwalijk neemt. Het zal erger zijn dan ooit, erger dan als ik nu zeg: "Luister, ik hou van Henry en dus kan ik niet van jou houden." Want als het doorgaat wordt het een soort wedstrijd, alsof ik rivaliteit en vergelijking had laten gebeuren en hem dàn verlaten had. Dat lijkt me nog gevaarlijker. Overigens,' vraag ik lachend, 'weten mannen wel wanneer ze een vrouw genot verschaffen of niet?'

Dr. Allendy lacht ook. 'Tachtig procent van hen weten het nooit,' zegt hij. 'Sommigen zijn gevoelig, maar veel meer mannen zijn ijdel en willen geloven dat ze het geven, en vele anderen weten het niet zeker.' (Ik herinnerde me Henry's vraag in het hotel: 'Bevredig ik je?')

Dan zeg ik: 'Zou het niet beter zijn als ik tegen hem zeg dat ik ziek ben, neurotisch, dat ik niet in orde ben, in plaats van de seksuele komedie voort te zetten?'

'En dat bent u misschien ook wel,' zegt Allendy. 'Er is iets merkwaardigs aan de manier waarop u uw liefdes verdeelt. Het lijkt of u geen zelfvertrouwen hebt.'

Nu raakt hij een gevoelige plek. Een paar minuten geleden had hij een fout gemaakt, toen ik het had over de scheiding tussen animale en ideële liefde. Hij kwam tot de banale conclusie dat ik in mijn puberteit misschien getuige was geweest van een of ander wreed aspect van de liefde en dat walgelijk vond en mijn toevlucht had gezocht in het etherische. Maar nu komt hij dicht bij een waarheid: gebrek aan zelfvertrouwen. Mijn vader wilde geen meisje. Hij zei dat ik lelijk was. Als ik iets schreef of tekende, geloofde hij niet dat het mijn werk was. Ik heb geen enkele herinnering aan een liefkozing of een compliment van hem, behalve toen ik op negenjarige leeftijd bijna doodging. Er waren altijd ruzies, klappen, zijn harde blauwe ogen op mij gericht. Ik herinner me de onnatuurlijke blijdschap die ik voelde toen mijn vader mij hier in Parijs een briefje schreef dat begon met: '*Ma jolie.*' Ik kreeg geen liefde van hem. Ik leed mee met mijn moeder. Ik herinner me onze aankomst in Arcachon, waar hij met vakantie was, na mijn ziekte. Uit zijn gezicht sprak dat hij ons daar niet wilde. Wat hij voor moeder bedoelde liet ik ook voor mij gelden. Toch voelde ik hysterisch verdriet toen hij ons verliet. En gedurende mijn hele schooltijd in New York heb ik sterk naar hem verlangd. Ik was altijd bang voor zijn hardheid en kilheid. Toch wees ik hem in Parijs af. Toen was ik het die streng en zonder emotie was.

'En dus,' zei Allendy, 'trok u zich in uzelf terug en werd onafhankelijk. In plaats van uzelf vol vertrouwen volkomen aan één liefde te geven, jaagt u vele liefdes na. U zoekt zelfs wreedheid bij oudere mannen, alsof u niet van liefde kunt genieten zonder pijn. En u bent niet zeker...'

'Alleen van de liefde van mijn man.'
'Maar u heeft er meer dan een nodig.'
'Altijd de zijne, en van een oudere man.'

Ik was verbaasd dat het zelfvertrouwen van een kind, als dat eenmaal is geschonden en vernietigd, zulke nare gevolgen kon hebben voor een heel leven. De ontoereikende liefde van vader en dat hij ons in de steek gelaten heeft, zijn onuitwisbaar. Waarom werd het niet weggevaagd door al de liefdes die ik sindsdien heb opgewekt?

Eduardo wilde dat dr. Allendy en ik met elkaar praatten om wille van wat ik zou opschrijven. En ik ben daartoe bereid, maar op mijn eigen voorwaarden. Dat wil zeggen, ik ga op onregelmatige tijden naar hem toe, wat mij de tijd geeft het materiaal in me op te nemen en met inspiratie te werken en wat me ook minder afhankelijk maakt. Toch, toen hij gisteren zei: 'U lijkt zeer goed in evenwicht en ik geloof niet dat u mij nodig heeft,' voelde ik mij plotseling zeer ongelukkig dat ik weer alleen gelaten werd. Mijn werk stabiliseert me, ik maak gebruik van mijn lijden, maar ik zou graag aan een menselijk wezen willen toevertrouwen wat ik aan mijn dagboek toevertrouw. Er wordt altijd iets buiten mijn relaties gesloten. Met Eduardo kan ik niet over Henry praten. Ik kan alleen over mijn ziekte praten. Met Henry kan ik niet over analyse praten. Hij is geen analyticus, hij is een episch schrijver, een onbewuste Dostojevski. Met Fred kan ik surrealistisch zijn maar niet de vrouw die een studie over Lawrence heeft geschreven.

Allendy zei: 'U heeft tegenover Eduardo prachtig gehandeld in deze hele situatie, zoals weinig vrouwen zouden doen, want over het algemeen beschouwt een vrouw de man als vijand, en ze is blij als ze hem kan vernederen en vernietigen.'

Joaquín zegt dat hij toen hij mijn dagboek las zich bewust werd dat er in Henry's geschenk aan mij meer aanwezig was dan alleen een zinnelijke ervaring; dat hij inderdaad beantwoordde aan bepaalde behoeften die Hugo niet kan bevredigen. Hij denkt nog steeds dat ik mijzelf in Henry verlies, dat ik me overgeef aan ervaringen die niet echt bij mijn karakter horen.

Ook Allendy begint erop te zinspelen dat ik normaal gesproken niet van een Henry zou moeten houden, en dat de oorzaak van mijn liefde voor hem moet worden verwijderd. Hier verzet ik mij heftig tegen de wetenschap en voel grote loyaliteit ten opzichte van mijn instincten.

Psychoanalyse dwingt me misschien eerlijker te zijn. Ik ben me nu al bewust van bepaalde gevoelens die ik heb, zoals de angst om gekwetst te worden. Als Henry opbelt veer ik mee met iedere buiging van zijn stem. Als hij het druk heeft op de krant, als hij niet alleen is, of als zijn stem nonchalant klinkt, dan ben ik meteen verdrietig.

Vandaag werd Henry wakker en zei tegen zichzelf: alle engelachtige of literaire vrouwen kunnen barsten! Dan vertelt hij me dat hij me sinds zondag twee brieven heeft geschreven, die bij Natasha op me liggen te wachten, en ik ben zo opgetogen. Ik veracht mijn eigen overgevoeligheid, die zo veel geruststelling opeist, maar die me ook bewust maakt van andermans gevoeligheid. Hugo's grote liefde had me zelfvertrouwen moeten geven, en mijn voortdurende hunkering bemind en begrepen te worden is beslist abnormaal.

Misschien bevestig ik mijn zelfvertrouwen door oudere mannen te willen veroveren. Of flirt ik met pijn? Wat voel ik wanneer ik Henry's koude ogen op me gericht zie. (Mijn vader had ijskoude blauwe ogen.) Ik wil dat ze smelten van verlangen naar mij.

Er is nu een grote spanning tussen Fred en mij; we kunnen elkaars ogen niet verdragen. Hij schreef iets over mij dat zo exact was, zo doordringend dat ik mij overrompeld voelde tot in de geheimste oorden van mijn wezen. Wat hij over Henry schreef heeft me ook ontzet, alsof hij te dicht bij mijn eigen angsten en twijfels was gekomen. Hij schrijft occult. Ik kon nauwelijks spreken nadat ik die bladzijden had gelezen. En hij was mijn dagboek aan het lezen. Hij zei: 'Je moet me dit niet laten lezen, Anaïs.' Ik vroeg waarom. Hij leek geschokt. Hij boog zijn hoofd, zijn mond trilde. Hij is als een geest van mij. Waarom was hij geschokt? Had ik de gelijkenis onthuld, de herkenning? Hij is een deel van mij. Hij zou mijn hele leven kunnen begrijpen. Ik zou hem alle dagboeken in handen geven. Ik ben niet bang voor hem. Hij gaat zo teder met mij om.

Henry spreekt prachtig tegen mij, in een koele, wijsgerige stemming. Hij zegt: 'Ik hou van jou,' terwijl ik in zijn armen lig, en ik zeg: 'Ik geloof je niet.' Hij beseft dat ik in een duivelachtige stemming ben. Hij dringt aan: 'Hou jij van míj?' En ik geef een vaag antwoord. Als wij sensueel met elkaar verbonden zijn kan ik niet geloven dat wij alleen lichamelijk intiem zijn. Als ik ontwaak uit het in delirium verkeren en we rustig praten, ben ik verbaasd dat hij zo serieus over onze liefde praat.

'Nadat je zondagavond weg was gegaan heb ik even geslapen, toen ben ik gaan wandelen, en ik voelde me zo gelukkig, Anaïs, gelukkiger dan ik me ooit gevoeld heb. Ik kwam achter een verschrikkelijke waarheid: dat ik niet wil dat June terugkomt. Ik heb jou verschrikkelijk nodig – absoluut. Op bepaalde momenten voel ik zelfs dat als June terug zou komen en mij teleurstellen en ik niet meer om haar zou geven, ik bijna blij zou zijn. Zondagavond wilde ik haar een telegram sturen om haar te vertellen dat ik haar niet meer wil.'

Maar mijn wijsheid weerhield me ervan hem te geloven. Ook hij weet beter, omdat hij eraan toevoegt: 'Ik ben zwak in Junes handen, Anaïs. Als ik, wanneer ze terugkomt, precies zo handel als zij wil dat ik handel, moet je niet het gevoel krijgen dat ik je teleurstel of je in de steek laat.' Dit verbaast me, omdat het mij lijkt dat ik, toen ik me aanvankelijk hals over kop in mijn passie stortte, met karakteristieke intensiteit, en de instabiliteit, de tragedie in de situatie aanvoelde, me terugtrok en het belang van onze relatie afzwakte. Mijn vermogen voor tragedie heb ik uitgeput met John Erskine. Toen leed ik tot aan de uiterste grens. Ik weet niet of ik ooit nog zo hevig kan lijden, en ik geloof dat Henry's gevoelens overeenkomstig zijn. Ik wil van dit uur diep, gedachteloos genieten. Henry die over me heen buigt, vol begeerte, Henry's tong tussen mijn benen, Henry die krachtig, overweldigend bezit van mij neemt.

'Jij bent de enige vrouw aan wie ik trouw kan zijn. Ik wil je beschermen.'

Als ik Junes foto in Henry's kamer zie haat ik June, omdat ik op dit moment van Henry houd. Ik haat June, en toch weet ik dat ik ook in haar macht ben, en dat wanneer zij terugkomt...

'Wat ik bij jou voel en wat ik niet bij June voel is dat we, afgezien van liefde, ook vrienden zijn. June en ik zijn geen vrienden.'

Je kunt niet ontkomen aan je eigen aard, hoewel Henry gisteren zei: 'Er zitten zwakke plekken in je goedheid.' Zwakke plekken. Wat een opluchting. Barsten. Daar doorheen kan ik misschien ontsnappen. Een of andere perversiteit jaagt me uit de rol die ik gedwongen ben te spelen. Altijd bezig een andere rol te bedenken. Nooit statisch. Als Henry mijn dagboek wil lezen, beef ik. Ik weet dat hij vermoedt dat ik hem voortdurend bedrieg. Dat zou ik wel willen, en ik kan het niet. Sinds hij naar mij toe is gekomen betracht ik instinctief de trouw van de hoeren: ik voel geen genot behalve met hem. Mijn grootste angst is dat Hugo mij dezelfde dag begeert, en het gebeurt herhaaldelijk. Gisteravond was hij vurig, in extase – en ik gehoorzaam en bedrieglijk. Genot simulerend. Hij vond het een uitzonderlijke nacht. Zijn genot was overweldigend.

Wanneer ik lijk over te stromen en te roepen om alle beschikbare zinnelijke genietingen, meen ik dat dan? Als ik me aangetrokken zou voelen tot een of andere vrouw op straat of een man met wie ik gedanst heb, zou ik dan echt in staat zijn mijn begeerte te bevredigen? Is er begeerte? De volgende keer dat zo'n gevoel mij overvalt, zal ik dat niet weerstaan. Ik moet het weten.

Vanavond geef ik mij over aan een verlangen naar Henry. Ik wil hem, en ik wil June. Het is June die me kapot zal maken, die Henry van me af zal nemen, die me zal haten. Ik wil in Henry's armen liggen. Ik wil dat June mij daar aantreft: het zal de enige keer zijn dat ze lijdt. Daarna is het Henry die zal lijden, door haar toedoen. Ik wil haar schrijven en haar smeken om terug te komen, omdat ik van haar houd, omdat ik Henry wil opgeven voor haar als het grootste geschenk dat ik haar kan geven.

Hugo kleedt mij iedere avond uit alsof het de eerste keer is en ik een nieuwe vrouw ben voor hem. Mijn gevoelens verkeren in een chaos die ik niet kan ophelderen, niet kan ordenen. Mijn dromen vertellen me niets behalve dat ik doodsbang ben dat ik opnieuw tot zelfmoord gedreven word.

Je geneest niet alleen door leven en liefhebben, anders zou ik genezen zijn. Hugo geneest mij af en toe. Vandaag wandelden we in de velden, onder kersebomen, zaten in het gras, in de zon, en praatten als twee hele jonge minnaars. Henry geneest mij, neemt mij in zijn vitale armen, zijn armen als van een reus. En zo denk ik sommige dagen dat het goed met mij gaat.

Hugo is weg voor een korte reis, en hij kuste mij zo wanhopig en zo verdrietig. Ik ben omringd door tekenen van hem, kleine dingen die sprekend zijn voor zijn gewoontes, zijn tekortkomingen, zijn goddelijke goedheid: een brief die hij vergeten heeft op de post te doen, zijn versleten ondergoed (omdat hij nooit iets voor zichzelf koopt), zijn aantekeningen over werk dat nog gedaan moet worden, een golfbal – dan moet ik denken aan wat hij gisteren zei: 'Zelfs golf is geen plezier voor mij, omdat ik liever bij jou ben. Het heeft allemaal met mijn verdomde werk te maken.' – een tandenborstel, een open potje brillantine, een half opgerookte sigaret, zijn pak, zijn schoenen. Nauwelijks heb ik hem goedendag gekust, en het groene hek is nog maar net achter hem dichtgevallen of ik zeg tegen Emilia: 'Maak mijn roze jurk in orde en was mijn kanten ondergoed. Misschien ga ik een paar dagen bij een vriend logeren.'

Ik ben gisteren niet vergeten om zo aardig tegen Eduardo te zijn dat hij minstens twaalf centimeter gegroeid moet zijn. En dezelfde avond wilde ik in Hugo's lichaam oplossen, in zijn armen, in zijn goedheid gevangen liggen. Op zo'n moment lijken passie en koorts van geen belang. Ik kan het niet verdragen om Hugo jaloers te zien, maar hij is zeker van mijn liefde. Hij zegt: 'Ik heb nog nooit zo veel van je gehouden, ik ben nog nooit zo gelukkig met je geweest. Jij bent mijn hele leven.' En ik weet dat ik zo veel van hem houd als ik van hem kan houden, dat hij de enige is die mij voor eeuwig bezit. Toch had ik al drie dagen een leven met Henry in Clichy voor ogen. Ik zeg tegen Hugo: 'Stuur me alsjeblieft elke dag een telegram.' En ik ben waarschijnlijk niet thuis om ze te lezen.

Ik ben weggelopen. Mijn pyjama, kam, poeder, parfum zijn in Henry's kamer. Ik tref een zo volkomen diepzinnige Henry aan dat het mij duizelt.

We lopen naar het place Clichy, in een zelfde ritme. Hij maakt me bewust van de straat, van mensen, van realiteit. Ik loop als een slaapwandelaar, maar hij ruikt de straat, hij observeert, zijn ogen zijn wijd open. Hij wijst me een hoer aan met een houten been die bij het Gaumont Palace staat. Hij weet niet wat het is om in een wereld te leven waar het enige duidelijke personage het eigen zelf is, zoals Eduardo en ik weten. We zitten in een paar cafés en praten over leven en dood, in de betekenis van Lawrence.

Henry zegt: 'Als Lawrence nog leefde...' Ja, ik weet hoe de zin eindigt. Ik zou van hem gehouden hebben. Hij zou van mij gehouden hebben. Henry kan zich een beeld vormen van het veranderende aspect van mijn werkkamer. Johns foto's. Johns boeken. Lawrences foto en Lawrences boeken. Henry's aquarellen en Henry's manuscripten. Even leveren Henry en ik sardonisch commentaar op het schouwspel van onze levens.

Eduardo zei dat er geen patroon zit in Henry's schrijven of leven. Precies. Al dat wel zo was zou hij analyticus zijn. Als hij een analyticus was zou hij niet een levende, chaotische kracht zijn.

Als ik Henry over John Erskine vertel verbaast hij zich over mijn heiligschennerij. John, de man die Hugo vereerde. Ik zeg rustig: 'Het lijkt misschien heiligschennis, en toch, kijk eens hoe natuurlijk: in John hield ik van wat Hugo aan hem bond.'

We zaten in de keuken in Clichy om twee uur 's nachts met Fred, we aten, en dronken, en rookten aan een stuk door. Henry moest opstaan om zijn ogen met koud water uit te spoelen, de geïrriteerde ogen van het Duitse jongetje. Ik kon het niet verdragen en ik zei: 'Henry, laten we drinken op het einde van je werk op de krant. Je zal het nooit meer doen. Dat zeg ik.'

Dit scheen Fred te kwetsen. Hij verviel in een sombere stemming. We zeiden goedenacht. Ik ging naar Henry's kamer.

We genoten ervan dat we samen waren, we kleedden ons uit, praatten, legden onze kleren op de stoel. Henry bewonderde mijn roodzijden Japanse pyjama, die zo vreemd leek in de eenvoudige kamer, op de ruwe deken.

De volgende dag ontdekten we dat Fred daar niet had geslapen. 'Maak je niet te veel zorgen over hem,' zei Henry. We ontbeten samen om vijf uur in de middag. En toen naaide ik de grijze gordijnen en Henry hing de gordijnroeden op. Later maakte Henry een stevig avondmaal; we dronken Anjou, en waren heel vrolijk. Vroeg in de ochtend ging ik terug naar Louveciennes.

Toen ik terugkwam in Clichy was Fred thuis en heel treurig. We aten ons avondmaal, maar in stilzwijgen, en ik voelde me ongelukkig. Fred zette zijn neerslachtige stemming van zich af om mij een plezier te doen en riep uit: 'Laten we iets gaan doen; laten we naar Louveciennes gaan.'

We vertrekken.

Ik voel hoe de toverkracht van mijn huis me tot rust brengt. We zitten allemaal bij de haard. Dit is het moment waarop het huis een betovering uitstraalt, en het vuur ieders nervositeit doet smelten. Ik ga daar op in de omgeving, alsof ik deel uitmaak van een muurschildering. Hun bewondering en liefde doet me zo veel goed. Ik verlies mijn gevoel voor geheimhouding. Ik open de ijzeren dozen en laat hun mijn vroegere dagboeken zien. Fred pakt het eerste deel en moet er om huilen en lachen. Ik heb Henry het rode dagboek gegeven, helemaal over hemzelf, iets wat ik nog nooit bij iemand gedaan heb. Ik lees mee over zijn schouder.

Henry en ik staan te wachten op de trein op een hoog perron. De regen heeft de bomen gewassen. De aarde dampt geuren uit als een vrouw die door een man is beploegd en bezaaid. Onze lichamen trekken naar elkaar toe.

Op dat moment denk ik er niet aan hoe June en ik op dezelfde manier dicht tegen elkaar aangedrukt stonden. Ik denk er nu aan omdat hij gisteren, voor de eerste keer, mij pijn deed, hoewel ik voorbereid was op zijn sarcasme en ridiculiseren. Ik wist hoe graag hij tekortkomingen ontdekte, gezien alles wat hij over June heeft geschreven. We waren mijn rode dagboek aan het lezen. Hij kwam bij een stukje waar Fred had gezegd dat ik mooi was. 'Zie je wel,' zei Henry. 'Fred vindt dat je mooi bent. Ik niet.

Ik vind dat je grote charme hebt, ja.' Ik zat dicht bij hem. Ik keek hem verbijsterd aan en legde toen snel mijn hoofd op het kussen en begon te huilen. Toen hij zijn hand op mijn gezicht legde en de tranen voelde was hij verbaasd. 'Oh, Anaïs, ik had nooit gedacht dat je je zo iets zou aantrekken. Ik haat mezelf dat ik het zo wreed heb gezegd. Maar weet je nog, ik heb je ook gezegd dat ik June niet mooi vond. De sterkste vrouwen waren niet altijd de mooiste. Het idee dat ik jou aan het huilen kon maken, dat ik dat kon, terwijl het iets is wat ik jóu nooit wilde aandoen.'

Hij zat nu tegenover me, en ik lag achterover in de kussens, haar in de war en ogen vol tranen. Op dat moment herinnerde ik wat de schilders van me vonden, en dat vertelde ik hem. En plotseling slóeg ik hem. Ik klauwde naar hem, als een kat, zei hij. En toen dat voorbij was, hij vond het wel grappig, voelden we dat we op een vreemde manier dichter bij elkaar stonden, tot ik plagerig zei, in de trein – omdat hij me vertelde dat hij me op de eerste dag dat hij me gezien had mooi had gevonden, maar was begonnen dat niet te vinden omdat Fred er zo over doorging; en ook vanwege June – ik zei: 'Je hebt een slechte smaak!'

Maar al de prachtige dingen die hij over mijn dagboek had gezegd verbleekten nu. Mijn zelfvertrouwen wankelde. Ik voelde me niet beter door te bedenken hoe betrekkelijk schoonheid is en dat iedere man er op zijn eigen individuele manier op reageert. Het is onnatuurlijk om je zo gekwetst te voelen. Toch nam ik deze pijn op in mijzelf en ik zei : 'Ik ga het dulden. Ik ga het ongedaan maken, ik ga het me niet aantrekken.' En een paar uur gaf ik mijn moed de vrije loop, totdat we ons die avond aan het uitkleden waren en Henry zei: 'Ik wil zien hoe je je uitkleedt. Dat heb ik nog nooit gedaan.' Ik ging op zijn bed zitten en werd overspoeld door een gevoel van verlegenheid. Ik deed iets om zijn aandacht van mijn uitkleden af te leiden, en ik glipte het bed in. Ik had zin om te huilen. Nog geen twee minuten geleden had hij gezegd: 'Ik heb het gevoel dat ik een hele lelijke man ben. Ik wil nooit naar mezelf in de spiegel kijken.' En ik bedacht iets ontwijkends en liefs om te zeggen. Ik vertelde hem wat ik leuk aan hem vond. Ik zei niet tegen hem: 'Ik heb aan Eduardo's schoonheid deze dagen meer dan ooit behoefte gehad.'

De volgende dag om half vier zat ik in de spreekkamer van Allendy, ik had hem verschrikkelijk nodig.

Ik ging naar Henry en trof hem aan het werk. Hij ontving mij met een blijde kus. We werkten samen. Ik zat aan mijn tafel naast de zijne, en las fragmenten na die in mijn boek moesten worden gevoegd. Ik werd vervuld door de kracht van zijn schrijven. Toen hij honger kreeg bood ik aan het eten klaar te maken. 'Ik wil doen of ik de vrouw van een genie ben.' En ik ging naar de keuken in mijn deftige roze jurk.

Alleen al de stem van Henry verheft me. Ik moet denken aan zijn woorden: 'Als ik over je schrijf, zal ik over je moeten schrijven als over een engel. Ik kan je niet op een bed leggen.'

'Maar ik gedraag me niet als een engel. Dat weet je best.'

'Dat weet ik, ja, dat weet ik. Je hebt me de laatste dagen uitgeput. Je bent een seksuele engel, maar toch ben je een engel. Je sensualiteit overtuigt me niet.'

'Daar zal ik je voor straffen,' zei ik. 'Van nu af aan zal ik me als een engel gedragen.'

Twee uur later is Fred naar zijn werk gegaan en Henry kust me in de keuken. Ik wil doen alsof ik hem afweer, maar zelfs een kus in mijn nek doet me smelten. Ik zeg nee, maar hij legt zijn handen tussen mijn benen. Hij valt op me aan als een stier.

Als we stil liggen, hou ik nog steeds van hem, zijn handen, zijn polsen, zijn hals, zijn mond, de warmte van zijn lichaam, en de plotselinge sprongen van zijn geest. Naderhand zitten we te eten en te praten over June en Dostojevski terwijl de haan kraait. Dat Henry en ik kunnen zitten praten over onze liefde voor June, over haar grandioze momenten, is voor mij de allergrootste overwinning.

De lange, rustige uren met Henry hebben het sterkste effect. Hij vervalt in bedachtzaam stilzwijgen als hij over zijn werk gebogen zit, grinnikt af en toe. Hij heeft iets in zich van een gnoom, een sater, en een Duitse geleerde. Op zijn voorhoofd zitten harde knobbels die eruitzien of ze elk moment kunnen barsten. Zijn lichaam lijkt plotseling breekbaar, krom.

Als hij daar zo zit voel ik dat ik zijn geest kan zien zoals ik zijn lichaam zie, en die is labyrintisch, vruchtbaar, receptief. Ik zit boordevol verering voor alles wat zijn hoofd bevat en voor de impulsen die in vlagen aanwaaien.

Hij ligt in bed, lichaam gekromd tegen mijn rug, zijn arm rond mijn borst. En binnen de cirkelomtrek van mijn eenzaamheid weet ik dat ik een moment van absolute liefde heb gevonden. Zijn grootheid vult de wonden en sluit ze, stilt de begeerten. Hij slaapt. Wat houd ik van hem! Ik voel me als een rivier die is overstroomd.

'Anaïs, toen ik gisteravond thuiskwam dacht ik dat jij er was, omdat ik je parfum rook. Ik miste je. Ik besefte dat ik je niet gezegd heb toen je hier was hoe fantastisch het was je hier te hebben. Ik zeg die dingen nooit. Kijk, hier is een la vol met kleren van jou – kousen. Ik wil dat je je parfum door het hele huis achterlaat.'

Ik denk dat hij met tederheid van me houdt, met sentimentaliteit. Het is June die de passies inspireert. En ik ben er om zijn gedachten, zijn overpeinzingen, zijn herinneringen, zijn bekentenissen te vergaren. Ik sta achter Henry de schrijver, en mij wordt zijn andere liefde gegeven.

Nu ik alleen in Louveciennes ben, voel ik nog de afdruk van zijn lichaam dat tegen het mijne ligt te slapen. Ik wou dat het vandaag de laatste dag was. Ik wil altijd dat het meest intense moment het laatste moment is. June kan terugkomen en over ons heen razen als de samoem. Henry zal door haar gekweld worden, en ik zal gehypnotiseerd worden.

Hier, in mijn dagboek, zullen de dingen overblijven die Henry gezegd heeft. Ik neem ze in ontvangst als geschenken van juwelen, wierook, en reukstoffen. Henry's woorden vallen, en ik vang ze met zoveel zorg op dat ik vergeet te praten. Ik ben de slaaf die hem met pauweveren toewaaiert. Hij praat over God, Dostojevski, en de finesse van Freds manier van schrijven. Hij trekt een scheidslijn tussen die verfijning en zijn eigen dramatische, sensationele, krachtige manier van schrijven. Hij kan met nederigheid zeggen: 'Fred heeft een finesse die mij ontbreekt, eruditie, de kwaliteit van iemand als Anatole France.'

En ik zeg: 'Maar begrijp je dan niet dat bij hem de passie ontbreekt, net als bij France. Die heb jij wel!'

Bij de gedachte hieraan wil ik, terwijl we over de boulevard lopen, de man kussen wiens passie als lava door een kille intellectuele wereld stroomt. Ik wil mijn leven opgeven, mijn huis, mijn geborgenheid, mijn schrijven, om met hem te leven, voor hem te werken, een hoer voor hem te zijn, alles, zelfs om door hem dodelijk verwond te worden.

Laat in de nacht vertelt hij mij over een boek dat ik niet gelezen heb, *Hill of Dreams* van Arthur Machen. En ik luister met mijn ziel. Hij zegt zacht: 'Ik praat bijna vaderlijk tegen je.'

Op dat moment weet ik dat ik half vrouw, half kind ben. Dat een deel van mij een kind verbergt dat het heerlijk vindt om verwonderd te worden, onderwezen te worden, gestuurd te worden. Als ik luister ben ik een kind, en Henry wordt vaderlijk. Het spookbeeld van een erudiete, literaire vader doemt weer op, en de vrouw wordt weer klein. Ik herinner me andere uitspraken, zoals 'ik zou jou geen pijn kunnen doen – jou niet', zijn ongebruikelijke fijngevoeligheid tegenover mij, zijn beschermende houding. Ik voel me verraden. Overweldigd door het wonder van Henry's werk, ben ik een kind geworden. Ik kan me voorstellen dat een andere man tegen me zegt: 'Ik kan niet met je naar bed gaan. Jij bent geen vrouw. Je bent een kind.'

Ik word wakker uit dromen van opperste zinnelijkheid. En dan wil ik uit woede overheersen, werken als een man, Henry onderhouden, zijn boek gepubliceerd krijgen. Ik wil meer dan ooit neuken en geneukt worden, om de sensuele vrouw te bevestigen. Op een dag zegt Henry: 'Zeg, ik geloof dat je wel tien minnaars kan hebben en ze allemaal aankan. Je bent onverzadigbaar.' En een volgende keer: 'Je sensualiteit overtuigt me niet.'

Hij heeft het kind gezien!

Afschuwelijk, om razend van te worden! Ik loop weg van Clichy en denk dat ik mijn geheim met me meedraag. Ik heb de stille hoop dat Henry het niet al te goed door heeft. Ik ben bang voor de onbehaaglijke analyse van zijn ogen. Ik glip uit zijn bed en loop weg terwijl hij slaapt. Ik ga snel naar huis en val in slaap, diep, vele uren lang. Ik moet het kind verstikken. Morgen kan ik

Henry weer zien, hem in de ogen kijken, vrouw zijn.

Dit zou een vaag, betekenisloos incident gebleven zijn. Nu, vanwege de psychoanalyse, is het vol betekenis. Analyse geeft me het gevoel of ik aan het masturberen ben in plaats van neuken. Bij Henry zijn betekent leven, stromen, lijden, ook dat. Ik vind het niet prettig om bij Allendy te zijn en droge vingers op de geheimen van mijn lichaam te drukken.

Als ik maar een klein beetje vertel over de angst om wreed tegen Eduardo te zijn, zegt hij wat ik zeg: 'Maar men gebruikt zijn zwakheden. Men kan er iets van maken.' En dat heb ik gedaan. Toch kan ik niets goeds zien in mijn kinderlijke bewondering voor oudere mannen, mijn verering voor John en Henry. Ik kan er niets in zien dan een stoornis in het proces van volwassen worden, de ontkenning van mijn eigen persoonlijkheid. Zoals Henry zegt: 'Het is prachtig om je te zien slapen. Je ligt als een pop, daar waar je bent neergelegd. Zelfs als je slaapt lig je heel netjes en neem je geen ruimte in.'

Allendy's vragen knetteren in mijn oren. 'Wat vond u van ons eerste gesprek?'

'Ik vond dat ik u nodig had, dat ik niet aan mijn lot overgelaten moest worden om mijn leven te overdenken.'

'U hield zielsveel van uw vader, abnormaal veel, en u haatte de seksuele reden die hem ertoe bracht jullie te verlaten. Dit kan in u een zeker duister gevoel tegen seks hebben opgewekt. Dit gevoel wordt in uw onderbewuste bevestigd door die ruzie met John. U dwong hem tot een soort castratie.'

'Waarom was ik dan zo ongelukkig, zo wanhopig toen het gebeurde, en waarom heb ik twee jaar lang van hem gehouden?'

'Misschien hield u meer van hem juist om wat er gebeurd was.'

'Maar ik heb hem sindsdien veracht om zijn gebrek aan impulsieve passie.'

'De ambivalente behoefte de man te domineren, door hem veroverd te worden en aan hem superieur te zijn. In werkelijkheid hield u van hem omdat hij u niet domineerde, omdat u in passie aan hem superieur was.'

'Nee, want nu ik een man gevonden heb die mij veroverd heeft ben ik ontzettend gelukkig.'

Allendy stelt vragen over Henry. Ten slotte merkt hij op dat ik hem sociaal domineer. Hij merkt ook op dat ik mijzelf heb geplaatst in de situatie dat ik de rivale ben van een vrouw van wie ik weet dat zij zal winnen, dat ik dus pijn zoek voor mezelf. Dat ik van mannen heb gehouden die zwakker zijn dan ik en daaronder geleden heb. Tegelijkertijd heb ik een extreme angst voor pijn, en daarom verdeel ik mijn liefdes zo dat de ene dient als toevluchtsoord voor de andere. Ambivalentie. Ik wil van een sterkere man houden en kan dat niet.

Hij zegt dat ik een minderwaardigheidscomplex heb vanwege mijn tere gestel als kind. Ik dacht dat mannen alleen van gezonde, dikke vrouwen hielden. Eduardo vertelde mij over dikke Cubaanse meisjes. Hugo's eerste bekoring betrof een dik meisje. Iedereen had altijd commentaar op mijn tengerheid, en mijn moeder haalde het Spaans gezegde aan: 'Botten zijn voor de honden.' Toen ik naar Havana ging, twijfelde ik of iemand me wel aantrekkelijk zou vinden omdat ik dun was. Dit thema gaat door tot aan het moment dat Henry mij kwetste door zijn bewondering voor Natasha's lichaam omdat hij het zo weelderig vond.

Allendy: 'Weet u dat het gevoel van seksuele minderwaardigheid soms veroorzaakt wordt door de bewustwording dat men frigide is?'

Het is waar dat ik volkomen onverschillig was voor seks tot mijn achttiende of negentiende, en zelfs toen, ongelooflijk romantisch maar niet werkelijk seksueel ontwaakt. Maar daarna! 'En als ik frigide was, zou ik dan zo gepreoccupeerd zijn met seks?'

Allendy: 'Des te meer.'

Stilte. Ik denk eraan dat met al het ongelooflijke genot dat Henry me gegeven heeft, ik nog geen echt orgasme heb gehad. Mijn respons lijkt niet te leiden tot een echte climax maar wordt verspreid in een siddering die minder gericht is, meer diffuus is. Af en toe heb ik bij Hugo een orgasme gehad, en als ik masturbeerde, maar dat is misschien omdat Hugo het lekker vindt als ik mijn benen sluit en Henry mij ze zo wijd open laat spreiden.

Maar dit wilde ik Allendy niet vertellen.

Uit mijn dromen haalt hij het aanhoudend verlangen gestraft, vernederd, of verlaten te worden. Ik droom van een wrede Hugo, een angstaanjagende Eduardo, of een impotente John.

'Dit komt voort uit schuldgevoel omdat u te veel van uw vader hebt gehouden. Ik weet zeker dat u later veel meer van uw moeder gehouden hebt.'

'Dat is waar. Ik hield ontzettend veel van haar.'

'En nu zoekt u bestraffing. En u geniet van het lijden, hetgeen u herinnert aan het lijden dat u onderging bij uw vader. In een van uw dromen, als de man met geweld bij u binnendringt, haat u hem.'

Ik voel me in het nauw gedreven, alsof zijn vragen aanvallen zijn. Ik heb hem verschrikkelijk nodig. Toch helpt de analyse niet. De pijn van het leven is niets vergeleken bij de pijn van deze gedetailleerde analyse.

Allendy vraagt me te ontspannen en hem te vertellen wat er in mij omgaat. Maar wat er in mij omgaat is de analyse van mijn leven.

Allendy: 'U probeert zich met mij te identificeren, mijn werk te doen. Heeft u nooit mannen in hun werk voorbij willen streven? Hen vernederen met uw succes?'

'Zeker niet. Ik help voortdurend mannen bij hun werk, offer me voor hen op.' Ik moedig hen aan, bewonder hen, juich hen toe. Nee, Allendy heeft het helemaal fout.

Hij zegt: 'Misschien bent u een van die vrouwen die de vriend, niet de vijand van de man is.'

'Meer dan dat. Mijn oorspronkelijke droom was om getrouwd te zijn met een genie en hem te dienen, niet om een genie te zijn. Toen ik mijn boek over Lawrence schreef, wilde ik dat Eduardo met mij samenwerkte. Zelfs nu weet ik dat hij een beter boek had kunnen schrijven, alleen ben ik het die de energie heeft, de drijfkracht.'

Allendy: 'U heeft gehoord van het Diana-complex, de vrouw die de man zijn seksuele macht benijdt.'

'Ik ken dat gevoel, ja, seksueel. Ik had graag June en andere mooie vrouwen willen bezitten.'

Er zijn denkbeelden die Allendy laat varen, alsof hij mijn ontvankelijkheid aanvoelt. Elke keer als hij mijn gebrek aan zelfvertrouwen aanroert lijd ik. Ik lijd als hij mijn seksuele potentie aanroert, mijn gezondheid, of mijn gevoel van eenzaamheid, omdat er niet één man is die ik volledig in vertrouwen kan nemen.

Ik lig achterover en voel plotseling pijn, wanhoop binnenstromen. Allendy heeft me gekwetst. Ik huil. Ik huil ook van schaamte, van zelfmedelijden. Ik voel me zwak. Ik wil niet dat hij me ziet huilen en wend me af. Dan sta ik op en kijk hem aan. Zijn ogen zijn heel zacht. Ik wil dat hij me een bijzondere vrouw vindt. Ik wil dat hij me bewondert. Ik vind het prettig als hij zegt: 'U hebt veel geleden.'

Als ik bij hem wegga, ben ik in een droomtoestand, ontspannen, warm, alsof ik fantastische regionen heb doorkruist. Eduardo zegt dat ik op een hen lijk die op haar eieren zit.

Allendy: 'Waarom was u eigenlijk zo van streek de laatste keer?'
'Ik vond dat sommige dingen die u zei waar waren.'

Ik zou gewoon met hem willen praten over de dagen die ik met Henry heb doorgebracht. Na Henry vind ik analyse afschuwelijk. Ik begin dociel maar voel een groeiende weerstand. Ik beken Allendy dat ik hem niet haat maar dat ik er, op een vrouwelijke manier, van genoot dat hij me aan het huilen had gemaakt.
'U bleek sterker dan ik. Dat bevalt me.'

Echter, naarmate het uur vordert krijg ik het gevoel dat hij moeilijkheden maakt die ik gemakkelijk zou aankunnen, dat hij mijn angsten en twijfels weer doet ontwaken. Daarvoor haat ik hem. Als hij mijn dromen leest merkt hij op dat ze met een meer dan mannelijke directheid zijn geschreven. Nu merk ik dat hij de mannelijke elementen in mij peilt. Houd ik van Henry omdat ik mij met hem vereenzelvig omdat hij van June houdt en haar bezit? Nee, dit is onjuist. Ik denk aan de nacht dat Henry mij leerde boven op hem te liggen en hoe onplezierig ik dat vond. Ik vond het prettiger als ik onder hem lag, passief. Ik denk aan mijn onzekerheid tegenover vrouwen, niet helemaal zeker van de rol die ik wil spelen. In een droom heeft June een penis. Tegelijkertijd, beken ik Allendy, heb ik mij verbeeld dat ik als lesbienne een vrijer leven zou kunnen hebben omdat ik dan een vrouw zou uitkiezen, haar beschermen, voor haar werken, haar om haar schoonheid beminnen terwijl zij van mij zou kunnen houden als van een man, om zijn talent, zijn prestaties, zijn karakter. (Ik moest denken aan Stephen in *The Well of Loneliness*, die niet mooi was, zelfs littekens had uit de oorlog, en die door Mary werd bemind.) Dit zou verlossing betekenen van de kwelling van het gebrek aan vertrouwen in mijn vrouwelijke eigenschappen. Het zou elke zorg over mijn schoonheid, gezondheid, of seksuele vermogen elimineren. Het zou me zeker maken omdat alles van mijn talent, vindingrijkheid, kunstenaarschap, waar ik in geloof, zou afhangen.

Tegelijkertijd besefte ik dat Henry ook om deze laatste dingen van mij hield, en ik begon eraan gewend te raken. Henry hecht ook minder belang aan mijn lichamelijke charmes. Ik zou genezen kunnen worden louter door de durf om verder te leven. Ik zou mezelf kunnen genezen. Ik heb je niet echt nodig, Allendy!

Iedere keer als hij mij vraagt mijn ogen dicht te doen en te ontspannen en te praten, ga ik door met mijn eigen analyse. Ik zeg tegen mezelf: hij vertelt me weinig dat ik niet al weet. Maar dat is niet waar, want hij heeft me het begrip schuld duidelijk gemaakt. Ik begreep ineens waarom zowel Henry als ik liefdesbrieven aan June schreven toen we verliefd werden op elkaar. Hij heeft ook het begrip straf duidelijk gemaakt. Ik neem Hugo mee naar de rue Blondel en zet hem tot ontrouw aan om mezelf te straffen voor mijn eigen ontrouw. Ik verheerlijk June om mezelf te straffen dat ik haar verraden heb.

Ik ontwijk Allendy's verdere vragen. Hij tast in het duister. Hij kan niets definitiefs vinden. Hij stelt vele hypotheses voor. Hij probeert ook mijn gevoelens voor hem te peilen, en ik vertel hem van mijn belangstelling voor zijn boeken. Boosaardig besef ik dat hij verwacht dat ik hem spannend ga vinden, en ik heb geen zin om het spelletje mee te spelen omdat ik weet dat het een spelletje is. Maar mijn belangstelling is oprecht. Ik vertel hem ook dat het me niet meer kan schelen of hij mij wel of niet bewondert. En dat is een overwinning op mijzelf.

Het vernedert mij om hem mijn twijfels toe te vertrouwen.

Dus haat ik hem vandaag. Toen ik voor hem stond, op het punt te vertrekken, dacht ik: Op dit moment heb ik minder vertrouwen in mezelf dan ooit. Het is onuitstaanbaar.

Met wat een vreugde gaf ik mij de volgende dag aan Henry.

Het huis slaapt. De honden zijn stil. Ik voel de druk van eenzaamheid. Ik wou dat ik in Henry's appartement was, al was het alleen maar om de borden af te drogen die hij afwast. Ik zie zijn vest, losgeknoopt, omdat het afgedankte pak dat hij gekregen heeft hem te klein is. Ik zie de zeer versleten revers waaronder ik zo graag mijn hand laat glijden, de das waar ik aan friemel als hij met me praat. Ik zie het blonde haar in zijn nek. Ik zie de uitdrukking op zijn gezicht wanneer hij het vuilnisvat buitenzet, steels, half beschaamd. Beschaamd ook om zijn ordelijkheid, die hem dwingt de afwas te doen, de keuken op te ruimen. Hij zegt: 'Dit is waar June bezwaar tegen maakte – ze zei dat het onromantisch was.' Ik herinner me, uit Henry's aantekeningen, haar voorkeur voor koninklijke wanorde. Ik weet niet wat ik moet zeggen. Ik heb het allebei in me: de vrouw die doet als Henry en de vrouw die ervan droomt te doen als June. Een soort vage tederheid trekt me naar Henry, die zo serieus de borden wast. Ik kan hem niet bespottelijk maken. Ik help hem. Maar mijn verbeelding staat buiten de keuken. Ik houd alleen van de keuken omdat Henry daar is. Ik wou toen zelfs dat Hugo veel langer weg zou blijven zodat ik in Clichy kon wonen. Het is de allereerste keer dat ik zo iets wou.

'Het zit zo,' zegt Henry. 'Ik heb de wreedheid en slechtheid van June overtrokken omdat ik geïnteresseerd was in slechtheid. Dat is nu juist de moeilijkheid; er bestaan geen echt slechte mensen. June is niet echt slecht. Fred heeft gelijk. Ze probeert wanhopig het te zijn. Het was een van de eerste dingen die ze me vertelde op de avond dat ik haar ontmoette. Ze wilde dat ik haar een *femme fatale* vond. Ik word geïnspireerd door slechtheid. Het houdt me altijd bezig, net zoals dat met Dostojevski het geval was.'

De offers die June gebracht heeft voor Henry. Waren het offers, of waren het dingen die ze deed om haar persoonlijkheid te versterken. Dat vraag ik me af. Ze bracht geen onzichtbare offers. Opvallende, ja. Dramatische. Ik heb onzichtbare offers gebracht, soms klein soms groot. Maar ik geef de voorkeur aan Junes prostitutie, berekenende koketterie, komedie. Ondertussen kan Henry verhongeren. Zij zal hem onbetrouwbaar en fantastisch dienen, of helemaal niet. Ze drong er bij Henry op aan zijn baan op te geven. Zij wilde voor hem werken. (In het geheim heb ik aan prostitutie gedacht, en te zeggen dat het voor Henry is is alleen maar een rechtvaardiging ervoor vinden.) Dus heeft June een schitterende rechtvaardiging gevonden. Ze heeft voor Henry heroïsche offers gebracht. En dat alles heeft bijgedragen tot de persoonlijkheid van June.

Ik zeg tegen Henry: 'Waarom ben je woedend over haar tekortkomingen? En waarom schrijf je minder over haar grootsheid?'

'Dat zegt June ook. Ze zegt steeds: "En je vergeet dit, en je vergeet dat. Je herinnert je alleen de dingen die ik misdaan heb." De waarheid is, Anaïs, dat ik goedheid vanzelfsprekend vind. Ik verwacht van iedereen dat hij goed is. Slechtheid fascineert me.'

Ik herinner mij een zwakke poging een van mijn eigen fantasieën uit te leven. Ik kwam terug bij Henry op een middag dat hij mij geplaagd had, in een duivelse bui. Ik zei hem dat ik de volgende avond met een vrouw uitging. In de Gare St. Lazare had ik een hoer gezien waar ik heel graag mee wilde praten, en in mijn verbeelding ging ik met haar uit. Ik had nu, zoals ik Henry's appartement kwam binnenstormen, zoals June had kunnen doen, een merkwaardige situatie kunnen scheppen, waarover Henry later graag had willen horen. Maar op slag besefte ik dat hij aan het schrijven was geweest, hij in een serieuze stemming was, ik hem gestoord had. Hij had gehoopt dat ik bij hem zou komen zitten om hem te helpen zijn boek in orde te krijgen. Mijn stemming vervloog. Ik voelde zelfs wroeging.

June zou zijn werk onderbroken hebben, Henry in meer ervaringen hebben gestort, het verwerken ervan uitgesteld, gestraald hebben van de schittering van een Noodlot in beweging, en Henry zou haar vervloekt hebben en dan gezegd hebben: 'June is een interessant personage.'

Dus ging ik naar Louveciennes en sliep. En de volgende dag, als Henry mij vraagt: 'Wat heb je gisteren gedaan?' wou ik dat ik hem wat te vertellen heb. Ik neem een vreemde gelaatsuitdrukking aan. Hij denkt dat hij er later over zal lezen in het dagboek.

Ik vraag me af hoe het voelt om het hele rode dagboek van mij gelezen te hebben. Henry zei niet veel toen hij het aan het lezen was, maar hij schudde af en toe zijn hoofd of lachte. Hij zei wel dat mijn dagboek heel erg openhartig was, en dat de beschrijvingen van mijn zinnelijke gevoelens ongelooflijk sterk waren. Ik nam geen blad voor de mond. Ik had hem goed beschreven, vleiend maar echt. Wat ik over June zei was allemaal waar. Hij vermoedde al zo iets als mijn affaire met Eduardo. Hij was seksueel geprikkeld door mijn droom over June en door andere bladzijden. 'Natuurlijk,' zei hij, 'ben je wel narcistisch. Dat is de *raison d'être* van je dagboek. Dagboekschrijven is een ziekte. Maar dat geeft niet. Het is heel interessant. Ik ken geen dagboek dat interessanter is. Ik ken geen vrouw die zo interessant schrijft.'

Ik protesteerde, want ik dacht dat een Narcissus iemand was die alleen van zichzelf hield, en het leek me...

Het was hoe dan ook narcisme, vond Henry. Maar ik voel dat hij het dagboek bewonderde. Wel plaagde hij me over Fred, hij zei dat hij bang was dat ik me aan hem zou geven zoals ik me aan Eduardo gegeven had, uit sympathie, en hij was jaloers. Hij kuste me toen hij dit zei.

Hugo komt terug, en het lijkt net of hij een jonge zoon van me is. Ik voel me oud, gehavend, maar teder en vreugdevol. Ik rust op het zinnelijke bed van een enorme vermoeidheid. Alles wat ik van Henry meeneem is enorm.

Als ik in slaap val komt dat omdat ik overbeladen ben. Ik slaap omdat één uur met Henry vijf jaar van mijn leven bevat, en één zin, één liefkozing beantwoordt aan de verwachtingen van honderd nachten. Als ik hem hoor lachen, zeg ik: 'Ik heb Rabelais gehoord.' En ik slik zijn lachen in als brood en wijn.

In plaats van te vloeken ontluikt hij, vult hij al de ruimten die hij overgeslagen heeft in zijn sensationele stappen met June. Hij rust uit van kwelling, venijn, drama, waanzin. En hij zegt op een toon die ik nooit eerder van hem gehoord heb, als om het in te griffen: 'Ik houd van jou.'

Ik val in slaap in zijn armen, en we vergeten de tweede versmelting van onszelf te voltooien. Hij valt in slaap met zijn vinger gedoopt in de honing. Om zo te kunnen slapen moet ik het einde van de pijn gevonden hebben.

Ik loop op straat met vaste tred. Er zijn maar twee vrouwen in de wereld: June en ik.

Anaïs: 'Ik haat u werkelijk vandaag. Ik ben tegen u.'
Allendy: 'Maar waarom?'
'Ik heb het gevoel dat u dat kleine beetje zelfvertrouwen dat ik had van me af hebt genomen. Ik voel me vernederd omdat ik u in vertrouwen heb genomen, en dat doe ik zo zelden.'
'Bent u bang dat men dan minder van u houdt?'
'Ja. Zeer zeker. Ik heb een soort pantser om me heen. Ik wil dat men van me houdt.'
Ik vertel hem hoe ik me als een kind bij Henry gedraag, door mijn bewondering. Dat ik bang was dat Henry hier op af zou knappen.
Allendy: 'Integendeel, een man vindt het een heerlijk gevoel om door u belangrijk gevonden te worden.'
'Ik verbeeldde mij meteen dat hij minder van me zou houden.'
Allendy stond versteld over de mate van mijn gebrek aan zelfvertrouwen. 'Voor een analyticus is het natuurlijk overduidelijk, zelfs door uw verschijning.'
'Mijn verschijning?'
'Ja. Ik zag direct dat u zich verleidelijk gedraagt en voordoet. Alleen onzekere mensen gedragen zich verleidelijk.'
Daar moesten we om lachen.
Ik vertelde hem dat ik dacht dat ik mijn vader had gezien bij mijn dansvoorstelling in Parijs, terwijl het achteraf bleek dat hij in St. Jean de Luz was op dat moment. Het had me geschokt.
'U wilde dat hij daar was. U wilde hem imponeren. Tegelijkertijd was u bang. Maar omdat u van kindsbeen af uw vader heeft willen verleiden en daar niet in slaagde, heeft u ook een sterk schuldgevoel ontwikkeld. U wilt fysiek imponeren, maar als u

daarin slaagt, is er iets wat u doet stoppen. U heeft me verteld dat u sindsdien niet meer heeft gedanst.'

'Nee. Ik heb er zelfs een hekel aan gehad. Dat had ook te maken met mijn slechte gezondheid.'

'Ik weet zeker dat als u succes zou hebben met uw schrijven u dat ook zou opgeven om uzelf te straffen.'

Andere vrouwen met talent, maar lelijk, zijn zelfvoldaan, zeker, stralend, en ik die getalenteerd en aantrekkelijk ben, zoals Allendy tegen me zegt, huil omdat ik niet op June lijk en passie oproep.

Ik probeer dit aan hem uit te leggen. Ik heb me in de allerslechtste positie geplaatst door van Henry te houden en hem te delen met een June die mijn grootste rivale is. Ik stel me bloot aan een definitieve doodsklap omdat ik zeker weet dat Henry voor June zal kiezen (zoals ook ik haar zou kiezen als ik een man was). Ik weet ook dat als June terugkomt, zij mij niet zou verkiezen boven Henry. Dus kan ik alleen maar verliezen. En dat risico neem ik. Alles drijft me daartoe. (Allendy zegt dat het masochisme is.) Weer zoek ik de pijn op. Als ik nu Henry zou opgeven, uit eigen vrije wil, zou dat alleen maar zijn om minder te hoeven lijden.

Ik voel twee impulsen: de ene masochistisch en lijdzaam, de andere een poging tot ontsnappen. Ik snak ernaar een man te vinden die mij zal redden van Henry en deze situatie. Allendy luistert en peinst hierover.

Op een avond in Henry's keuken – hij en ik alleen – praten we onszelf leeg. Hij pakt het onderwerp van mijn dagboek weer op, vertelt me voor welke fouten ik me moet hoeden, en zegt dan: 'Weet je wat me een raadsel is? Als je over Hugo schrijft, schrijf je fantastische dingen, maar tegelijkertijd zijn ze ongeloofwaardig. Je vertelt niets dat je bewondering of liefde zou kunnen veroorzaken. Het klinkt krampachtig.'

Ik raak meteen van streek, alsof Allendy me aan het ondervragen is.

'Het is niet aan mij om vragen te stellen, Anaïs,' gaat Henry door, 'maar luister, ik betrek het nu niet op mezelf. Ik ben op Hugo gesteld. Ik heb niets tegen hem. Maar ik probeer alleen maar jouw leven te begrijpen. Ik neem aan dat je met hem getrouwd bent toen je karakter nog niet gevormd was, of om je moeder en je broer een plezier te doen.'

'Nee, nee, niet daarom. Ik hield van hem. Van mijn moeder en broer had ik in Havana moeten trouwen, iemand uit de society, rijk, en dat kon ik niet.'

'Die dag dat Hugo en ik gingen wandelen, probeerde ik iets van hem te begrijpen. Om je de waarheid te zeggen, als ik alleen hem in Louveciennes had gezien, was ik één keer gekomen, had gezegd: wat een aardige man, en er nooit meer aan gedacht.'

'Hugo is geen grote prater,' zeg ik. 'Het duurt een tijd om hem te leren kennen.' En ondertussen welt mijn oude, geheime, enorme onvoldaanheid als een vergif op, en ik blijf maar dwaze dingen zeggen over de bank die hem in beslag neemt, en hoe anders hij op vakantie is.

Henry vloekt. 'Maar het is zo duidelijk dat jij superieur bent aan hem.' Altijd weer die gehate uitspraak – ook van John. 'Alleen in intelligentie,' zeg ik.

'In alles,' zegt Henry. 'En luister, Anaïs, antwoord me. Je offert je niet alleen maar op. Je bent niet echt gelukkig, toch? Wil je niet af en toe weglopen bij Hugo?'

Ik kan geen antwoord geven. Ik buig mijn hoofd en huil. Henry komt naar me toe en buigt zich over me heen.

'Mijn leven is een puinhoop,' zeg ik. 'Je probeert me iets te laten bekennen dat ik mijzelf niet eens wil bekennen, zoals je uit het dagboek kon opmaken. Je voelde aan hoe graag ik van Hugo wil houden en precies op welke manier. Ik ben helemaal kapot van visioenen over hoe het had kunnen zijn hier, met jou, bij voorbeeld. Het was precies zoals ik het wilde, Henry.'

'En nu, alleen met mij,' zegt Henry, 'zou je zo snel opbloeien dat je al gauw alles wat ik kan geven zou uitputten en naar de volgende zou gaan. Er zijn geen grenzen aan wat jouw leven zou kunnen zijn. Ik heb gezien hoe je kunt opgaan in een passie, in een groots leven. Luister, als iemand anders de dingen zou doen die jij hebt gedaan, zou ik dat stom vinden, maar op de een of andere manier krijg je het voor elkaar dat ik vind dat je zo ontzettend gelijk hebt. Dit dagboek, bij voorbeeld, is zo rijk, zo verschrikkelijk rijk. Jij zegt dat mijn leven rijk is maar het zit alleen vol met gebeurtenissen, incidenten, ervaringen, mensen. Wat werkelijk rijk is zijn deze bladzijden over zo weinig materiaal.'

'Maar bedenk wel wat ik met meer materiaal zou doen,' zei ik. 'Denk aan wat je over mijn roman gezegd hebt, dat het thema [trouw] een anachronisme was. Dat heeft me gestoken. Het was of je kritiek op mijn eigen leven had. Toch kan ik geen misdaad begaan, en Hugo pijn doen zou een misdaad zijn. Bovendien houdt hij van me zoals nooit iemand van mij gehouden heeft.'

'Je hebt niemand anders werkelijk een kans gegeven.'

Ik denk hieraan terwijl Hugo aan het tuinieren is. En bij hem te zijn lijkt nu alsof ik in dezelfde toestand leef als toen ik twintig was. Is het zijn schuld, dit jeugdige van het leven dat wij samen hebben? Mijn God, kan ik over Hugo vragen wat Henry over June vraagt? Hij heeft haar vervuld. Heb ik Hugo vervuld? Er zijn mensen die gezegd hebben dat er in hem niets anders bestaat dan mij. Zijn grote vermogen zichzelf te verliezen, zijn vermogen tot liefde. Dat ontroert me. Gisteravond had hij het er nog over dat hij niet in staat is met andere mensen om te gaan, dat ik de enige ben bij wie hij zich vertrouwd voelt, gelukkig mee is. Vanochtend in de tuin was hij zielsgelukkig. Hij wilde dat ik daar was, vlak bij hem. Hij heeft mij liefde gegeven. En verder nog?

Ik hou van het verleden in hem. Maar de rest is weggesijpeld.

Na wat ik Henry over mijn leven had onthuld, was ik wanhopig. Het was alsof ik een misdadiger was, in de gevangenis had gezeten, en eindelijk vrij was en bereid hard en eerlijk te werken. Maar zo gauw mensen achter je verleden komen zullen ze je geen werk geven en verwachten dat je je weer als een misdadiger zult gedragen.

Ik heb genoeg van mijzelf, van mijn offers en mijn medelijden, van wat me ketent. Ik ga opnieuw beginnen. Ik wil passie en genot en lawaai en dronkenschap en al het slechte. Maar mijn verleden onthult zich onverbiddelijk, als een tatoeage. Ik moet een nieuw pantser opbouwen, nieuwe kleren dragen.

Terwijl ik in de auto op Hugo wacht schrijf ik op een doosje sigaretten (op de achterkant van de Sultanes is er aardig wat roze ruimte).

Hugo heeft ontdekt dat: ik de tuinman niet heb gesproken over de tuin, de metselaar niet over de barsten in de vijver, mijn administratie niet heb gedaan, de afspraak voor het passen van een avondjurk ben vergeten, alle routine heb verbroken.

Op een avond belt Natasha op. Ik word verondersteld de nachten in haar appartement te hebben doorgebracht. En ze vraagt me: 'Wat heb jij de afgelopen tien dagen uitgespookt?' Ik kan haar geen antwoord geven zonder dat Hugo het ook hoort. 'Waarom belt Natasha je op?' vraagt hij.

Later, in bed. Hugo ligt te lezen. Terwijl ik schrijf, bijna onder zijn neus, kan hij niet vermoeden dat wat ik schrijf zo verraderlijk is. Ik denk het ergste over hem dat ik ooit heb gedacht.

Vandaag, toen we in de tuin aan het werk waren, voelde ik me alsof ik weer in Richmond Hill was, verzonken in boeken en trances, en Hugo die langs kwam in de hoop een glimp van mij op te vangen. *Mon Dieu*, voor een moment was ik vandaag verliefd op hem, met de ziel en het maagdelijk lichaam van die vervlogen dagen. Een deel van mij is onmetelijk gegroeid, terwijl ik me bleef vastklampen aan mijn jonge liefde, aan een herinnering. En nu kijkt de vrouw die naakt in het weidse bed ligt naar haar jonge liefde, die zich over haar heen buigt en wil hem niet.

Sinds dat gesprek met Henry, toen ik meer bekende dan ik mezelf ooit bekend had, is mijn leven veranderd en misvormd. De rusteloosheid die vaag en naamloos was is ondraaglijk helder geworden. Hier is het waar het mij steekt, in het middelpunt van de meest volmaakte, de meest stabiele structuur, het huwelijk. Als dit wankelt, stort mijn hele leven in elkaar. Mijn liefde voor Hugo is broederlijk geworden. Ik kijk bijna met afgrijzen naar deze verandering, die niet plotseling is, maar wel langzaam aan de oppervlakte is gekomen. Ik had mijn ogen gesloten voor alle tekenen. Daarbij kwam dat ik het vreselijk vond om toe te geven dat ik Hugo's passie niet wilde. Ik had gerekend op het gemak waarmee ik mijn lichaam zou verdelen. Maar het is niet waar. Het is nooit waar geweest. Toen ik me aan Henry overgaf, was het een en al Henry. Ik ben bang omdat ik de volle mate van mijn gevangenschap beseft heb. Hugo heeft me afgezonderd, mijn liefde voor eenzaamheid gevoed. Ik heb nu spijt van al die jaren dat hij mij niets anders gaf dan zijn liefde en ik voor het overige me in mezelf terugtrok. Uitgehongerde, gevaarlijke jaren.

Ik zou mijn hele leven moeten opbreken, en ik kan het niet. Mijn leven is niet zo belangrijk als dat van Hugo, en Henry heeft me niet nodig omdat hij June heeft. Maar alles in mij wat buiten Hugo en buiten zijn bereik is gegroeid zal doorgaan.

MEI

Ik heb nog nooit zo duidelijk als vanavond gezien dat mijn dagboek bijhouden een slechte gewoonte is, een ziekte. Ik kwam om half acht thuis, uitgeput door een schitterende nacht met Henry en drie uur met Eduardo. Ik had niet de kracht om weer naar Henry te gaan. Ik at, rookte dromerig. Ik zweefde mijn slaapkamer in, had een gevoel van afgezonderd zijn, van in mijzelf terug te keren. Ik haalde mijn dagboek uit zijn laatste schuilplaats onder mijn toilettafel vandaan en gooide het op bed. En ik had het gevoel dat een opiumschuiver zo zijn pijp klaarmaakt. Het dagboek is, als een fragment van mijzelf, deelgenoot in mijn dubbelhartigheden. Waar is mijn ontzettende vermoeidheid gebleven? Af en toe houd ik op met schrijven en voel een peilloze lethargie. En dan drijft een demonisch gevoel me weer voort.

Ik neem Allendy in vertrouwen. Ik spreek uitvoerig over mijn kindertijd, citeer uit mijn vroegere dagboeken voor zich sprekende zinsneden over vader – nu zo begrijpelijk, mijn passie voor hem. Ook mijn schuldgevoel; ik vond dat ik nergens aanspraak op mocht maken.

We bespreken geldzaken en ik vertel hem dat ik door de kosten van mijn bezoeken niet vaker bij hem kan komen. Niet alleen vermindert hij zijn tarief tot op de helft maar biedt ook aan dat ik hem een deel betaal door voor hem te werken. Ik voel me gevleid.

We hebben het over lichamelijke zaken. Ik ben onder mijn gewicht. Enkele ponden erbij zou me zekerheid geven. Zal Allendy medicijnen aan mijn psychologische behandeling toevoegen? Ik beken mijn angst dat mijn borsten misschien te klein zijn omdat ik mannelijke elementen in me heb en dat de helft van mijn lichaam daardoor misschien puberaal is.

Allendy: 'Zijn ze echt onderontwikkeld?'

'Nee.' Als ons gesprek hapert zeg ik: 'U bent een arts; ik zal ze u gewoon laten zien.' En dat doe ik. Dan lacht hij om mijn angsten. 'Volmaakt vrouwelijk,' zegt hij, 'klein, maar goed gevormd – prachtig figuur. Een paar pondjes extra, ja,' maar wat was mijn zelfkritiek buiten proportie.

Hij heeft de onnatuurlijkheid van mijn persoonlijkheid opgemerkt. Als in nevelen gehuld, gesluierd. Voor mij niets nieuws, behalve dat ik niet wist dat het zo gemakkelijk af te lezen was. Mijn twee stemmen bij voorbeeld, wat de laatste tijd nogal opvallend is geworden; de ene is, volgens Fred, als die van een kind voor zijn eerste communie, bedeesd, klankloos. De andere is zelfverzekerd, dieper. Deze komt naar boven als ik vol zelfvertrouwen ben.

Allendy vindt dat ik een volkomen kunstmatige persoonlijkheid gecreëerd heb, als schild. Ik verberg me. Ik heb een manier van doen geconstrueerd die verleidelijk, beminnelijk, vrolijk is, en daarbinnen lig ik verborgen.

Ik vroeg hem mij lichamelijk te helpen. Was het een oprechte daad, dat ik hem mijn borsten toonde? Wilde ik mijn charme op hem beproeven? Deed het me geen plezier dat hij complimenteus was? Dat hij meer belangstelling in me toonde?

Is het Allendy of Henry die me geneest?

Henry's nieuwe liefde brengt me in vervoering zoals ik nog nooit geweest ben. Hij wilde afstand nemen. Hij wilde niet in mijn macht komen. Hij wilde zich niet aan 'de lijst' van mijn minnaars toevoegen. Hij wilde niet dat het serieus werd. En nu! Hij wil mijn echtgenoot worden, mij de hele tijd bij zich hebben; hij schrijft liefdesbrieven aan het kind dat ik was op mijn elfde, dat hem diep ontroerd heeft. Hij wil me beschermen en me van alles geven.

'Ik had nooit gedacht dat zo'n tenger gevalletje zoveel macht zou hebben. Heb ik ooit gezegd dat je niet mooi was! Hoe kon ik het zeggen! Je bent prachtig, je bent prachtig!' Als hij me nu kust hou ik me niet in.

Ik kan hem nu bijten als we in bed liggen. 'We verslinden elkaar, als twee wilden,' zei hij.

Ik verlies mijn angst me naakt te laten zien. Hij houdt van míj. We lachen erom dat ik aankom. Hij heeft me mijn haar laten veranderen omdat hij de strenge Spaanse stijl niet mooi vond. Ik heb het nu naar achter geborsteld en hoog over mijn oren. Ik voel me alsof ik in de wind heb gelopen. Ik zie er jonger uit. Ik probeer niet de femme fatale uit te hangen. Dat heeft geen zin. Ik voel me bemind om mijzelf, om mijn innerlijk, om elk woord dat ik schrijf, om mijn verlegenheid, mijn verdriet, mijn worstelingen, mijn tekortkomingen, mijn tengerheid. Ik houd van Henry op dezelfde manier. Ik kan niet eens een hekel hebben aan Henry's drang andere vrouwen te leren kennen. Ondanks zijn liefde voor mij, is hij geïnteresseerd in een ontmoeting met Natasha en Mona Paiva, de danseres. Hij bezit een kwaadaardige nieuwsgierigheid naar mensen. Ik heb nog nooit een man gekend met zoveel kanten, met zo'n reikwijdte.

Een zomerdag als vandaag en een nacht met Henry – meer vraag ik niet.

Henry laat me de eerste bladzijden van zijn volgende boek zien. Hij heeft mijn roman verwerkt en er een fantastische parodie op geschreven, gedeeltelijk gedreven door zijn jaloezie en woede, omdat, toen ik op een morgen bij hem wegging, Fred mij in zijn kamer riep en mij wilde kussen. Dat liet ik niet toe, maar Henry hoorde de stilte en zag het tafereel en mijn ontrouw voor zich. De bladzijden brachten me in verrukking – de volmaaktheid en finesse en scherpte ervan, en de fantastische klank. Er zit ook poëzie in, en geheime tederheid. Hij heeft in zichzelf een speciaal plekje voor mij gemaakt.

Hij verwachtte dat ik minstens tien pagina's had geschreven over die nacht waarin we tot de vroege ochtend hebben gepraat. Maar er is iets gebeurd met de vrouw met een notitieboekje. Ik ben thuisgekomen en in mijn genieten van hem weggezonken als in een warme zomerdag. Het dagboek komt op de tweede plaats. Alles komt op de tweede plaats na Henry. Als hij June niet had, zou ik er alles voor geven om met hem samen te leven. Elk afzonderlijk aspect van hem boeit me: Henry die mijn roman corrigeert met onvoorstelbare zorg, met belangstelling, met sarcasme, met bewondering, met volledig begrip; Henry zonder zelfvertrouwen, zo buitengewoon bescheiden; Henry de demon die me uithoort en kwaadaardige aantekeningen maakt; Henry die zijn gevoelens tegenover Fred verbergt en tegenover mij een enorme tederheid ten toon spreidt. Vannacht in bed, half in slaap, mompelde hij nog steeds: 'Je bent zo fantastisch, er is geen man goed genoeg voor jou.'

Hij heeft me eerlijker gemaakt tegenover mijzelf. En dan zegt hij: 'Jij geeft me zo veel, zo veel en ik geef jou niets.'

Ook hij mist zelfvertrouwen. Hij voelt zich niet op zijn gemak in sociale situaties als die ook maar een beetje chique zijn. Hij is niet zeker van mijn liefde. Hij gelooft dat ik uitermate sensueel ben en hem dus gemakkelijk voor een andere man zou verlaten en dan weer een ander. Hier moet ik om lachen. Ja, natuurlijk zou ik vijf keer per dag geneukt willen worden, maar dan zou ik wel verliefd moeten zijn. Dat is beslist een nadeel, een ongemak. En ik kan alleen van één man tegelijk houden. 'Ik wil dat je met mij stopt,' zegt Henry. 'Ik vind het heerlijk dat je niet promiscue bent. Ik heb me verschrikkelijk zorgen gemaakt toen je geïnteresseerd was in Montparnasse.' En dan begint hij me te kussen. 'Je hebt me te pakken, Anaïs.' Hij heeft soms speelse, bijna kinderlijke liefkozingen voor me. We wrijven onze neuzen tegen elkaar, of hij knabbelt aan mijn wimpers, of glijdt met zijn duim langs de omtrekken van mijn gezicht. En dan zie ik een soort dwergachtige Henry, een kleine Henry, zo teder.

Fred weet zeker dat Henry mij vreselijk kwetst. Maar Henry kan me niet meer kwetsen. Zelfs zijn ontrouw zou me niet kunnen kwetsen. Bovendien heb ik minder tederheid nodig. Henry maakt me harder. Als ik erachter kom dat hij niet van mijn parfum houdt omdat het te verfijnd is, ben ik eerst een beetje beledigd. Fred houdt van Mitsouko, maar Henry houdt van scherpe, zware parfums. Hij vraagt altijd om stelligheid, overtuigingskracht.

Het is net zo iets als toen hij mij vroeg mijn haarstijl te veranderen omdat hij van wildheid in haren houdt. Toen hij het woord 'wildheid' uitsprak reageerde ik erop, alsof het iets was dat ik altijd gewild had. Wilde haren. Zijn korte, stevige handen strijken door mijn haar. Mijn haar is in zijn mond als we slapen. En als ik met mijn handen mijn haar van achter omhoog houd, op de Griekse manier, roept hij uit: 'Zo vind ik het mooi.'

Ik voel me thuis in Clichy. Ik heb Hugo niet nodig. Ik breng hem alleen mijn vermoeidheid van slapeloze nachten, een vreugdevolle vermoeidheid. Als ik vroeg in de morgen Henry's appartement uitglip, zijn de arbeiders in Clichy al op. Ik neem mijn rode dagboek mee, maar dat is alleen uit gewoonte, want ik neem geen geheimen mee. Henry heeft mijn dagboeken gelezen (dit nog niet). Ik neem ook een paar bladzijden van Freds boek mee, teer als waterverf, of een paar bladzijden van Henry's boek, die als een vulkaan zijn. Het oude patroon van mijn leven is verscheurd. Het hangt in flarden om me heen. Grote dingen gaan hieruit voortkomen. Ik voel het gistingsproces. De trein die me naar huis, in Louveciennes, brengt, schudt zinnen in mij hoofd door elkaar als dobbelstenen in een pokerbeker.

Mijn schrijven in mijn dagboek zakt in elkaar, omdat het intimiteit met mijzelf was. Nu wordt het voortdurend onderbroken door Henry's stem, zijn hand op mijn knie.

Louveciennes is als een doos, met bloemblaadjes bekleed, gebeeldhouwd, van goud, met wanden van jonge bladeren, bloesems, keurig aangeharkte paden, namen van bloemen op bordjes, oude bomen, slierten klimop, maretak. Ik zal het vullen met Henry. Ik loop de heuvel op en denk aan hem terug, ernstig, afwezig, kijkend naar dansers. Ik bel aan en denk aan een van zijn geestige correcties van mijn boek. In mijn slaapkamer trek ik mijn bevlekte ondergoed uit. Ik herinner me zinnen van hem die ik opnieuw zal proeven in de nacht. De smaak van zijn penis is nog in mijn mond. Mijn oor brandt van zijn beten. Ik wil de wereld vullen met Henry, met zijn kwaadaardige aantekeningen, zijn plagiaten, vervormingen, karikaturen, nonsens, leugens, diepzinnigheden. Het dagboek zal ook met Henry gevuld worden.

Toch zei ik tegen hem dat hij het dagboek vermoord had. Hij had mij ermee geplaagd, en ik had juist ontdekt wat vegetatief genieten betekent. Ik lag in bed na het eten, roze jurk gekreukt en bevlekt. Het dagboek was een ziekte. Ik was genezen. Al drie dagen had ik niet geschreven. Ik had niet eens over onze waanzinnige nacht van praten geschreven, toen we de vogels hoorden fluiten, uit het keukenraam keken en de dageraad zagen. Ik had zoveel dageraden gemist. Niets kon me iets schelen behalve dat ik daar lag met Henry. Geen geschrijf in mijn dagboek meer. Toen verdween zijn geplaag. Oh, nee, dat zou zonde zijn, zei hij. Het dagboek mocht niet doodbloeden. Hij zou het missen.

Het bloedde niet dood. Ik kan geen andere manier vinden om mijn Henry lief te hebben dan door bladzijden met hem te vullen als hij er niet is om geliefkoosd en gebeten te worden. Toen ik hem vanochtend verliet, vroeg, sliep hij. Ik wilde hem zo graag kussen. Ik voelde wanhoop toen ik stilletjes mijn zwarte koffertje inpakte. Hugo is over vier uur thuis.

Henry zei dat het merkwaardig was om het verschil te zien tussen mij die tegen Hugo praat en mij die tegen John praat. Tegen Hugo gedraag ik me jeugdig, naïef, bijna religieus. Aan John laat ik rijpheid en vaardigheid zien. Zelfs nu is het hetzelfde. Aan Hugo geef ik idealistische verklaringen voor mijn daden, want dat is waar hij naar smacht. Volkomen het tegendeel van wat ik aan Henry geef. Henry zegt dat nadat hij mijn boek heeft gelezen hij nooit meer zeker van me kan zijn. Zijn levenservaring helpt hem iedere onbewuste onthulling op te vangen, iedere toespeling. Ik voel dat het boek Hugo zou kwetsen, terwijl Henry voelt dat ik, uiteindelijk, hem heb verheerlijkt. En het is waar. Henry hielp me zelfs een paar passages die Hugo's karakter zouden afzwakken eruit te halen. Maar ik zal nooit meer schrijven over Hugo, want wat ik voor hem en over hem schrijf is hypocriet en jeugdig. Ik schrijf over hem zoals iemand over God schrijft, met traditionele gelovigheid. Zijn kwaliteiten zijn voor mij kostbaar maar niet de meest inspirerende. Dat is nu allemaal voorbij. En nu ik de voortdurende poging mijn liefde voor Hugo te verheerlijken heb laten vallen, laat ik ook de laatste bolwerken van mijn onvolwassenheid vallen.

Ik kan me nog de middag herinneren dat Henry naar Louveciennes kwam nadat hij mijn kinderdagboek had gelezen, en verwachtte daar een meisje van elf te vinden. Hij was nog ontroerd door de bladzijden ervan. Maar mijn duivelse gedrag lachte het kind weg, en al gauw had ik hem zo opgewonden dat hij waanzinnige dingen zei en me neukte. Ik wilde triomferen over het kind. Ik weigerde emotioneel te worden, terug in het verleden te gaan. Het was net een duel. De vrouw in mij is sterk. En Henry zei dat hij dronken was van het naar mij kijken. Ik zei hem dat ik hem niet als echtgenoot wilde (waarom weet ik niet). Ik lachte om zijn hartstochtelijkheid. En hij was nog geen minuut weg of ik wilde hem terughebben, om hem woest te beminnen. Ik was sterker geroerd geweest door zijn Duitse serieusheid en sentimentaliteit dan ik had willen tonen. Heinrich! Wat houd ik van zijn jaloerse vragen, zijn cynische verdenkingen, zijn nieuwsgierigheid. De straten van Parijs passen bij hem, de cafés en de hoeren. Modern schrijven past bij hem: hij doet het beter dan wie dan ook. Elke latente kracht, van de gesel van de wind tot een revolutie, past bij hem.

Ik hou ook van zijn tekortkomingen. Een daarvan is beweterigheid, een kwaadaardige gewoonte van tegenspreken. Maar doet dat ertoe, aangezien wij elkaar zo goed begrijpen dat hij zich niet kan voorstellen dat we over iets serieus ruzie zouden maken? Als ik eraan denk hoe hij over June spreekt, zie ik een zeer gekwetste man. Deze man in mijn armen is niet erg schadelijk voor mij, omdat hij mij nodig heeft. Hij zegt zelfs: 'Het is vreemd, Anaïs, maar met jou voel ik me ontspannen. De meeste vrouwen laten een man zich geforceerd en gespannen voelen. En daarom voel ik me op mijn best.' Ik geef hem het gevoel van absolute intimiteit, alsof ik zijn vrouw ben.

Hugo ligt naast me in bed, en ik ben nog steeds aan het schrijven over Henry. Het idee dat Henry alleen in de keuken in Clichy zit is ondraaglijk voor me. En toch is Hugo de laatste tijd rijper geworden. We lachen er samen om. Nu we beiden bevrijd zijn van angsten, leven we ontspannen. Hij is op reis geweest met een man van de bank, een gewone, simpele, levenslustige man. En ze hebben samen gedronken, obscene verhalen uitgewisseld, en in nachtclubs gedanst. Hugo is eindelijk in de mannenwereld opgenomen. Hij vond het heerlijk. En ik zeg: 'Ga weg, reis veel. Dat hebben we allebei nodig. We kunnen het niet samen hebben. We kunnen het elkaar niet geven.'

Ik denk aan Fred, die Henry's ontheiliging van de goede smaak aanziet: een lucifer afstrijken aan zijn schoenzool, zout strooien op de pâté de foie gras, de verkeerde wijn drinken, zuurkool eten. En ik vind het allemaal prachtig.

Gisteren ontving Henry een telegram van June: 'Ik mis je. Ik moet je gauw weer zien.' En Henry is boos. 'Ik wil niet dat June komt en mij kwelt en jou pijn doet, Anaïs. Ik houd van jou. Ik wil je niet verliezen. Je was laatst nog niet weg of ik begon je al te missen. "Missen" is niet het woord; naar je te smachten. Ik wil met je getrouwd zijn. Jij bent waardevol, zeldzaam. Ik zie nu alles van je. Ik zie het gezicht van het kind, de danseres, de sensuele vrouw. Je hebt me gelukkig gemaakt. Ontzettend gelukkig.'

We komen samen vol wanhoop en heftigheid. Ik ben zo in vervoering dat ik huil. Ik wil aan hem vastgeklonken worden.

'Ik ben het niet,' zegt hij. 'Het is iets wat jij uit je eigen fantastische zelf hebt geschapen.' Ik dwing hem toe te geven dat hij het zelf is van wie ik houd, een Henry die ik goed ken. Maar ik ken Junes macht over ons beiden. Ik zeg tegen hem: 'June heeft macht over me, maar jij bent degene van wie ik houd. Er is een verschil. Zie je dat?'

'Dat is de manier waarop ik van je houd,' antwoordt hij. 'En jij hebt ook macht, van een andere soort.'

'Waar ik bang voor ben is dat June ons niet alleen lichamelijk maar volledig zal scheiden.'

'Geef niet toe aan June,' zegt Henry. 'Behoud je fantastische geest. Wees sterk.'

'Ik zou hetzelfde tegen jou kunnen zeggen,' antwoord ik. 'Maar ik weet dat al je geestkracht van geen enkel nut zal zijn.'

'Deze keer zal het anders zijn.'

De dreiging. We hebben gepraat. We zijn stil. Fred is de kamer binnengekomen. We zijn een plan aan het bedenken dat ik een paar dagen bij Henry kan doorbrengen voor ik met vakantie ga. Fred laat ons alleen. Henry kust mij weer. God, wat een kussen. Ik kan niet slapen als ik daaraan denk. We liggen dicht tegen elkaar. Henry zegt dat ik om hem heen gekruld lig als een kat. Ik kus zijn keel. Als ik zijn keel in zijn open hemd zie kan ik niet praten, zozeer word ik door begeerte gedreven. Ik fluister hees in zijn oor: 'ik hou van jou,' drie keer op zo'n toon dat het hem bang maakt. 'Ik hou zo veel van je dat ik je zelfs vrouwen wil geven!'

Vandaag kan ik niet werken omdat de gevoelens van gisteren op de loer liggen om me vanuit de zachtheid van de tuin te bespringen. Ze zitten in de lucht, in de geuren, in de zon, aan mijzelf, net als de kleren die ik draag. Het is te veel om op deze manier lief te hebben. Ik heb hem nodig, dicht bij me, elk moment – meer dan dichtbij, binnen in me.

Ik haat June, en toch is daar haar schoonheid. June en ik versmolten, zoals het hoort. Henry wil ons beiden hebben. Ik wil ook beiden. En June? June wil alles; omdat haar schoonheid dat opeist.

June, neem alles van me af maar niet Henry. Laat mij Henry houden. Jij hebt hem niet nodig. Jij houdt niet van hem zoals ik vandaag van hem houd. Jij kan van vele mannen houden. Ik zal er maar van weinig houden. Voor mij is Henry ongewoon.

Ik geef Henry de moed om June te domineren en te imponeren. Hij vult zich met de kracht die mijn liefde hem geeft. Elke dag zeg ik dat ik niet nog meer van hem kan houden, en iedere dag ontdek ik in mijzelf meer liefde voor hem.

Heinrich, er is weer een prachtige dag met jou voorbij, altijd te vroeg. En ik ben nog niet zonder liefde. Ik hield van je zoals je daar gisteren zat met het licht op je grijsblonde haar, het warme bloed zichtbaar door je noordelijke huid. Je mond open, zo sensueel. Je hemd open. In je korte brede handen hield je je vaders brief. Ik denk aan je jeugd op straat, je serieuze adolescentie – maar altijd sensueel – vele boeken. Je weet hoe kleermakers als Arabieren over hun werk gebogen zitten. Je leerde hoe je een broek moest snijden toen je vijf jaar oud was. Je schreef je eerste boek tijdens een vakantie van twee weken. Je speelde jazz op de piano zodat de volwassenen konden dansen op je muziek. Soms werd je erop uitgestuurd om je vader te halen, die in een bar zat te drinken. Je kon onder de klapdeuren door glippen, je was heel klein. Je trok aan zijn jas. Je dronk bier.

Je vindt het afschuwelijk om een vrouw de hand te kussen. Je lacht erom. Je ziet er zo goed uit in al je afgedankte pakken, sjofele kleren. Ik ken je lichaam nu. Ik weet tot welke duivelse praktijken je in staat bent. Je bent iets voor me wat ik nooit in je boeken heb gelezen of van June of van je vrienden gehoord heb. Iedereen denkt aan het lawaai en de kracht van jou. Maar ik heb de zachtheid gehoord en gevoeld. Er zijn woorden in andere talen die ik moet gebruiken als ik over je praat. In mijn eigen taal denk ik aan *ardiente, salvaje, hombre.*

Ik wil daar zijn waar jij bent. Naast je liggen zelfs als je slaapt. Henry, kus mijn wimpers, leg je vingers op mijn oogleden. Bijt in mijn oor. Strijk mijn haar naar achter. Ik heb geleerd je kleren heel snel los te knopen. Alles, in mijn mond, zuigend. Je vingers. De geilheid. De opwinding. Onze kreten van bevrediging. Eén voor elke beuk van je lichaam tegen het mijne. Iedere dreun een steek van genot. Omhoog in een spiraal. De kern geraakt. De baarmoeder zuigt, heen en weer, open, dicht. Lippen die elkaar raken, slangetongen die elkaar raken. Ah, het scheuren – een bloedcel gebarsten van genot. Totale overgave.

We zitten met ons drieën op de bank, te kijken op een kaart van Europa. Henry vraagt me: 'Ben je nog steeds aan het aankomen?'

'Ja, aan één stuk door.'

'Oh, Anaïs, word nou niet dikker,' zegt Fred. 'Ik vind je mooi zoals je bent.'

Henry glimlacht. 'Maar Henry houdt van Renoireske lichamen,' zeg ik.

'Dat is waar,' zegt Henry.

'Maar ik houd van tengerheid. Ik houd van maagdelijke borsten.'

'Ik zou eigenlijk van jou moeten houden, Fred. Het was een vergissing.'

Henry glimlacht niet. Ik ken zijn jaloerse gezichtsuitdrukkingen nu, maar Fred en ik gaan door met plagen. 'Fred, nadat ik een paar dagen met Henry heb doorgebracht, zal ik twee dagen met jou doorbrengen, in een hotel, zodat ik Henry daar mee naar toe kan nemen. Hij wordt graag meegenomen naar hotels waar ik eerder geweest ben. Twee dagen.'

'We nemen ontbijt op bed. Mitsouko-parfum. Een chique hotel. Goed?'

Later zegt Henry: 'Je mag natuurlijk grappen maken, maar Anaïs, kwel me niet. Ik ben jaloers, verschrikkelijk jaloers.' Ik moet lachen omdat ik de Renoir-lichamen, de maagdelijke borsten al vergeten was.

Als Henry opbelt voel ik zijn stem in mijn aderen. Ik wil dat hij in mij praat. Ik eet Henry, ik adem Henry, Henry is in de zon. Mijn cape is zijn arm rond mijn middel.

Café de la Place Clichy. Middernacht. Ik vroeg Henry iets in mijn dagboek te schrijven. Hij schreef: 'Ik verbeeld me dat ik nu een zeer beroemd persoon ben en dat mij een van mijn eigen boeken wordt gegeven om een handtekening in te zetten. Dus schrijf ik met een stijf handschrift, een beetje gewichtig. *Bonjour, Papa!* Nee, ik kan nu niet in je dagboek schrijven, Anaïs. Op een dag moet je het me lenen, met een paar blanco pagina's aan het eind – en dan zal ik er een inhoudsopgave in schrijven – een kwaadaardige inhoudsopgave. Heinrich. Place Clichy. Er is niet heiligs aan dit boek behalve jij.'

Om hem aan te moedigen had ik gezegd: 'Er is niet heiligs aan dit boek, en je mag er zelfs overdwars in schrijven, of onderste boven.'

Hij had een baret op en zag eruit als dertig.

Gisteravond toen Hugo voor de bank ergens heen moest en ik besefte dat ik naar Henry kon gaan, op een zachte zomeravond, kon ik het wel uitschreeuwen. In de taxi, alleen, bezong en wiegde ik mijn vreugde, 'Henry, Henry' murmelend. En ik hield mijn benen stijf gesloten, tegen de invasie van zijn bloed. Toen ik aankwam, zag Henry mijn stemming. Het straalde van mijn lichaam en mijn gezicht. Warm wit bloed. Henry naait me. Er is geen ander woord voor.

Zijn kussen zijn nat als de regen. Ik heb zijn sperma ingeslikt. Hij heeft het sperma van mijn lippen gekust. Ik heb mijn eigen honing op zijn mond geroken.

Ik ga naar Allendy in een staat van enorme opgetogenheid. Ik vertel hem eerst over het artikel dat ik voor hem aan het schrijven ben, dat ik ontmoedigend moeilijk vond. Hij zegt me hoe ik het eenvoudiger kan doen. Dan vertel ik hem over een droom die ik had waarin ik hem had gevraagd naar Joaquíns pianoconcert te komen omdat ik hem daar nodig had. In de droom stond hij in het gangpad en torende boven de andere mensen uit. Het lezen van zijn boeken heeft hem sterk in mijn achting doen stijgen. Ik vroeg hem of hij echt naar het concert wilde komen. Ik weet dat hij het ontzettend druk heeft, maar hij nam het toch aan.

Ik vertelde hem over mijn 'waterige' dromen en de droom over een Koningsbal. Hij zei dat de natheid bevruchting symboliseerde, en de liefde van de koning de verovering van mijn vader via andere man was. Op het moment was ik, volgens hem, op een hoogtepunt en had hem nauwelijks nodig. Ik zei tegen hem dat ik niet kon geloven dat psychoanalyse zo snel werkte. Uitbundig prees ik de effecten ervan. Zijn gedrag tegenover mij had ook een vrolijke uitwerking op me. Weer viel me de schoonheid van zijn Keltische ogen op. Toen maakte hij een knappe analyse van mijn huwelijk, uit losse opmerkingen her en der opgepikt.

'Maar,' zegt Allendy, 'nu komt de test voor volledige volwassenheid: passie. U heeft Hugo als een moeder gemodelleerd, en hij is uw kind. Hij kan uw passie niet opwekken. Hij kent u zo goed dat zijn passie zich misschien ook op een ander richt. U hebt samen allerlei fasen doorgemaakt, maar nu zullen jullie uit elkaar groeien. U heeft zelf passie met iemand anders ervaren. Tederheid, begrip en passie gaan meestal niet samen. Maar tederheid en begrip zijn dan ook zo zeldzaam.'

'Maar die zijn zo onvolwassen,' zei ik. 'Passie is zo machtig.'

Allendy glimlachte, treurig, vond ik. Toen zei ik: 'Deze analyse zou, lijkt me, ook op Eduardo's gevoelens van toepassing kunnen zijn.'

'Nee. Eduardo houdt echt van u, en u houdt van hem, geloof ik.'

Allendy had ongelijk. Toen ik hem verliet, nog steeds opgewekt en onvervaard, sprak ik met Eduardo. 'Luister, schat,' zei ik. 'Ik geloof dat we echt van elkaar houden, als broer en zus. We kunnen niet zonder elkaar, omdat we elkaar zo goed begrijpen. Als we getrouwd waren zou het net zo'n huwelijk geweest zijn als dat van Hugo en mij. Je zou gewerkt, je ontwikkeld hebben, gelukkig geweest zijn. We gaan zo fijngevoelig en voorzichtig met elkaar om. We hebben ook behoefte aan passie. Maar ik kan nooit zo naar je kijken als ik naar andere mannen kijk. Je kan voor mij niet zo'n passie hebben als voor een vrouw van wie je de ziel niet kent. Geloof me, ik heb gelijk. Wees niet gekwetst. Ik voel me sterk verbonden met je. Je hebt me nodig. We hebben elkaar nodig. We zullen ergens anders passie vinden.'

Eduardo beseft dat ik gedeeltelijk gelijk heb. We zitten heel dicht bij elkaar in het café. We lopen heel dicht naast elkaar. We zijn voor een deel droevig, voor een deel blij. Het is warm. Hij ruikt mijn parfum. Ik kijk naar zijn prachtige gezicht. We begeren elkaar. Maar het is een luchtspiegeling. Het komt alleen maar omdat we zo jong zijn, en het zomer is, en we lichaam tegen lichaam lopen.

Hugo komt me afhalen, en dus kussen Eduardo en ik elkaar, en dat is alles.

Op Joaquíns concert zit Eduardo naast me, zo mooi. Mijn minnaar Henry zit ergens waar ik hem niet kan zien. Wanneer we allemaal opstaan voor de pauze, staat Allendy in het middenpad. Onze ogen ontmoeten elkaar. Er is droefheid in de zijne, en ernst, hetgeen me ontroert. Terwijl ik rondloop met katachtige bewegingen weet ik dat ik Allendy en Eduardo en Henry en anderen aan het verleiden ben. Er is een vurige, knappe Italiaanse violist. Mijn vader is er, die van plaats verwisselt om voor mij te kunnen zitten. Er is een Spaanse schilder.

Eén laag fysiek vertrouwen, één laag bedeesde verleidelijkheid, één laag kinderlijke wanhoop, omdat Moeder zo'n scène maakte toen ze Vader op het concert zag komen. En arme Joaquín was van streek en nerveus, maar hij speelde uitmuntend.

Henry was geïntimideerd door al die mensen. Ik kneep heel hard in zijn hand. Hij leek vreemd en veraf. Ik stond stijf als een standbeeld tegenover mijn vader. Ik voelde het kind in mij dat nog steeds bang was. Allendy torende boven de menigte uit. Ik wilde naar hem toe lopen, zoals in de droom, en naast hem staan. Zou hij mij kracht geven? Nee. Hij is zelf soms zwak geworden. Iedereen heeft zijn verlegenheden, zijn twijfels aan zichzelf. Ik draag lagen van gevoelens, sensaties. Het zware lamé op mijn naakte lichaam. De streling van de fluwelen cape. Het gewicht van de wijde mouwen. De hypnotische gloed van de lichten. Ik ben me bewust van mijn slepende tred, van handen die de mijne schudden.

Eduardo is bedwelmd. Door mijn woorden, mijn parfum (Narcisse Noir). Toen hij Henry tegenkwam ging hij rechtop staan, trots, prachtig. In de auto zoekt zijn been het mijne. Joaquín slaat zijn cape om me heen. Als ik het Café du Rond Point binnenkom kijkt iedereen naar me. Ik zie dat ik hen voor de gek heb gehouden. Ik heb mijn kleinere ik verborgen.

Hugo doet vaderlijk, beschermend. Hij betaalt de champagne. Ik verlang naar Henry, die al de lagen die mij verstikken, zou kunnen verbrijzelen, de oester die door haar angst voor de wereld gehypnotiseerd is, openbreken.

Ik zei tegen Henry: 'Jij hebt veel passie meegemaakt, maar jij hebt nooit verbondenheid, intimiteit met een vrouw, begrip meegemaakt.' 'Dat is zeker waar,' zei hij. 'De vrouw was voor mij een vijand, een verwoester, iemand die mij dingen afnam, niet iemand met wie ik vertrouwd zou kunnen leven, gelukkig mee zijn.'

Ik begin in te zien hoe kostbaar het is wat Henry en ik voor elkaar voelen, wat het is dat hij mij geeft en dat hij June niet gegeven heeft. Ik begin Allendy's peinzende glimlach te begrijpen wanneer ik geringschattend doe over tedere liefde, vriendschap.

Wat hij niet weet is dat ik de onvervulde delen van mijn leven moet completeren, dat ik wil hebben wat ik dusver gemist heb, om mijzelf en mijn verhaal af te maken.

Maar ik kan niet zo maar van seksualiteit genieten, onafhankelijk van mijn gevoelens. Ik ben inherent trouw aan de man die mij bezit. Nu is het totale trouw aan Henry. Vandaag probeerde ik van Hugo te genieten, om hem een genoegen te doen, en ik kon het niet. Ik moest doen alsof.

Als er vandaag geen June bestond zou ik het eind van mijn rusteloosheid kennen. Ik werd op een morgen huilend wakker. Henry had tegen me gezegd: 'Ik geniet eigenlijk niet van jouw lichaam. Het is niet je lichaam waar ik van hou.' En het verdrietige gevoel van dat moment komt terug. Toch zei hij de laatste keer dat we samen waren onstuimige dingen over de schoonheid van mijn benen en dat ik zo goed kon neuken. Arme vrouw!

Zowel Hugo als Henry kijken graag naar mijn gezicht als ze met me vrijen. Maar nu is voor Hugo mijn gezicht een masker.

Allendy vertelde Hugo op het concert dat ik een zeer interessante patiënt was, dat ik zo gevoelig en snel reageer. Dat ik bijna genezen was. Maar die avond had ik weer de gewaarwording Allendy te willen imponeren, en ondertussen een geheim deel van mijn ware zelf te verbergen. Er moet altijd iets geheim blijven. Voor Henry verberg ik het feit dat ik zelden optimale seksuele bevrediging krijg omdat hij wil dat ik mijn benen wijd open spreidt, en ze voor mij gesloten moeten zijn. Ik wil zijn genot niet verminderen. Bovendien krijg ik een soort verspreid genot dat, al is het minder heftig, langer duurt dan een orgasme.

Henry schreef me een brief na het concert. Ik stopte die vannacht onder mijn kussen: 'Anaïs, ik was verblind door je schoonheid! Ik raakte totaal in de war, ik voelde me ellendig. Ik ben blind geweest, blind, zei ik tegen mezelf. Jij stond daar als een prinses. Jij was de Infanta! Je leek zwaar teleurgesteld in me. Wat was er? Zag ik er stom uit? Dat was ik waarschijnlijk. Ik wilde op mijn knieën liggen en de zoom van je jurk kussen. Je hebt me zoveel Anaïsen laten zien – en nu deze! – als om je proteïsche veelzijdigheid te tonen. Weet je wat Fraenkel tegen me zei? "Ik had nooit verwacht dat het zo'n mooie vrouw was. Hoe kan een vrouw die zo feminien, zo mooi is, een boek [over D.H. Lawrence] schrijven?" Oh, dat deed me eindeloos plezier! Het kleine toefje haar dat boven het diadeem uitstak, de glanzende ogen, de verrukkelijke schouderlijn, en die mouwen die ik aanbid, vorstelijk, Florentijns, diabolisch! Ik zag niets beneden de boezem. Ik was te opgewonden om op een afstand naar je te kijken. Wat wilde ik je graag voor altijd wegvoeren. Er vandoor gaan met de Infanta – mijn god. Koortsachtig speurde ik naar de Vader. Ik denk dat ik hem gezien heb. Zijn haar verried hem. Vreemd haar, vreemd gezicht, vreemde familie. Een voorgevoel van genialiteit. Ach, ja, Anaïs, ik hou me gedeisd – want jij hoort tot een andere wereld. Ik zie niets bij mezelf om jouw belangstelling te wekken. Je liefde? Dat lijkt me nu een fantasie. Het is een goddelijke streek, een wrede grap die je met me uithaalt... ik begeer je.'

Ik zei tegen Allendy: 'Geen analyse vandaag. Laten we over u praten. Ik ben enthousiast over uw boeken. Laten we over de dood praten.'

Allendy stemt toe. Dan bespreken we Joaquíns concert. Hij zei dat mijn vader eruitzag als een jonge man. Henry deed hem denken aan een beroemde Duitse schilder – te zacht, misschien tweezijdig, een onbewuste homoseksueel? Nu ben ik verbaasd.

Mijn artikel was goed, zegt Allendy, maar waarom wil ik niet geanalyseerd worden? Zo gauw ik afhankelijk van hem begin te worden wil ik zijn vertrouwen winnen, hèm analyseren, een zwakte in hem vinden, hem een beetje veroveren omdat ik veroverd ben.

Hij heeft gelijk. 'Toch,' protesteer ik, 'lijkt het me dat het een teken van sympathie is.' Hij zegt ja, omdat het de manier is waarop ik iedereen van wie ik houd behandel. Hoewel ik veroverd wil worden, doe ik er alles voor om te veroveren, en als ik veroverd heb, wordt mijn tederheid gewekt en sterft mijn passie. En Henry dan? Het is nog te vroeg om dat te weten.

Allendy zegt dat hoewel ik de indruk wekte dominantie en wreedheid en grofheid bij Henry te zoeken (dat vond ik in zijn boeken), mijn ware instinct mij vertelde dat er zachtheid in de man was. En dat, hoewel ik de indruk wek dat ik verbaasd ben dat Henry zo zachtaardig, zo voorzichtig met me is, ik daar nu blij om ben. Ik heb weer veroverd.

Ik ben wreed tegen Hugo geweest. Gisteren wilde ik niet dat hij thuiskwam. Ik voelde een verschrikkelijke vijandigheid. En dat was te merken. Henry en zijn vriend Fraenkel waren er 's avonds. Ik onderbrak Hugo toen hij iets voorlas dat te lang en eentonig was, en ik veranderde een keer zo bruusk van onderwerp dat het Fraenkel opviel. Maar Fraenkel vond Hugo aardig, en had een hoge dunk van hem. Een keer verschoof Hugo zijn stoel, nadat hij wat boeken en manuscripten op de grond had gelegd. Later ging hij erop zitten, en Henry's manuscript lag precies onder een poot van de stoel. Dat maakte me rusteloos. Ten slotte stond ik op en raapte het voorzichtig op.

Er was een grappig moment toen Fraenkel het over Henry's diepe manier van slapen had en hoe lang hij wel sliep. Ik keek ondeugend naar Henry en zei: 'Oh ja? Echt waar?'

Mijn Henry luisterde als een grote beer naar kleine, lenige Fraenkel, die gecompliceerde abstracte denkbeelden uitlegde. Fraenkel heeft een passie voor denkbeelden. Fraenkel ìs, zoals Henry zegt, een denkbeeld. Een jaar geleden hadden die denkbeelden me met blijdschap vervuld. Maar Henry heeft iets met me gedaan, Henry de man. Ik kan wat ik voel alleen vergelijken met de gevoelens van Lady Chatterley voor Mellors. Ik kan niet eens aan Henry's werk of Henry zelf denken zonder dat zich iets in mijn onderbuik roert. Vandaag hadden we enkel tijd voor kussen, en die alleen al deden me smelten.

Hugo zegt tegen me dat zijn instinct hem verzekert dat er niets tussen Henry en mij is. Toen ik gisteravond Henry's brief onder mijn hoofdkussen schoof, vroeg ik me af of het papier zou kraken en Hugo het zou horen, of hij de brief zou lezen terwijl ik sliep. Ik neem grote risico's, met opgewektheid. Ik wil grote offers brengen voor mijn liefde. Mijn echtgenoot, Louveciennes, mijn heerlijke leven – voor Henry.

Allendy zegt: 'Geef uzelf totaal aan één persoon. Wees afhankelijk. Steun. Wees niet bang voor pijn.'

Ik denk dat ik dat doe, met Henry. En toch voel ik me nog steeds alleen en verdeeld.

Gisteravond zette hij me af op Gare St. Lazare. Ik begon in de trein al te schrijven, om de zevenmijlslaarssprongen van mijn leven in evenwicht te brengen met het mierengekriebel van mijn pen. De mierenwoorden renden heen en weer met kruimels: zulke zware kruimels. Groter dan de mieren. 'Heb je genoeg paarse inkt?' vroeg Henry. Ik zou geen inkt moeten gebruiken maar parfum. Ik zou met Narcisse Noire, met Mitsouko, met jasmijn, met kamperfoelie moeten schrijven. Ik zou prachtige woorden kunnen schrijven die de sterke geur uitwasemen van vrouwenhoning en het witte bloed van de man.

Louveciennes! Stop. Hugo wacht op me. Regressie. Het verleden: de trein naar Long Beach. Hugo in golfkostuum. Zijn benen, uitgestrekt naast de mijne, prikkelen me. Ik heb jodium meegenomen omdat hij last heeft van plotselinge kiespijnen. Ik draag een jurk van mousseline, gesteven en fris, en een breedgerande hoed met kersen aan de rechterkant, bungelend in een plooi van de zachte brede flap. De zondagmenigte is roodaangelopen, verbrand, haveloos, lelijk. Ik keer terug zwaarbeladen van mijn eerste echte kus.

Weer in de trein – ditmaal op weg naar Henry. Als ik deze kant opga, met mijn pen en mijn dagboek, voel ik me uitermate zeker. Ik zie het gat in mijn handschoen en een stop in mijn kous. Allemaal omdat Henry moet eten. En ik ben blij dat ik Henry geborgenheid, eten kan geven. Op bepaalde momenten, als ik in zijn ondoorgrondelijke blauwe ogen kijk, krijg ik een gewaarwording van zo'n overweldigend geluk dat ik me leeggezogen voel.

Eduardo en ik zouden de hele middag samen doorbrengen. We begonnen met een overvloedige lunch in de Rotisserie de la Reine Pédauque, een restaurant dat je hongerig maakt. Boosaardige, psychoanalytische conversatie. Verse aardbeien. Eduardo die steeds meer in de stemming komt, smelt, me begeert. Dus zeg ik: 'Laten we naar de film gaan. Ik weet er een die we moeten zien.'

Hij is koppig. Maar er is geen medelijden of zwakheid meer in me. Ik ben net zo koppig. Eduardo met het Hotel Anjou in zijn hoofd. Ik met Henry's bloed in mijn aderen. De hele lunch door moest ik eraan denken hoe graag ik Henry hier mee naar toe zou nemen. Hem eten opscheppen uit deze enorme, sprookjesachtige feestelijke schotels. Eduardo is heel kwaad, op een kille manier. Hij zegt: 'Ik breng je naar Gare St. Lazare. Je kan de trein van vijf voor half drie halen.'

Maar ik heb een afspraak met Henry om zes uur. We wandelen nog een beetje en dan nemen we zonder veel woorden afscheid, allebei kwaad. Ik zie hem doelloos en ongelukkig verder lopen. Ik steek de straat over en ga de Printemps binnen. Ik loop naar de toonbank met halskettingen en armbanden en oorbellen, die mij altijd weer verblinden. Ik sta daar als een gefascineerde wilde. Glitter. Amethist. Turkoois. Schelp-roze. Iers groen. Ik zou naakt willen zijn en me bedekken met koude kristallen sieraden. Sieraden en parfum. Ik zie twee hele brede platte stalen armbanden. Handboeien. Ik ben de slavin van armbanden. Algauw zitten ze om mijn polsen. Ik betaal. Ik koop rouge, poeder, nagellak. Ik denk niet aan Eduardo. Ik ga naar de kapper, waar ik stil en bevroren kan zitten. Ik schrijf met een pols omsloten door staal.

Later stelt Henry vragen. Ik weiger te antwoorden. Ik neem mijn toevlucht tot vrouwentrucjes. Ik bewaar het geheim van mijn trouw. We drukken elkaars arm als we door de straten van Parijs lopen. Een gevaarlijk uur. Ik heb vandaag al het vreemde genot geproefd van Eduardo pijn te doen. Nu wil ik bij Henry blijven en Hugo pijn doen. Ik kan het niet verdragen om alleen naar huis te gaan, terwijl Henry naar Clichy gaat. Ik word gemarteld door de begeerte die we niet konden bevredigen. Nu is hij het die bang is voor mijn waanzin.

Vandaag vuurt Allendy zijn vragen onverbiddelijk af. Ik kan niet ontsnappen. Als ik van onderwerp probeer te veranderen, geeft hij me antwoord maar keert terug naar het onderwerp dat ik probeer te ontwijken. Hij is verlegen met wat ik hem vertel over Eduardo, over het feit dat ik op dezelfde dag wreed wil zijn tegen Hugo, en over de armbanden. Henry is duidelijk op dit ogenblik de favoriet. Maar aangezien Allendy uitgaat van de veronderstelling dat ik van Eduardo houd, zal hij zeker op een dwaalspoor raken, hoewel hij heel duidelijk mijn strijd ziet tussen mijn verlangen te veroveren en mijn verlangen veroverd te worden. Ik zocht dominantie in Henry, en inderdaad domineert hij mij seksueel, maar ik was misleid door wat hij schrijft en door zijn enorme ervaring.

Allendy begreep niets van de armbanden. Ik kocht er twee, zegt hij, ter weerlegging van mijn gevoel van voldoening Eduardo en Hugo te hebben gekwetst. Zo gauw ik tot wreedheid kom, wil ik me op mijn knieën werpen. Eén armband voor Hugo en één voor Eduardo.

Dit nu geloof ik niet. Ik koos de twee armbanden uit met een gevoel van totale onderwerping aan Henry en bevrijding uit de tederheid die me aan Hugo en Eduardo bindt. Toen ik ze aan Henry liet zien, strekte ik mijn beide polsen naar voren zoals je doet wanneer je geboeid wordt.

Allendy gaat dieper in op het moment tijdens het concert toen ik hem treurig en zorgelijk vond. Wat dacht ik precies? Dat hij financiële zorgen had, zich zorgen maakte over zijn werk, emotionele problemen had?

'Emotioneel,' zei ik snel.

'Wat vond u van mijn vrouw?'

'Het viel me op dat ze niet mooi was, en dat vond ik prettig. Ik heb ook aan uw dienstmeisje gevraagd of uw vrouw uw huis heeft ingericht, omdat ik de inrichting mooi vond. Ik denk dat ik ons met elkaar aan het vergelijken was. Het spijt me dat ik dat over uw vrouw zei, dat ze niet mooi was.'

'Dat is niet zo gemeen, als dat alles is wat u dacht.'

'Maar ik voelde ook dat ik de avond van het concert mooi was.'

'U was beslist *en beauté*. Is dat alles?'

'Ja.'

'U bent de ervaring uit uw kinderjaren aan het herhalen. U identificeert mijn vrouw, die veertig jaar oud is, met uw moeder en u vraagt zich af of u uw vader (of mij) van haar kan afpakken. Mijn vrouw vertegenwoordigt uw moeder en daarom mag u haar niet. U moet, als kind, heel jaloers op uw moeder zijn geweest.'

Hij heeft het uitvoerig over de behoefte van een vrouw om onderworpen te worden, de vreugde die ik, gelooft hij, nog niet ken van je volkomen te laten gaan. Eerst fysiek, omdat Henry me zo hevig opwindt.

Ik begin zwakke plekken in zijn formuleringen te ontdekken, geërgerd te raken omdat hij mijn dromen en denkbeelden zo snel archiveert. Als hij zwijgt, analyseer ik mijn eigen daden en gevoelens. Natuurlijk kan hij zeggen dat ik tekortkomingen in hem probeer te ontdekken, een gelijke van hem te maken, omdat hij mij een bekentenis over zijn vrouw heeft ontlokt. Op dit moment voel ik dat hij beslist sterker is dan ik, en ik wil dit in evenwicht brengen om een zelfstandige analyse van de armbanden te maken. Ik ben dus half onderworpen, half rebels.

Allendy legt de nadruk op de ambivalentie van mijn gevoelens. Hij voelt dat hij ook in de buurt aan het komen is van de seksuele sleutel van mijn neuroses, en ik besef dat hij dat ook doet, als een vaardige detective.

Om Hugo te testen heb ik een paar keer het idee van een 'vrije avond' geopperd – een keer per week misschien, dat we ieder apart kunnen uitgaan. Het is duidelijk dat hij er geen plezier aan beleeft om met Henry uit te gaan vanwege een onbestemde jaloezie.

Ten slotte spraken we af dat ik met Henry en Fred naar de film kon gaan terwijl hij met Eduardo uitging. Op het laatste moment kon Eduardo niet. Ik stelde voor mijn afspraak uit te stellen. Hugo wilde er niet van horen. Hij zei dat hij toch uit zou gaan, en dat het goed was voor ons beiden. Hij zei dit op een normale toon. Ik weet niet zeker of hij heimelijk gekwetst was door mijn verzoek om onafhankelijkheid. Hij hield vol van niet. Of hij gekwetst is of niet, het is noodzakelijk. Ik voel dat hij geleidelijk aan goed gebruik zal maken van zijn eigen vrijheid.

'Denk je dat vrijheid eenvoudigweg betekent dat we uit elkaar aan het groeien zijn?' vroeg hij ongerust. Dit ontkende ik. Ik ben zeker seksueel van hem verwijderd geraakt, en als er nu enige jaloersheid in mij is, is dat niet te wijten aan lichamelijke passie maar aan pure bezitterigheid. En aangezien ik hem niet in de volledige zin mijn lichaam geef, heeft hij het volste recht op zijn vrijheid en meer. Het zou niet meer dan eerlijk zijn als hij ergens anders hetzelfde genot zou vinden dat ik bij Henry gevonden heb. Als het waar is wat Allendy zegt, moeten wij allebei passie buiten onze liefde vinden. Natuurlijk kost me dit moeite. Ik zou Hugo voor mezelf kunnen houden. Het idee van vrijheid was nog niet bij hem opgekomen. Ik heb het voorgesteld. Natasha zou me voor gek verklaren.

Wat kan ik met mijn geluk doen? Hoe kan ik het bewaren, verbergen, ergens begraven waar ik het nooit zal verliezen? Ik wil knielen als het als regen over me heen valt, het opnemen met kant en zijde, en het weer over me uitwringen.

Henry en ik liggen volledig gekleed onder de ruwe deken van zijn bed. Hij praat over zijn eigen intense vreugde. 'Ik kan je vanavond niet laten gaan, Anaïs, ik wil je de hele nacht hier hebben. Ik heb het gevoel dat je van mij bent.' Maar later, als we dicht bij elkaar zitten in een café, onthult hij zijn gebrek aan zelfvertrouwen, zijn twijfels. Het rode dagboek maakte hem treurig. 'Is dat alles? Is dat alles?' wil hij weten. Hij las over zijn sensuele macht over mij. Is hij alleen dat voor mij? Dan zal het gauw voorbij zijn, een voorbijgaande verliefdheid. Seksuele begeerte. Hij wil mijn liefde. Hij heeft de zekerheid van mijn liefde nodig. Ik vertel hem dat ik van hem houd sinds ik die paar dagen in Clichy met hem heb doorgebracht. 'In het begin, ja, toen was het misschien louter sensueel. Nu niet.'

Het lijkt mij dat ik niet meer van hem kan houden dan ik al doe. Ik hou evenveel van hem als ik hem begeer, en mijn begeerte is onmetelijk. Elk uur dat ik in zijn armen doorbreng zou het laatste kunnen zijn. Ik ga erin op met alle hevigheid. Op ieder moment, voordat ik hem weer zie, kan June terugkomen.

Hoe houdt June van Henry? – hoe veel, hoe goed? vraag ik me gekweld af.

Wanneer mensen verbaasd zijn als hij zacht en verlegen is, vind ik dat grappig. Ook ik was onder de indruk van de grofheid van zijn manier van schrijven, maar mijn Henry is kwetsbaar, gevoelig. Hoe bescheiden doet hij zijn best om Hugo hem aardig te laten vinden, wat is hij blij als Hugo vriendelijk tegen hem is.

Gisteravond ging Hugo naar de film, genoot van de nieuwigheid van de ervaring, danste in een nachtclub met een meisje uit Martinique, voelde heimwee naar mij toen hij de muziek hoorde, alsof we ver van elkaar verwijderd waren, en kwam thuis vol verlangen om mij te bezitten.

Na de zachte, soepele manier waarop Henry mijn lichaam binnendringt, is Hugo verschrikkelijk om te verdragen. Op zulke momenten heb ik het gevoel dat ik gek word en alles zal onthullen.

Henry heeft een plaatje van Mona Paiva, de danseres, boven zijn wastafel geprikt, samen met twee foto's van June, een van mij, en een paar van zijn aquarellen. Ik geef hem een blikken doos voor zijn brieven en manuscripten, en aan de binnenkant van de deksel plakt hij het programma van Joaquíns concert. Op zijn deur prikt hij aantekeningen over Spanje.

Ik knipte de bovenkant van mijn poederdoos uit – *N'aimez que Moi, Caron, rue de la Paix*. Hij draagt het mee in zijn vestzak. Hij draagt ook een van mijn wijnkleurige zakdoekjes bij zich.

Gisteravond zei hij: 'Ik ben zo rijk omdat ik jou heb. Ik voel dat er tussen ons altijd van alles aan de hand zal zijn, dat er altijd veranderingen en nieuwigheden zullen zijn.'

Hij zei bijna: we zullen altijd met elkaar verbonden en in elkaar geïnteresseerd zijn, los van de verbintenis van het moment. En bij deze gedachte kromp mijn hart ineen, en had ik de behoefte zijn pak aan te raken, zijn arm, om te weten dat hij er was en, tijdelijk, helemaal de mijne.

Ik zweef voort, mij koesterend in herinneringen aan Henry – hoe zijn gezicht er op bepaalde momenten uitziet, de ondeugendheid van zijn mond, het precieze geluid van zijn stem, soms hees, de stevige vierkante greep van zijn hand, hoe hij eruitzag in Hugo's afgedankte groene jas, zijn gelach in de film. Hij kan geen beweging maken die niet in mijn lichaam natrilt. Hij is niet langer dan ik. Onze monden zijn op dezelfde hoogte. Hij wrijft in zijn handen als hij opgewonden is, herhaalt woorden, schudt zijn hoofd als een beer. Hij heeft een ernstige, ingetogen uitdrukking op zijn gezicht als hij werkt. In een menigte raad ik zijn aanwezigheid voordat ik hem zie.

Vandaag besefte ik, zeer geamuseerd, de mate waarin Henry mijn eeuwige zwaarwichtigheid heeft afgeschud, met zijn literaire grappen, zijn idiote manifesto's, zijn tegenstrijdigheden, zijn stemmingswisselingen, zijn groteske humor. Ik kan mezelf zien als een belachelijk iemand, vanwege mijn voortdurende pogingen anderen te begrijpen. We hoorden dat Richard Osborn gek was geworden. 'Hoera!' zei Henry. 'Laten we hem gaan opzoeken. Laten we eerst wat drinken. Dit is zeldzaam, geweldig; het gebeurt niet iedere dag. Ik hoop dat hij echt krankzinnig is.' Ik was eerst een beetje geschokt, maar al gauw kreeg ik de smaak van de humor te pakken, en vroeg om meer. Henry heeft me geleerd om te spelen. Ik had eerder gespeeld, op mijn eigen manier, met humor-op-sandalen, maar zijn humor is stevig, en ik heb ervan genoten tot op het hysterische toe – zoals de morgen dat de dageraad ons verraste terwijl we nog aan het praten waren. Henry en ik vielen op zijn bed, uitgeput, maar hij was nog steeds delirisch aan het praten over de zeef die per ongeluk in de wc was gegooid, over zwartkanten ondergoed en koraal, enzovoort, waaruit hij later die onnavolgbare parodie op mijn roman schiep.

Een paar avonden geleden hadden we het over de truc van de literatuur om het onnodige te schrappen, zodat ons een geconcentreerde dosis leven gegeven wordt. Ik zei bijna verontwaardigd: 'Het is misleiding en de oorzaak van veel teleurstelling. Je leest boeken en verwacht dat het leven net zo belangwekkend en intens is. En natuurlijk is dat niet zo. Er tussenin zijn vele saaie momenten, en die zijn ook natuurlijk. Jij hebt in je manier van schrijven dezelfde truc toegepast. Ik verwachtte dat al onze gesprekken koortsachtig, veelbetekenend zouden zijn. Ik verwachtte dat jij altijd dronken, en altijd delirisch zou zijn. Maar toen we een paar dagen samenleefden, kwamen we in een regelmatig, rustig, natuurlijk ritme.'

'Ben je teleurgesteld?'

'Het is heel anders dan ik verwacht had, ja, minder sensationeel, maar ik ben voldaan.'

Ik heb dat kalme Seine-achtige ritme van mijn adolescentie verloren. En toch, als Henry en ik samen in het Café de la Place Clichy zitten, genieten wij van de sterke koortsloze stromingen van onze liefde.

Het is June die koorts opwekt. Maar het is alleen maar een oppervlakkige koorts. De echte, onuitwisbare koorts zit in het schrijven van Henry. Als ik zijn nieuwste boek lees raak ik bijna versteend van bewondering. Ik probeer erover na te denken, hem te vertellen hoe het mij aangrijpt, en ik kan het niet. Het is te immens, te sterk.

Alles is zo lief tussen Hugo en mij. Grote tederheid en veel misleiding van mijn kant omtrent mijn ware gevoelens. Ik was geroerd door zijn gedrag een paar avonden geleden en probeerde dat te vergoeden door hem veel genot te verschaffen. De manier waarop ik aan Henry denk jaagt me angst aan: het is zo geobsedeerd. Ik moet proberen mijn gedachten te verdelen.

Als Henry en ik over June praten, denk ik nu alleen maar aan haar als een 'personage' dat ik bewonder. Als vrouw bedreigt zij mijn ene grote bezit, en ik kan niet meer van haar houden. Als June dood zou gaan – daar denk ik vaak aan –, als ze maar dood zou gaan. Of als ze zou ophouden met van Henry te houden, maar dàt zal ze niet doen. Henry's liefde is het toevluchtsoord waar ze naar terugkeert, altijd.

Iedere keer dat ik naar Henry's appartement ben gegaan en hij een brief aan June aan het schrijven, of een passage over haar in zijn boek aan het herschrijven was, of aangestreept had wat in Proust of Gide op haar slaat (hij treft haar overal aan), heb ik een ondraaglijke angst: hij is weer van haar. Hij heeft zich gerealiseerd dat hij van niemand houdt behalve van haar. En elke keer zie ik, met verbazing, dat hij zijn boek of brief neerlegt en zich helemaal op mij richt, vol liefde, begeerte. De laatste test, Junes telegram, gaf mij een sterke geruststelling. Maar elke keer dat we over haar praten voel ik dezelfde verschrikkelijke angstige onrust. Dit kan niet doorgaan. Ik zal de gebeurtenissen niet bestrijden. Het moment dat June terugkeert laat ik Henry gaan. Toch is het niet zo eenvoudig. Ik kan Henry niet loslaten als ik zo dicht bij Henry leef als ik op deze bladzijden doe, alleen om pijn te ontlopen.

Allendy was vandaag bovenmenselijk. Ik zal ons gesprek nooit kunnen beschrijven. Er was steeds zoveel intuïtie, zoveel emotie. Tot en met de laatste zin was hij zo menselijk, zo waar.

Toen ik kwam was ik in de stemming voor bekentenissen, roekeloosheid, met de gedachte: ik wil niet dat Allendy mij bewondert tenzij hij dat kan doen als hij me precies kent zoals ik ben. Mijn eerste poging tot volledige oprechtheid.

Als eerste vertel ik hem dat ik me schaamde over wat ik laatst over zijn vrouw had gezegd. Hij lachte en zei dat hij dat al lang vergeten was en vraagt: 'Is er iets anders dat u dwars zit?'

'Niets in het bijzonder, maar ik zou u willen vragen of mijn sterke sensuele obsessie een reactie is op te veel introspectie. Ik heb Samuel Putnam gelezen, die schrijft dat "verheerlijking van het lichaam de snelste weg uit introspectie is, hetgeen leidt tot seksuele intensiteit".'

Ik kan me zijn exacte antwoord niet herinneren, maar ik voel aan dat hij het woord 'obsessie' verbindt met een extreme zucht naar bevrediging. Waarom al die moeite? Waarom onvoldaanheid?

Dan voel ik de dwingende noodzaak hem mijn grootste geheim te vertellen: bij de seksuele daad heb ik niet altijd een orgasme.

Hij had dit vanaf de allereerste keer vermoed. Mijn uitlatingen over seks waren grof, brutaal, uitdagend. Het harmonieerde niet met mijn persoonlijkheid. Het was kunstmatig. Het verried een onzekerheid.

'Maar weet u wat een orgasme is?'

'Oh, heel goed, van de keren dat ik het wel kreeg, en vooral door masturbatie.'

'Wanneer masturbeerde u?'

'Eén keer, in de zomer, in St. Jean de Luz. Ik was ontevreden en had sterke seksuele aandrang.' Ik schaamde me om toe te geven dat toen ik twee dagen alleen was vier of vijf keer per dag masturbeerde, en ook vaak in Zwitserland, tijdens onze vakantie, en in Nice.

'Waarom maar één keer? Iedere vrouw doet het en heel vaak.'

'Ik geloof dat het verkeerd is, moreel en fysiek. Ik was daarna ontzettend gedeprimeerd en beschaamd.'

'Dat is onzin. Masturbatie is fysiek niet schadelijk. Het is alleen het schuldgevoel erover dat neerslachtig maakt.'

'Ik was altijd bang dat het mijn geestkracht zou verminderen, en mijn gezondheid, en dat ik moreel zou desintegreren.'

Dan voeg ik andere bijzonderheden toe, waar hij zonder iets te zeggen naar luistert, terwijl hij ze probeert te coördineren. Ik vertel hem dingen die ik mezelf nooit helemaal heb durven bekennen, en die ik niet in mijn dagboek geschreven heb, dingen die ik wilde vergeten.

Allendy past de fragmenten in elkaar en spreekt over mijn gedeeltelijke frigiditeit. Hij ontdekt dat ik dit ook als een minderwaardigheid beschouw en geloof dat het door mijn tengere lichaamsbouw komt. Hij lacht. Hij schrijft het toe aan een mentale oorzaak, een sterk schuldbesef. Zestig op de honderd vrouwen voelen net als ik en geven het nooit toe en, het allerbelangrijkste, zegt Allendy, als ik eens wist hoe weinig verschil dit voor mannen maakt en hoe weinig zij zich hiervan bewust zijn. Hij transformeert wat ik met inferioriteit benoem altijd tot iets natuurlijks, of tot iets wat gemakkelijk verholpen kan worden. Ik voel meteen een grote opluchting en raak mijn angst en terughoudendheid kwijt.

Ik vertel hem over June, van mijn verlangen een femme fatale te zijn, van mijn wreedheid jegens Hugo en Eduardo, en mijn verbazing dat ze daarna nog evenveel of meer van me houden. Ook bespreken we mijn openhartige, schaamteloze manier van spreken over seks, hoe ik mijn ware, aangeboren bescheidenheid omkeer en een geforceerde obsceniteit ten toon spreid. (Henry zegt dat hij het niet leuk vindt als ik obscene verhalen vertel, omdat het niet bij me past.)

'Maar ik zit vol dissonanten,' zeg ik, en voel de vreemde onrust die Allendy opwekt – half opluchting, vanwege zijn exactheid, half verdriet zonder enige aanleiding, het gevoel gesnapt te zijn.

'Ja, en tot u volkomen natuurlijk kan handelen, naar uw aard, zult u nooit gelukkig zijn. De femme fatale wekt bij mannen passie op, tart ze, kwelt ze, en zij willen haar bezitten, haar zelfs doden, maar ze houden niet innig van haar. U hebt al ontdekt dat er innig van u gehouden wordt. Nu hebt u ook ontdekt dat wreedheid zowel jegens Eduardo als Hugo hen geprikkeld heeft, en dat ze u zelfs nog meer begeren. Hierdoor wilt u een spelletje spelen dat niet echt bij uw aard past.'

'Ik heb zulke spelletjes altijd verafschuwd. Ik heb nooit voor een man kunnen verbergen dat ik van hem hield.'

'Maar u vertelt me dat innige liefdes u niet bevredigen. U smacht ernaar om sterkere sensaties te geven en te ontvangen. Dat begrijp ik, maar dat is niet meer dan een fase. U kunt het spel af en toe spelen om de passie te versterken, maar innige liefdes zijn de liefdes die bij uw ware aard passen, en alleen die zullen u bevredigen. Hoe meer u doet zoals u bent des te dichter komt u bij de vervulling van uw werkelijke behoeften. U bent nog steeds ontzettend bang om gekwetst te worden; uw ingebeelde sadisme toont dat aan. Zo bang om gekwetst te worden dat u de leiding wil nemen en als eerste kwetst. Ik heb er goede hoop op u te verzoenen met uw eigen beeld.'

Dit zijn zijn woorden, ruw weergegeven en maar voor de helft onthouden. Ik was zo aangedaan door de sensatie dat hij mij losmaakte van ontelbare spanningen, me vrij maakte. Zijn stem was zo kalm en meevoelend. Voordat hij was uitgesproken snikte ik al. Mijn dankbaarheid was onmetelijk. Ik wilde hem zeggen dat ik hem bewonderde en ten slotte deed ik dat ook. Hij zweeg terwijl ik huilde, en toen stelde hij mij deze zachtmoedige vraag: 'Ik heb toch niet iets gezegd dat u kwetste?'

Ik zou de laatste bladzijden willen vullen met al de vreugde van gisteren. Stortvloeden van kussen van Henry. De stoten van zijn vlees in het mijne, terwijl ik mijn lichaam tot een boog spande om beter met het zijne samen te smelten. Als er vandaag een keuze gemaakt moest worden tussen June en mij, vertelt hij me, zou hij June opgeven. Hij kon ons voor zich zien, getrouwd en samen van het leven genietend. 'Nee,' zeg ik, half plagend, half serieus. 'June is de enige. Ik maak je groter en sterker voor June.' Een halve waarheid; er is geen keuze. 'Je bent te bescheiden, Anaïs. Je beseft nog niet wat je me gegeven hebt. June is een vrouw die door andere vrouwen kan worden uitgewist. Wat June geeft kan ik bij andere vrouwen vergeten. Maar jij staat apart. Ik zou duizenden vrouwen na jou kunnen hebben en zij zouden jou niet kunnen uitwissen.'

Ik luister naar hem. Hij is uitgelaten, en dus overdrijft hij, maar het is zo heerlijk. Ja, voor een moment weet ik het, het zeldzame van June en van mij. De balans slaat op het ogenblik naar mij door. Ik kijk naar mijn eigen beeld in Henry's ogen, en wat zie ik? Het jonge meisje van de dagboeken, die verhalen vertelt aan haar broertjes, veel huilt zonder aanleiding, gedichten schrijft – de vrouw tegen wie men kan praten.

JUNI

Gisteravond zijn Henry en ik naar de film geweest. Toen het verhaal tragisch, aangrijpend werd, pakte hij mijn hand, en we vlochten onze vingers vast in elkaar. Bij iedere druk deelde ik in zijn reactie op het verhaal. In de taxi, op weg naar Hugo, kusten we elkaar. Ik kon mezelf niet losscheuren. Ik raakte buiten zinnen. Ik ging met hem mee naar Clichy. Hij penetreerde me zo volledig dat ik, toen ik terug was in Louveciennes en in Hugo's armen in slaap viel, nog steeds het gevoel had dat het Henry was. De hele nacht was het Henry aan mijn zijde. Ik krulde mijn lichaam om hem heen in mijn dromen. In de ochtend bleek ik dicht verstrengeld met Hugo te liggen, en pas na lange tijd besefte ik dat het niet Henry was. Hugo gelooft dat ik vannacht zo vol liefde was, maar het was Henry die ik liefhad, Henry die ik kuste.

Aangezien Allendy volledig mijn vertrouwen gewonnen heeft kwam ik bereid om heel openlijk met hem over mijn frigiditeit te praten. Ik vertrouw hem dit toe: dat toen ik genot vond in de seksuele omgang met Henry, ik bang was een baby te krijgen en dacht dat ik niet te vaak een orgasme moest hebben. Maar enkele maanden geleden heeft een Russische arts me verteld dat het niet zo gauw zou gebeuren; ik zou zelfs een operatie moeten ondergaan als ik een kind wilde. De angst voor een zwangerschap was toen weggenomen. Allendy zei dat het feit alleen al dat ik zeven jaar van mijn huwelijksleven niet geprobeerd had mijzelf op dit gebied gerust te stellen aantoonde dat ik er niet veel belang aan hechtte, dat ik het alleen gebruikte als excuus om mij in de paring niet te laten gaan. Toen deze angst verdween kon ik de ware aard van mijn gevoelens nauwkeuriger onderzoeken. Ik gaf uiting aan rusteloosheid over wat ik omschreef als de gedwongen passiviteit van vrouwen. Toch, misschien twee van de drie keer, bleef ik passief, en wachtte alle activiteit in de man af, alsof ik niet verantwoordelijk wilde zijn voor datgene waar ik van genoot. 'Dat is om uw schuldgevoel te bestrijden,' zei Allendy. 'U weigert om actief te zijn en voelt u minder schuldig als het de ander is die actief is.'

Na het vorige gesprek met Allendy had ik een lichte verandering gevoeld. Ik was actiever bij Henry. Het viel hem op en hij zei: 'Ik vind het heerlijk zoals je me nu neukt.' En dat deed me veel genoegen.

Wat mij het meest verbaast over June zijn Henry's verhalen over haar agressiviteit, hoe ze hem neemt, hem zoekt wanneer zij dat zelf wil. Als ik een enkele keer probeer agressief te zijn geeft me dat een gevoel van ontreddering, schaamte. Ik bespeur nu af en toe een psychische verlamming in me die enigszins lijkt op die van Eduardo, behalve dat dat voor een man ernstiger is.

Allendy dwong mij toe te geven dat ik sinds de laatste analyse volledig vertrouwen in hem had en dat ik zeer gesteld op hem was geraakt. Alles is dus in orde, aangezien dit noodzakelijk is voor het succes van de analyse. Aan het eind van de sessie kon hij het woord 'frigiditeit' gebruiken zonder mij te beledigen. Ik moest zelfs lachen.

Een van de dingen die hij opmerkte was dat ik me eenvoudiger kleed. Ik heb er veel minder behoefte aan om me te verkleden in originele kostuums. Ik zou bijna doodgewone kleren kunnen dragen. Verkleden was voor mij een uiterlijke expressie van mijn geheime gebrek aan zelfvertrouwen. Omdat ik onzeker van mijn schoonheid was, zei Allendy, ontwierp ik opvallende kleren, die me zouden onderscheiden van andere vrouwen.

'Maar,' zei ik lachend, 'als ik gelukkig en alledaags word, zal de kunst van het kledingontwerpen, die zijn bestaan louter en alleen te danken heeft aan minderwaardigheidsgevoel, ten dode gedoemd zijn.' De pathologische basis van het scheppen! Wat zal er van de schepper terechtkomen als ik normaal word? Of zal ik alleen maar aan kracht winnen, zodat ik mijn instincten vollediger kan uitleven? Ik zal waarschijnlijk andere en interessantere ziektes krijgen. Allendy zei dat het heel belangrijk was om gelijkwaardig aan het leven te worden.

Mijn geluk hangt aan een zijden draad, en wat er gebeurt wordt bepaald door Junes volgende stap. Intussen wacht ik af. Ik word overheerst door een bijgelovige angst om met een nieuw dagboek te beginnen. Dit zit zo vol Henry. Als ik op de eerste bladzijde van het nieuwe 'June is hier' moet schrijven, weet ik dat ik mijn Henry kwijt ben. Ik zal achtergelaten worden met alleen een in paars gebonden boek van vreugde, dat is alles, zo snel geschreven, zo snel geleefd.

Liefde maakt de complexiteit van leven minder groot. Het verbaast me dat als Henry naar het tafeltje in het café waar ik op hem zit te wachten toe loopt, of het hek naar ons huis opendoet, hem te zien al voldoende is om me in verrukking te brengen. Geen brief van wie dan ook, zelfs met lof over mijn boek, kan me zo stimuleren als een bericht van hem.

Als hij dronken is wordt hij op zo'n menselijke, eenvoudige manier emotioneel. Hij begint zich ons leven samen voor te stellen, ik als zijn vrouw: 'Je zult nooit zo mooi lijken als wanneer ik jou je mouwen zie opstropen om voor mij aan het werk te gaan. We zouden zo gelukkig zijn. Je zou achterop raken met je schrijven!'

Oh, de Duitse echtgenoot. Hierom moet ik lachen. Dus ik raak achterop met schrijven en ik word de vrouw van een genie. Dit had ik gewild, onder andere, maar geen huishoudelijk werk. Ik zou nooit met hem trouwen. Oh, nee. Ik weet dat hij verrukt is van de vrijheid die ik hem geef maar dat hij uitermate jaloers is en mij niet die vrijheid zou geven.

Toch, als ik hem zo kinderlijk gelukkig met mijn liefde zie, aarzel ik het spelletje te spelen van hem lastig te vallen, te bedriegen, te kwellen. Ik wil zelfs zijn jaloezie niet al te pijnlijk opwekken.

Het is Freds rol, onbewust, om mijn geluk te vergiftigen. Hij wijst op de onvolkomenheden van Henry's liefde. Ik verdien geen halve liefde, zegt hij. Ik verdien buitengewone dingen. Verdomme, Henry's halve liefde is meer waard dan de hele liefde van duizend mannen.

Ik heb me een ogenblik lang een wereld zonder Henry voorgesteld. En ik zwoer dat ik de dag dat ik Henry verlies mijn kwetsbaarheid, mijn vermogen tot ware liefde, mijn gevoelens door de meest wilde uitspattingen zal doden. Na Henry wil ik geen liefde meer. Alleen maar neuken enerzijds, en eenzaamheid en werk anderzijds. Geen pijn meer.

Toen ik Henry al vijf dagen niet meer gezien had, vanwege duizenden verplichtingen, kon ik het niet meer uithouden. Ik vroeg hem of hij mij een uur kon zien tussen twee afspraken in. We spraken even met elkaar en gingen toen naar de dichtstbijzijnde hotelkamer. Wat een sterke behoefte aan hem. Alleen als ik in zijn armen lig lijkt alles in orde. Na een uur met hem kon ik de dag verder aan, dingen doen die ik niet wil doen, mensen zien die me niet interesseren.

Een hotelkamer heeft voor mij de associatie van wellustigheid, vluchtig, kortdurend. Misschien is mijn honger versterkt doordat ik Henry lang niet gezien had. Ik masturbeer vaak, uitgebreid, zonder berouw of afkeer naderhand. Voor het eerst weet ik wat eten is. Ik ben vier pond aangekomen. Ik krijg een razende honger, en het voedsel dat ik eet geeft me een sluimerend genot. Ik heb nooit eerder op deze intens vleselijke manier gegeten. Ik heb nu nog maar drie verlangens, eten, slapen, en neuken. De nachtclubs winden me op. Ik wil rauwe muziek horen, gezichten zien, tegen lichamen schuren, vurige Benedictine drinken. Mooie vrouwen en knappe mannen wekken hevige verlangens in me. Ik wil dansen. Ik wil verdovende middelen. Ik wil perverse mensen leren kennen, intiem met ze zijn. Ik kijk nooit naar onschuldige gezichten. Ik wil mijn tanden in het leven zetten, en erdoor verscheurd worden. Henry geeft mij dit niet. Ik heb zijn liefde opgewekt. Ik vervloek zijn liefde. Hij kan me neuken als geen ander, maar ik wil meer dan dat. Ik ga naar de hel, de hel, de hel. Wild, wild, wild.

Vandaag nam ik mijn stemming mee naar Henry, of wat ik er van vast kon houden, want ik had het gevoel dat die er als lava uit stroomde, en het deed me verdriet hem daar zo rustig, serieus, teder te zien, niet gek genoeg. Nee, niet zo gek als wat hij schrijft. Henry gebruikt June als brandstof voor woorden. In zijn armen vergat ik een uur lang mijn koorts. Als we maar een paar dagen alleen konden zijn. Hij wil dat ik met hem naar Spanje ga. Zal hij daar zijn bedaardheid afwerpen en gek doen?

Moet het altijd hetzelfde gaan? Je ontmoet nooit iemand die in dezelfde gemoedstoestand, dezelfde fase, dezelfde stemming verkeert als jij, nooit. We zitten allemaal op schommels. Waar Henry genoeg van heeft, daar honger ik naar, met een gloednieuwe, verse, gezonde honger. Wat hij van mij verlangt, daar ben ik niet voor in de stemming om het te geven. Wat een tegengesteldheid in onze eigen ritmes. Henry, mijn liefste, ik wil niets meer horen over engelen, zielen, liefde, geen diepzinnigheden meer.

Een uur met Henry. Hij zegt: 'Anaïs, je bent te veel voor me. Je wekt de vreemdste sensaties op. Toen ik de laatste keer bij je wegging, aanbad ik je.' We zitten op de rand van zijn bed. Ik leg mijn hoofd op zijn schouder. Hij kust mijn haar.

Algauw liggen we zij aan zij. Hij is bij mij binnengedrongen, maar zijn penis houdt plotseling op met bewegen en wordt slap.

Ik zei, met een glimlach: 'Je wilde vandaag niet neuken.'

Hij zegt: 'Dat is het niet. Het komt omdat ik de laatste dagen veel heb nagedacht over oud worden en hoe op een dag...'

'Je bent gek, Henry. Oud, met veertig! En jij, die op zulke momenten nooit nadenkt. Kom op, je neukt nog als je honderd bent.'

'Dit is zo vernederend,' zegt Henry, gekwetst, ontdaan.

Ik kan op dat moment alleen aan zijn vernedering, zijn angsten denken. 'Het is natuurlijk,' zeg ik. 'Het overkomt vrouwen ook, alleen bij vrouwen kun je het niet zien! Ze kunnen het verbergen. Is het je nooit eerder overkomen?'

'Alleen toen ik niet naar mijn eerste minnares, Pauline, verlangde. Maar naar jou verlang ik wanhopig veel. Ik ben verschrikkelijk bang je te verliezen. Gisteren zat ik als een vrouw te tobben. Hoe lang zal ze nog van me houden? Zal ze genoeg van me krijgen?'

Ik kus hem.

'Nu kus je me of ik een kind ben, zie je wel.'

Ik zie dat hij zich schaamt. Ik zeg en doe alles om alles natuurlijk te maken. Hij verbeeldt zich dat hij van nu af aan impotent zal zijn. Terwijl ik hem troost verberg ik het ontstaan van mijn eigen angsten en mijn eigen wanhoop. 'Misschien,' zeg ik, 'vind je dat je me altijd moet neuken als ik bij je langs kom om me niet teleur te stellen.' Dit lijkt hem de beste verklaring. Hij aanvaardt hem. Ik zelf ben tegen onze tegennatuurlijke ontmoetingen. We kunnen elkaar niet ontmoeten wanneer we naar elkaar verlangen. Dat is slecht. Ik verlang meer naar hem wanneer hij er niet is. Ik smeek hem er niet te veel aandacht aan te schenken. Ik overtuig hem. Hij belooft me om die avond uit te gaan, naar hetzelfde toneelstuk waar ik heen moet met een paar mensen van de bank.

Maar in de taxi komen mijn eigen onevenredig grote angsten terug. Henry houdt van me, maar niet om het neuken, niet om het neuken.

Diezelfde avond kwam hij naar het toneelstuk en zat op de galerij. Ik voelde zijn aanwezigheid. Ik keek naar boven, vol tederheid. Maar de zwaarte van mijn stemming verstikte me. Voor mij was alles voorbij. Dingen sterven wanneer mijn vertrouwen sterft. En toch...

Henry ging naar huis en schreef mij een liefdesbrief. De volgende dag belde ik hem op en zei: 'Kom naar Louveciennes als je niet in de stemmming bent om te werken.' Hij kwam meteen. Hij was zachtmoedig, en hij nam me. Dat hadden we beiden nodig, maar het warmde me niet, het deed me niet herleven. Ik had het gevoel dat ook hij alleen maar neukte om zichzelf gerust te stellen. Wat een loodzwaar gewicht op me, op mijn lichaam. We waren maar één uur samen. Ik liep met hem naar het station. Terwijl ik terugliep herlas ik zijn brief. Die vond ik onoprecht. Literatuur. Feiten vertellen mij het ene, mijn instincten het andere. Maar zijn mijn instincten gewoon mijn oude neurotische angsten?

Merkwaardig, ik vergat mijn afspraak met Allendy vandaag en ik heb hem niet gebeld. Ik heb hem verschrikkelijk nodig, en toch wil ik alleen vechten, het leven de baas worden. Henry schrijft een brief, komt naar me toe, lijkt van me te houden, praat met me. Leeg. Ik ben als een machine die gestopt is met registreren. Ik wil hem morgen niet zien. Ik heb hem laatst weer gevraagd: 'Zal ik June geld sturen zodat ze kan komen, in plaats van het aan jou te geven om naar Spanje te gaan?' Hij zei nee.

Ik begin heel veel aan June te denken. Mijn beeld van een gevaarlijke, sensuele, dynamische Henry is verdwenen. Ik doe wat ik kan om het weer terug te krijgen. Ik zie hem nederig, angstig, zonder zelfvertrouwen. Toen ik laatst speels zei: 'Je krijgt me nooit meer,' antwoordde hij: 'Je straft me.' Wat ik besef is dat zijn onzekerheid even groot is als de mijne, mijn arme Henry. Hij wil mij evenzeer bewijzen hoe heerlijk hij kan vrijen, zijn potentie bewijzen, als ik wil weten dat ik potentie opwek.

Toch heb ik me moedig gedragen. Toen dat zich afspeelde, zo ondraaglijk gelijk aan die keer met John, toonde ik geen bezorgdheid, geen verrassing. Ik bleef in zijn armen liggen, zachtjes lachend en pratend. Ik zei: 'Liefde verpest het neuken.' Maar dit was meer bravoure dan iets anders. De manier waarop ik leed was een waarachtiger zelfonthulling.

Ondanks alles heb ik mijn huwelijk en geluk op het spel gezet door met Henry's brieven onder mijn kussen te slapen, met mijn hand erop.

Ik ga zonder vreugde naar Henry. Ik ben bang voor die zachtmoedige Henry die ik ga zien, hij lijkt te veel op mij. Ik herinner me dat ik vanaf de eerste dag verwachtte dat hij de leiding zou nemen, in praten, in doen, in alle dingen.

Ik dacht verbitterd aan Junes schitterende eigenzinnigheid,

initiatief, tirannie. Ik dacht: het is niet zo dat sterke vrouwen mannen zwak maken, maar dat zwakke mannen vrouwen buitengewoon sterk maken. Ik stond voor Henry met de onderworpenheid van een Latijnse vrouw, bereid zich te laten overmeesteren. Hij heeft me hèm laten overmeesteren. Hij is altijd bang geweest mij teleur te stellen. Hij heeft mijn verwachtingen overtrokken. Hij heeft zich zorgen gemaakt over hoe lang en hoeveel ik van hem zou houden. Hij heeft denken ons geluk laten verstoren.

Henry, je houdt van je hoertjes omdat je superieur aan hen bent. Je hebt in feite geweigerd een vrouw op je eigen niveau te leren kennen. Je was verrast hoeveel ik van je kon houden zonder een oordeel te vellen, je aanbidden zoals geen hoer je aanbeden heeft. Nou dan, ben je niet gelukkiger om door mij aanbeden te worden, en maakt je dat niet oneindig superieur? Deinzen alle mannen terug voor de moeilijker liefde?

Voor Henry gaat alles gewoon door. Hem viel mijn aarzeling niet op toen hij voorstelde om naar Hotel Cronstadt te gaan. Ons uur leek even rijk als altijd, en hij was zo vol aanbidding. Toch had ik het gevoel dat ik mijn best moest doen om van hem te houden. Misschien heeft hij me alleen maar angstig gemaakt. Ik verwachtte dat hij weer impotent zou zijn. Ik had niet hetzelfde onstuimige vertrouwen. Tederheid, ja. Die vervloekte tederheid. Ik pakte mijn geluk weer terug, maar het was een kil geluk. Ik voelde me afstandelijk. We werden dronken, en toen waren we heel gelukkig. Maar ik dacht aldoor aan June.

In de auto op weg naar huis met te veel witte wijn op: vuurwerk dat losbarst vanaf de straatlantaarns ter gelegenheid van de nationale feestdag. Ik slok de asfaltweg op met oerwoudgebrul, de huizen met gesloten ogen en scharlakenrode wimpers, telegraafpalen en *messages téléphoniques*, zwerfkatten, bomen, heuvels, bruggen...

Ik stuurde mijn surrealistische stukje over de post naar Henry, en voegde eraan toe: 'Dingen die ik vergat je te vertellen: dat ik van je houd, en dat ik als ik 's ochtends wakker word mijn intellect gebruik om nog meer mogelijkheden te ontdekken om je te waarderen. Dat als June terugkomt zij meer van je zal houden omdat ik van je gehouden heb. Er zitten nieuwe bladeren op de kruin van je al te zwaar beladen hoofd.'

Ik heb er behoefte aan om hem te zeggen dat ik van hem houd omdat ik het niet geloof. Waarom is Henry voor mij kleine Henry geworden, bijna een kind? Ik begrijp dat June hem verlaten heeft en zei: 'Ik houd van Henry als van mijn eigen kind.' Henry, die eerder een gigantische bedreiging was, een tiran. Het kan niet waar zijn!

Cabaret Rumba. Hugo en ik zijn aan het dansen. Hij is zoveel groter dan ik dat mijn gezicht onder zijn kin gevlijd ligt, tegen zijn borst. Een ongehoord knappe Spanjaard (een beroepsdanser) heeft aldoor als een hypnotiseur naar me staan kijken. Hij glimlacht me toe over het hoofd van zijn partner. Ik beantwoord zijn glimlach, ik kijk hem strak in de ogen. Ik drink hun boodschap in. Ik antwoord met hetzelfde mengsel van sensueel genot en geamuseerdheid. Zijn glimlach is vaag op zijn gezicht geschetst. Ik ervaar zo'n intens genot door met deze man te communiceren terwijl ik in Hugo's armen gevlijd lig. Ik ben van plan, terwijl ik naar hem glimlach, hier terug te komen en met hem te dansen. Ik ben ontzettend nieuwsgierig. Ik heb deze man even bekeken, ik heb hem mij naakt voorgesteld. Hij heeft ook mij bekeken, met toegeknepen roofdierogen. De emotie van onbetrouwbaarheid maakt een gevaarlijk gif vrij. De hele weg naar huis verspreidt zich het gif. Ik begrijp nu hoe ik even moet spelen met de gevoelens die ik als te heilig heb beschouwd. In plaats van dat ik volgende week met mijn rustige 'echtgenoot', Henry, uitga, ga ik de Spanjaard opzoeken. En vrouwen – ik verlang naar vrouwen. Maar de mannelijke lesbiennes in La Fétiche bevielen me absoluut niet.

Ik begrijp nu ook de vleeskleurige bloem in Carmens mond. Ik rook aan jasmijn. De witte bloesems raakten mijn lippen. Zij waren als de huid van een vrouw. Ik drukte mijn lippen erop, opende en sloot ze er zacht omheen. Zachte bloesemtere kussen. Ik beet in de witte bloesems. Hapje geparfumeerd vlees, zijdeachtig vlees. Carmens volle mond bijt in haar rode bloem; en ik, Carmen.

Het is jammer dat Henry goed voor me is geweest, jammer dat hij een goede man is. Hij wordt zich steeds meer bewust van een subtiele verandering in mij. Ja, zegt hij, ik mag er dan op het eerste gezicht onvolwassen uitzien, maar als ik mijn kleren uitheb en in bed lig, wat ben ik dan vrouwelijk.

Laatst kwam Joaquín onverwacht naar beneden, de salon in, om mij iets onbelangrijks te vragen, en Henry en ik waren aan het kussen geweest. Het was te zien aan Henry's gezicht, en hij schaamde zich een beetje. Het kon me niets schelen en ik schaamde me niet. Ik ergerde me alleen dat we gestoord waren, en ik zei tegen Henry: 'Nou, dat is zijn eigen schuld, dan had hij maar niet op een ongelegen moment binnen moeten komen.'

Als Henry zich realiseert dat ik schaamteloos aan het worden ben, sterk, zeker van mijn daden, weiger me te laten imponeren door anderen, als hij de werkelijke koers van mijn leven nu beseft, zal hij dan anders tegen me zijn? Nee. Hij heeft zijn behoeften, en hij heeft behoefte aan de vrouw in mij die zacht is, verlegen, timide, goed, niet in staat tot kwetsen, tot losbandigheid. In plaats daarvan groei ik elke dag meer naar June toe. Ik begin steeds meer naar haar te verlangen, haar steeds beter te kennen, steeds meer van haar te houden. Nu besef ik dat iedere interessante stap in hun gezamenlijke leven van June uitging. Zonder haar is hij een stille toeschouwer, geen deelnemer. Henry en ik zijn een prachtige combinatie om elkaar gezelschap te houden maar niet om met elkaar te leven. ik verwachtte van die eerste dagen (of nachten) in Clichy dat ze sensationeel zouden zijn. Ik was verbaasd dat we in diepgaande, rustige gesprekken vervielen en zo weinig deden. Ik verwachtte Dostojevski-achtige taferelen en vond een zachtmoedige Duitser die er niet tegen kon de afwas te laten staan. Ik vond een echtgenoot, geen moeilijke en temperamentvolle minnaar. Henry wist in het begin zelfs niet zeker hoe hij me moest bezighouden. June zou het wel geweten hebben. Toch was ik toen gelukkig en volkomen tevreden omdat ik hem liefhad. Het is pas de laatste tijd dat ik mijn vroegere rusteloosheid weer voel.

Ik stelde Henry voor om uit te gaan, maar ik was teleurgesteld toen hij weigerde mij naar spannende plekken mee te nemen. Hij was tevreden met een film en in een café zitten. Toen weigerde hij mij voor te stellen aan zijn losbandige vrienden (om me te beschermen en te houden). Toen hij niet de leiding nam, begon ik voorstellen te doen om ergens naar toe te gaan.

Op een avond waren we van het Gare St. Lazare naar een film gegaan en toen naar een café. In de taxi op weg naar Hugo, begon Henry me te kussen, en ik klampte me aan hem vast. Onze kussen werden vuriger, en ik zei: 'Zeg tegen de chauffeur dat hij ons naar het *Bois* rijdt.' Ik was bedwelmd door het moment. Maar Henry was bang. Hij herinnerde me aan de tijd, aan Hugo. Wat zou het met June anders geweest zijn! Ik verliet hem vol droefheid. Er is werkelijk niets krankzinnigs aan Henry behalve zijn koortsachtige schrijven.

Ik doe mijn best aan de buitenkant te leven, ga naar de kapper, ga winkelen, zeg tegen mezelf: ik mag niet wegzinken, ik moet vechten. Ik heb Allendy nodig, maar ik kan pas woensdag naar hem toe.

Ik wil Henry ook zien, maar ik reken nu niet op zijn kracht. Die eerste dag in de Viking zei hij: 'Ik ben een zwakke man,' en ik geloofde hem niet. Ik houd niet van zwakke mannen. Ik voel tederheid, ja. Maar mijn God, in een paar dagen heeft hij mijn passie vernietigd. Wat is er gebeurd? Het moment dat hij twijfelde aan zijn potentie was maar heel kort. Was het omdat zijn seksuele kracht zijn enige kracht was? Was het alleen op deze manier dat hij mij in zijn macht had? Was het een verandering in mij?

Tegen de avond begin ik te voelen dat het niet erg belangrijk is dat ik teleurgesteld ben. Ik wil hem helpen. Ik ben blij dat zijn boek geschreven is en dat ik hem een gevoel van veiligheid en welbehagen heb gegeven. Ik houd op een andere manier van hem, maar ik houd van hem.

Henry is mij dierbaar zoals hij is. Ik smelt als ik zijn rafelige pak zie. Hij viel in slaap terwijl ik me aan het kleden was voor een officieel diner. Toen kwam hij naar mijn slaapkamer en keek naar me terwijl ik de laatste details aanbracht. Hij bewonderde mijn oosterse groene jurk. Hij zei dat ik me bewoog als een prinses. Mijn slaapkamerraam stond open naar de weelderige tuin. Het deed hem denken aan het decor van *Pelléas en Mélisande*. Hij lag op de sofa. Ik ging even naast hem zitten en knuffelde hem. Ik zei: 'Je moet een pak kopen,' en vroeg me af hoe ik daarvoor aan het geld moest komen. Ik kon de gerafelde mouwen om zijn polsen niet aanzien.

We zitten dicht tegen elkaar aan in de trein. Hij zegt: 'Weet je Anaïs, ik ben zo traag dat ik me niet kan voorstellen je kwijt te zijn als we in Parijs aankomen. Ik zal alleen over straat lopen, misschien twintig minuten later, en plotseling zal ik heel sterk voelen dat ik je niet meer heb en dat ik je mis.'

En hij zei me in een brief: 'Ik verheug me op die twee dagen [Hugo gaat naar Londen], ze rustig met jou door te brengen, jou in me op te nemen, je echtgenoot te zijn. Ik vind het heerlijk om je echtgenoot te zijn. Ik zal altijd je echtgenoot zijn of je het nou wilt of niet.'

Aan het diner was ik door mijn gevoel van geluk ontspannen. In gedachten lag ik in het gras met Henry over me heen; ik straalde tegen die arme gewone mensen aan tafel. Allemaal voelden ze iets – zelfs de vrouwen, die wilden weten waar ik mijn kleren kocht. Vrouwen denken altijd dat als ze mijn schoenen, mijn jurk, mijn kapper, mijn make-up hebben, dat allemaal dezelfde uitwerking zal hebben. Ze hebben geen idee van de toverkunst die eraan te pas komt. Ze weten niet dat ik niet mooi ben maar dat alleen maar op bepaalde momenten ben.

'Spanje,' zei mijn tafelgenoot, 'is het meest fantastische land ter wereld, waar de vrouwen echt vrouwen zijn!'

Ik dacht ondertussen: ik wou dat Henry deze vis kon proeven. En de wijn.

Maar Hugo voelde ook iets. Voor het diner zouden we elkaar ontmoeten bij het Gare St. Lazare. Henry werd verondersteld naar Louveciennes te zijn gekomen om me te helpen met mijn boek. Toen Henry en ik samen op het station aankwamen, keek Hugo niet gelukkig. Hij begon snel, streng te praten over Osborn, 'het wonderkind'. Arme Hugo, en ik rook nog het gras van het bos.

Ik liep zo licht naast hem voort. En waar was Henry? Miste hij me al? Gevoelige Henry, die bang is om veracht, niet gewaardeerd te worden, bang is dat Hugo 'erachter komt' of dat ik me bij andere mensen voor hem zal schamen. Niet begrijpt waarom ik van hem houd. Ik laat hem vernederingen en nachtmerries vergeten. Zijn magere knieën onder de versleten broek maken mijn beschermende instincten wakker. Er is een grote Henry, wiens schrijven stormachtig, obsceen, grof is, en die vol passie is bij vrouwen, en er is een kleine Henry, die mij nodig heeft. Voor kleine Henry ontzeg ik mij alles, spaar elke cent die ik heb. Ik kan nu niet geloven dat ik hem ooit angstaanjagend heb gevonden, onder de indruk van hem was. Henry, de man met ervaring, de avonturier. Hij is bang voor onze honden, voor slangen in de tuin, voor mensen wanneer ze niet *le peuple* zijn. Er zijn momenten dat ik Lawrence in hem zie, behalve dat hij gezond en gepassioneerd is.

Ik wilde gisteren tegen mijn tafelgenoot zeggen: 'Weet u, Henry is zo gepassioneerd.'

Ik ben niet naar mijn laatste afspraak met Allendy gegaan. Ik begon afhankelijk van hem te worden, hem dankbaar te zijn. Waarom ben ik een week gestopt, vraagt hij. Om weer op eigen benen te staan, om alleen te vechten, mezelf weer in de hand te krijgen, van niemand afhankelijk te zijn. Waarom? De angst om gekwetst te worden. Angst dat hij een noodzaak werd en dat, wanneer mijn behandeling was afgelopen, onze verstandhouding zou eindigen en ik hem kwijt zou raken. Hij herinnert mij eraan dat het een deel van het genezingsproces is dat ik mijzelf kan redden. Maar door hem niet te vertrouwen, heb ik laten zien dat ik nog ziek ben. Geleidelijk aan zal hij mij leren het zonder hem te doen.

'Als u mij nu liet vallen, zou ik als arts eronder lijden dat ik er niet in geslaagd ben u te genezen, en ik zou er persoonlijk onder lijden omdat u interessant bent. Dus u ziet dat ik u, eigenlijk, net zo nodig heb als u mij. U zou me kunnen kwetsen door me te laten vallen. Probeer te begrijpen dat er in alle relaties afhankelijkheid is. Wees niet bang voor afhankelijkheid. Dat geldt ook voor dominantie. Probeer niet de weegschaal uit balans te brengen. De man moet in de seksuele daad de agressor zijn. Daarna kan hij kind worden en afhankelijk van de vrouw zijn en haar nodig hebben als een moeder. U bent niet intrinsiek dominant, maar uit zelfverdediging – tegen pijn, tegen de angst om verlaten te worden, dat u steeds weer doet terugdenken aan dat u door uw vader verlaten bent – u probeert te veroveren, te domineren. Ik zie dat u uw macht niet gebruikt voor slechtheid of wreedheid, maar alleen om uzelf tevreden te stellen met de effectiviteit ervan. U hebt uw man, Eduardo, en nu Henry veroverd. U wilt geen zwakke mannen, maar u bent niet tevreden voor ze als was in uw handen zijn geworden. Let hier vooral op: laat uw defensieve houding varen, laat vooral uw angsten varen. Laat ze los.'

Henry schrijft me een zelfzuchtige brief over de kleine negentienjarige Paulette, die Fred heeft meegebracht naar Clichy om mee samen te leven. Henry is zeer verheugd omdat zij het huishouden doet en hij raadt Fred sterk aan met haar te trouwen omdat ze schattig is. Deze brief sneed me door mijn lichaam. Ik zag Henry al spelen met Paulette als Fred naar zijn werk was. Oh, ik ken mijn Henry. Ik trok me in mezelf terug als een slak, ik wilde niet in mijn dagboek schrijven, ik weigerde na te denken, maar ik moet het uitschreeuwen. Als dit jaloezie is, moet ik dat Hugo nooit meer aandoen, niemand. Paulette in Clichy; Paulette, vrij om alles voor Henry te doen, met hem eten, de avond met hem doorbrengen terwijl Fred aan het werk is.

Een zomeravond. Henry en ik eten in een klein restaurant, de deuren wijd open naar de straat. We zijn onderdeel van de straat. De wijn die door mijn keel glijdt glijdt door vele andere kelen. De warmte van de dag is als een mannenhand op je borst. Zij omvat de straat en het restaurant. De wijn is een grote smeltkroes, Henry en ik, het restaurant en de straat en de wereld. Geschreeuw en gelach van de studenten die zich voorbereiden op het Quatz Artbal. Ze dragen barbaarse kostuums, rood geschminkt, veren op hun hoofd, uitpuilend uit bussen en wagens. Henry zegt: 'Vanavond wil ik alles met je doen. Ik wil hier op tafel met je neuken voor iedereens ogen. Ik ben gek op je, Anaïs. Ik ben stapelgek op je. Na het eten gaan we naar Hotel Anjou. Ik zal je allerlei nieuwe dingen leren.'

En dan, onverwacht, heeft hij plotseling behoefte aan bekentenissen: 'De dag dat ik bij je wegging, in Louveciennes, nogal dronken – moet je voorstellen, ik zat te eten, en er kwam een meisje naast me zitten. Gewoon een hoertje. Midden in het restaurant gleed ik met mijn hand onder haar rok. Ik ging met haar naar een hotel, terwijl ik steeds aan jou dacht, mezelf haatte, aan onze middag dacht. Ik was zo bevredigd geweest. Ik moest aan zoveel denken dat toen het moment kwam, ik niet met het meisje kon neuken. Ze was zo minachtend. Dacht dat ik impotent was. Ik gaf haar twintig franc, en ik weet nog dat ik blij was dat het niet meer was omdat het jouw geld was. Kan je dat begrijpen, Anaïs?'

Ik probeer mijn ogen in bedwang te houden, automatisch zeg ik dat ik het begrijp, maar ik ben verbijsterd, zo geschokt dat ik er geen woorden voor heb. En nu voelt hij de behoefte om verder te gaan: 'Nog één ding. Ik moet je nog één ding vertellen, en dat is alles. Op een avond dat Osborn net betaald was, nam hij me mee naar een nachtclub. We gingen dansen en namen daarna twee meisjes mee naar Clichy. Toen we in de keuken zaten vroegen ze ons wat er van hen verwacht werd. Ze vroegen een hoge prijs. Ik wilde ze wegsturen, maar Osborn betaalde wat ze vroegen en ze bleven. De ene was een acrobatische danseres en liet ons haar kunsten zien, naakt, alleen met slofjes aan. Toen kwam Fred thuis, om drie uur, en was woedend toen hij merkte dat ik zijn bed had gebruikt, trok de lakens eraf en hield ze me voor, en hij zei: "Ja, ja, en dan zeg je dat je van je Anaïs houdt." En dat doe ik ook, Anaïs. Ik denk zelfs dat je er een pervers genot in had gevonden om mij te zien.'

Nu buig ik mijn hoofd en de tranen komen. Maar ik blijf zeggen dat ik het begrijp. Henry is dronken. Hij ziet dat ik gekwetst ben. En dan schud ik het van me af. De aarde schokt. Geschreeuw en gelach van de studenten op straat.

In Hotel Anjou liggen we als lesbiennes, zuigen. Weer, uren en uren van wellust. Het uithangbord van het hotel, met rode lichten, schijnt de kamer binnen. De warmte deint naar binnen. 'Anaïs,' zegt Henry, 'je hebt een schitterende kont.' Handen, betasten, ejaculaties. Ik leer van Henry hoe je met het lichaam van een man moet spelen, hoe je hem moet prikkelen, hoe ik mijn eigen begeerte moet uiten. We rusten. Een grote bus vol studenten gaat voorbij. Ik spring overeind en ren naar het raam. Henry slaapt. Ik zou op het bal willen zijn, alles meemaken.

Henry wordt wakker. Hij vindt het grappig dat ik naakt aan het raam sta. We spelen weer. Misschien is Hugo op het bal, denk ik. Ik weet dat hij, toen ik hem zijn vrijheid gaf, van plan was te gaan. Hugo is op het bal met een vrouw in zijn armen, en ik ben in een hotelkamer met Henry, met rood licht dat door de ramen schijnt, een zomernacht gevuld met geschreeuw en gelach van studenten. Ik ben twee maal naakt naar het raam gerend.

Dit is nu allemaal een droom. Toen het gebeurde had ik een gevoel in mijn lichaam als voor een wolkbreuk. Mijn lichaam herinnert zich de hitte en koorts van Henry's liefkozingen. Een verhaal. Ik moet het honderd keer schrijven. Maar nu brengt het me pijn. Uit zelfbescherming zal ik mij van Henry los moeten maken. Ik kan dit niet verdragen. Ik houd vol terwijl Henry zorgeloos van vrouw naar vrouw gaat.

Vandaag was ik even wat milder: het geeft niet. Gun hem zijn ordinaire vrouwtjes als het hem gelukkig maakt. De opluchting om je hand te openen en los te laten was immens. Maar al snel daarna verstijfde ik weer. Een verlangen naar wraak, een vreemde wraak. Ik geef me aan Hugo met zulke antigevoelens voor Henry dat ik een groot fysiek genot ervaar. Mijn eerste ontrouw aan Henry.

Wat een subtiele krachten werken op het sensuele wezen in. Een kleine kwetsing, een moment van haat, en ik kan volkomen, onstuimig van Hugo genieten, evenveel als van Henry zelf. Ik kan niet tegen jaloezie. Ik moet het doden door het in balans te brengen. Voor elke hoer van Henry zal ik mij wreken maar op een verschrikkelijker manier. Hij heeft vaak gezegd dat ik van ons tweeën, in feite, verreweg de meest profane handelingen verricht.

Achter mijn dronkenschap blijft er altijd een bepaald bewustzijn, genoeg om Henry's vragen en twijfels over me te kunnen weigeren te beantwoorden. Ik doe geen poging hem jaloers te maken, maar ik kom ook niet uit voor mijn stompzinnige trouw.

Op deze manier worden vrouwen tot oorlog met mannen gedwongen. Er is geen mogelijkheid tot absoluut vertrouwen. Vertrouwen betekent je aan iemand overgeven en lijden. Oh, morgen, wat zal ik hem straffen.

Nu al ben ik blij dat ik, toen Hugo uit Londen terugkwam, hem mij lange tijd liet kussen en mij achter in de tuin liet dragen, tussen de jasmijnstruiken.

Terwijl hij weg was, ging ik naar Henry toe, met mijn pyjama en kam en tandenborstel, maar gereed om te vluchten. Ik liet hem praten. 'Die Paulette en Fred,' zegt hij, 'zijn enig met elkaar. Ik weet niet hoe het zal aflopen. Ze is jonger dan ze zei. We waren aanvankelijk bang dat haar ouders het Fred lastig zouden maken. Hij vraagt of ik 's avonds op haar wil letten. Ik heb haar mee naar de film genomen. Maar eerlijk gezegd verveelt ze me. Ze is zo jong. We hebben elkaar niets te zeggen. Ze is jaloers op jou. Ze las wat Fred over je schreef. "Vandaag verwachten we allen de godin."'

Ik lach en vertel hem waar ik aan gedacht heb. Ik kan aan zijn gezicht zien hoe weinig belangstelling hij voor Paulette heeft, hoewel hij moet toegeven dat het de eerste keer is dat hij onverschillig is. 'Kom nou, Paulette betekent niets,' zegt hij. 'Ik schreef die brief zo enthousiast omdat ik genoot van hun enthousiasme, dat deelde.'

Dit werd een onderwerp van plagerij. Het was een zware beproeving voor me om naar Clichy te gaan en Paulette te ontmoeten. Ik was bang voor haar en ik had een cadeautje mee willen nemen, omdat ze een vreemde aanwezigheid was, een nieuwe persoon in ons Clichy-leven, zoals zij daar woonde op de manier dat ik dat had gewild.

Ze was niet meer dan een kind, mager en onelegant, maar tijdelijk aantrekkelijk omdat ze net vrouw was gemaakt door Fred, en omdat ze verliefd was. Henry en ik genoten een tijdje van hun kinderlijk getortel en kregen er toen genoeg van, en voor de resterende dagen die ik in Clichy doorbracht ontvluchtten we hen.

Op een avond toen ik aankwam, had Henry maagpijn. Ik moest net zo voor hem zorgen als ik voor Hugo doe – warme handdoeken, massage. Hij lag op het bed, en liet zijn prachtige witte buik zien. Hij sliep een tijdje en werd herboren wakker. We lazen wat samen. We beleefden een verbijsterende versmelting. Ik sliep in zijn armen. 's Morgens wekte hij mij met liefkozingen, terwijl hij iets murmelde over mijn gelaatsuitdrukking.

Henry's andere gezicht, waarmee hij misschien eens dit allemaal zal loochenen, kan ik me op het ogenblik onmogelijk voor ogen halen.

Kort hiervoor had ik één afspraak met Allendy, waarin ik duidelijk regressie vertoonde. Ik gaf hem een rubber *préventif* terug dat hij me had aanbevolen te gebruiken. Interpretatie: ik wilde hem laten zien dat ik in een berouwvolle stemming was over mijn 'losbandige leven'. Dit omdat Joaquín blindedarmontsteking had gekregen, hetgeen me een schuldgevoel gaf.

Toen vertrouwde ik hem toe dat ik bepaalde praktijken in het seksuele spel niet echt aangenaam vind, zoals afzuigen, wat ik doe om Henry een plezier te doen. In verband hiermee herinnerde ik mij dat ik, enkele dagen voor mijn verhouding met Henry, geen voedsel kon inslikken. Ik had een gevoel van misselijkheid. Aangezien er een verband bestaat tussen voedsel en seksualiteit, denkt Allendy dat ik een onbewuste weerstand vertoonde tegenover seksualiteit. Bovendien, de weerstand keert sterker terug wanneer een of andere gebeurtenis mijn schuldgevoel wekt.

Ik besefte dat mijn leven weer werd stopgezet. Ik huilde. Maar misschien was ik, vanwege dit gesprek met Allendy, in staat door te gaan, naar Henry te gaan, mijn jaloezie voor Paulette te overwinnen. Ik veronderstel dat het een aanwijzing voor mijn trots en onafhankelijkheid is om te zeggen dat ik het moeilijk vind mijn verschillende overwinningen volledig toe te schrijven aan de psychoanalyse, en ik ben geneigd te geloven dat het aan Henry's grote menselijkheid of mijn eigen inspanningen te danken is.

Eduardo wees me erop hoe snel ik de ware bron van mijn nieuwe zelfvertrouwen vergeet en dat juist dit zelfvertrouwen (door Allendy aan mij gegeven) iemand doet geloven in zijn eigen vermogens. Kortom, ik weet nog niet genoeg van psychoanalyse om te beseffen dat ik alles aan Allendy te danken heb.

Ik heb mezelf niet toegelaten emotioneel over hem na te denken. Sterker nog, ik ben blij dat ik niet van hem houd. Ik heb hem nodig, ja, en ik bewonder hem, maar zonder sensualiteit. Ik vermoed dat ik erop zit te wachten dat hij door mij van streek raakt. Ik geniet ervan als hij toegeeft dat ik hem de eerste dag intimideerde of als hij het heeft over mijn sensuele charme. Hier boezemt het besef dat overdracht een kunstmatig gestimuleerde emotie is mij meer wantrouwen in dan ooit. Als ik twijfel aan oprechte manifestaties van liefde, moet ik wel veel meer twijfelen aan deze mentaal opgewekte genegenheid.

Allendy praat over het vinden van mijn ware ritme. Hij ontwikkelde dit uit een sterk visuele droom die ik had. Voor zover hij kon zien, door zijn bestudering van mij, was ik in wezen een exotische Cubaanse vrouw, met charme, eenvoud, en puurheid. Al het overige was literair, intellectueel. Er was niets mis met het spelen van rollen behalve dat je ze niet serieus moet nemen. Maar ik neem het serieus en ga er volledig in op. En dan word ik onrustig en ongelukkig. Allendy gelooft ook dat mijn interesse in perversiteiten een pose is.

Lang nadat hij dit had gezegd, herinnerde ik mij dat de plek waar ik het meest normaal gelukkig ben geweest Zwitserland is, waar ik zonder de opsmuk van al die uiterlijke rollen leefde. Denk ik dat ik interessant ben met een breedgerande hoed, soepele jurk, weinig make-up, als ik in Zwitserland ben? Nee. Maar ik denk dat ik interessant ben met een Russische hoed op! Gebrek aan vertrouwen in mijn fundamentele waarden.

Op dit punt ga ik een beetje tegenstribbelen. Als psychoanalyse alle verhevenheid in persoonlijke motieven en in de kunst teniet doet door de ontdekking van neurotische wortels, wat geeft zij daar dan voor in de plaats? Wat zou ik zijn zonder mijn versieringen, kostuums, persoonlijkheid? Zou ik een krachtiger kunstenaar zijn?

Allendy zegt dat ik met grotere oprechtheid en natuurlijkheid moet leven. Ik moet de grenzen van mijn karakter niet overschrijden, geen dissonanten, afwijkingen, rollen (zoals June heeft gedaan) creëren, omdat het ellende betekent.

Ik zit te wachten in Allendy's voorkamer. Ik hoor een vrouwenstem in zijn spreekkamer. Ik ben jaloers. Ik erger me omdat ik ze hoor lachen. Hij is te laat, dat ook, voor de eerste keer. En ik breng hem een droom van genegenheid – de eerste keer dat ik mijzelf heb toegestaan fysiek, erotisch over hem te denken. Misschien moet ik hem de droom niet vertellen. Het geeft hem te veel, terwijl hij...

Mijn kwade gevoelens verdwijnen als hij binnenkomt. Ik vertel hem de droom. Dit, beseft hij, is een verbetering. Een paar maanden geleden zou ik me teruggetrokken hebben. Hij is blij om de warmte die er nu in onze relatie bijkomt. Maar hij laat me zien hoe de droom verraadt dat mijn blijdschap meer voortkomt uit zijn verwaarlozing van andere mensen om mij alle aandacht te kunnen geven dan uit de aandacht zelf. 'We belanden weer bij het gevoelige punt. Uw onzekerheid, de behoefte exclusief bemind te worden. In al uw dromen zit ook een grote bezitsdrang. Je aan liefde vastklampen is slecht, en het komt alleen voort uit gebrek aan zelfvertrouwen. Daarom bent u, als iemand u begrijpt en van u houdt, overdreven dankbaar.'

Allendy herstelt altijd de oprechtheid. Hij vindt dat ik mijn jaloezieën en mijn woede onderdruk, ze op mijzelf richt. Hij zegt dat ik ze moet uiten, ze kwijt moet raken. Ik beoefen een valse goedheid. Ik ben niet echt goed. Ik dwing mezelf edelmoedig te zijn, vergevensgezind. 'Doe een tijd zo boos als u wilt,' zegt Allendy.

Verschrikkelijke gevolgen van dit voorstel. Ik vond duizenden redenen voor rancune jegens Henry naar boven komen, zijn te gemakkelijke aanvaarding van mijn opofferingen, zijn redeloze verdediging van alles wat wordt aangevallen, zijn lof voor ordinaire, alledaagse vrouwen, zijn angst voor intelligente vrouwen, zijn schimpscheuten over June, dat schitterende wezen.

Ik werd wakker met een gevoel dat Allendy me tijdens onze afspraak zou gaan kussen. De dag leek er ook voor gemaakt, een weelderige, tropische dag. Ik voelde me lusteloos en heel droevig dat ik afscheid van hem moest nemen.

Toen ik aankwam en hem vertelde dat ik niet meer zou komen, schoof hij de analyse weg en we praatten. Ik keek naar zijn moezjik-neus en vroeg me af of zo'n man sensueel zou zijn. Ik was me ervan bewust dat ik mijn gebruikelijke poses aannam. Maar ik voelde me heel paniekerig. Aan het eind van ons gesprek pakte hij mijn handen vast. Ik ontweek hem een beetje. Ik zette mijn hoed op en sloeg mijn cape om, maar toen ik op het punt stond te vertrekken boog hij zich over me heen en zei: '*Embrassez moi.*'

Twee indrukken tekenen zich heel duidelijk af: dat ik wou dat hij me stevig had vastgepakt en me gekust had zonder het te vragen, en dat de kus te kort was en te zedig. Daarna wilde ik terug voor nog een kus. Volgens mij was ik verlegen geweest, en hij ook, en hadden we beter kunnen kussen. Hij was opvallend knap die dag, briljant, dromerig, interessant, en zo overtuigd. Werkelijk een reus.

Ik was heel gelukkig na Allendy's kus. Tegelijkertijd weet ik dat Henry's meest nonchalante kus de grondvesten van mijn lichaam kan doen schudden. Ik was me hier vandaag scherp van bewust toen ik hem na vijf dagen van scheiding zag. Wat een convergentie van lichamen. Het is als een oven als wij elkaar ontmoeten. Toch besef ik iedere dag meer dat alleen mijn lichaam geprikkeld wordt. Mijn beste momenten met Henry zijn in bed.

JULI

Maar toen Hugo maandag naar Londen vertrok, ging ik zo snel als ik kon naar Henry. Twee nachten van extase. Ik draag nog de sporen van zijn beten, en gisternacht was hij zo onstuimig dat hij me pijn deed. Onze omhelzingen werden onderbroken door diepe gesprekken.

Hij is jaloers. Hij nam me mee naar Montparnasse, en een knappe Hongaar ging naast me zitten en maakte avances, openlijk. Henry had het er later over dat hij mij achter slot en grendel wilde zetten, dat ik geschapen was voor intimiteit. Toen hij me in Montparnasse zag, voelde hij dat ik te zacht en teer was voor de massa; hij wilde me beschermen, me verbergen.

Hij heeft bij zichzelf overlegd of hij June moet opgeven of niet. Bij mij voelt hij zich volledig, en hij weet dat ik meer van hem houd. We liggen 's nachts wakker en praten hierover, maar ik weet dat hij niet kan en moet denken over June opgeven, June, zijn passie. Ik zou, in zijn plaats, haar niet opgeven. June en ik wissen elkaar niet uit; wij vullen elkaar aan. Henry heeft ons beiden nodig. June is de stimulans en ik de toevlucht. Met June maakt hij wanhoop mee en met mij harmonie. Dit zeg ik allemaal terwijl ik hem stevig in mijn armen houd.

En bovendien heb ik Hugo. Ik zou hem niet opgeven voor Henry. Wat ik niet tegen Henry kan zeggen is dat hij vooral een lichamelijke man is en dat hierom June essentieel voor hem is. Zo'n man inspireert sensuele liefde. Ook ik houd sensueel van hem. En ten slotte zal deze band niet kunnen voortduren. Hij is voorbestemd mij te verliezen. Wat ik hem geef zou geweldig zijn voor een minder sensuele man. Maar niet voor Henry.

We liggen wakker in de nacht, praten, en hoewel mijn armen hem stevig vastklampen laat mijn wijsheid hem al gaan. Hij smeekt me tijdens de zomer geen risico's te nemen; hij is me nog steeds aan het kussen, na de heftige bewegingen van ons neuken, dat zoals hij zei, was alsof de thermometer was gebroken.

Ik heb een man veroverd, die het minst veroverbaar is. Maar ik ken ook de grenzen van mijn macht, en ik weet dat June en ik beiden nodig zijn om aan de eisen van mannen te kunnen voldoen. Ik aanvaard dit met een droevig gevoel van trots.

Henry heeft van me gehouden: oh, ik ben zijn liefde. Ik heb alles gehad wat ik van hem kon krijgen, de meest geheime lagen van zijn wezen, zulke woorden, zulke gevoelens, zulke blikken, zulke liefkozingen, die allemaal voor mij alleen opvlamden. Ik heb gevoeld hoe hij gekoesterd werd door mijn zachtheid, vol verrukking was van mijn liefde, gepassioneerd, bezitterig, jaloers. Ik heb hem geboeid, niet lichamelijk, maar als een visioen. Wat herinnert hij zich het levendigst van onze momenten samen? De middag dat hij op de bank lag in mijn slaapkamer terwijl ik me aan het kleden was voor een diner, in mijn diepgroene oosterse jurk, parfum opdeed, en hij, overspoeld door een gevoel dat hij in een sprookje leefde, met een sluier tussen hem en mij, de prinses! Dàt herinnert hij zich terwijl ik warm in zijn armen lig. Illusies en dromen. Het sap dat hij kreunend van genot in mij spuit, het bijten in mijn vlees, mijn geur aan zijn vingers, het verdwijnt allemaal onder invloed van het sprookje.

'Je bent een kind,' zegt hij, half verbaasd, terwijl hij tegelijkertijd zegt: 'Je kan verdomd goed neuken. Waar heb je dat geleerd, waar?'

En toch, als hij mij met Paulette vergelijkt, echt een kind, valt hem de verleidelijkheid van mijn gebaren op, de volwassenheid van mijn gelaatsuitdrukking, de geest die hij liefheeft. 'Ik ben één met jou, Anaïs. Ik heb je nodig. Ik wil niet dat June terugkomt.'

Als je de wreedheid kent die tussen Henry en June bestond, is het vreemd om te zien hoe attent hij is op het minste teken bij mij van verveling of vermoeidheid. Hij heeft nieuwe inzichten ontwikkeld en een nieuwe zachtheid. Toen hij het over mijn gebrek aan cynisme had, zei ik, om hem te plagen, dat ik verwacht had dat van hem te krijgen, dat ik gehoopt had met hem in conflict te raken, geconfronteerd te worden met ridiculisering, wreedheid, te leren vechten en terug te slaan en harder te spreken, maar dat hij er absoluut niet in geslaagd was mij die ervaring te geven. Ik had de boeman ontwapend, die een cynische vrouw van me zou maken. Ik word niet eens bekritiseerd. Bij mij laat hij zijn impulsieve oordelen snel varen, zoals Paulette aanbiddelijk te noemen. Door geduld en zachtzinnigheid breng ik evenwicht in een man die een en al reactie, besluiteloosheid, tegendraadsheid is. Soms als hij met bewondering naar de handigheid van mijn vingers kijkt, of ik nou vis fileer of zijn das strik, denk ik aan Lawrence, die zo prikkelbaar en zo bitter en zo zenuwachtig was, en dan denk ik dat ik nu min of meer hetzelfde instrument bespeel. Ik voel nog steeds zijn kussen op de palmen van mijn handen, en dan vind ik het vreselijk om me te baden omdat ik doordrongen ben van heerlijke geuren.

Hugo komt over een paar uur thuis, en zo gaat het leven maar door in tegenstrijdige patronen. Hoe lang, vraag ik mij af, zal ik smachten naar de sensualist? Voordat hij in slaap viel zei hij tegen me: 'Luister, ik ben niet dronken, en ik ben niet emotioneel, en ik zeg je dat je de meest fantastische vrouw in de wereld bent.'

Als ik zeg dat ik sensueel van hem houd, meen ik dat niet helemaal; ik hou op vele andere manieren van hem – wanneer hij lacht om een film, of heel rustig praat in de keuken; ik houd van zijn nederigheid, zijn overgevoeligheid, de kern van bitterheid en woede in hem.

Hij zou June een verpletterende brief schrijven, vol beschuldigingen. En op dat moment bracht ik hem een artikel dat al haar daden rechtvaardigt. Het was alsof hij zijn hand had opgeheven om haar te slaan en ik hem moest tegenhouden. Ik weet nu dat June aan drugs verslaafd is. Ik heb beschrijvingen in een boek gevonden die verifiëren wat ik vaag heb aangevoeld.

Henry was met stomheid geslagen. Hij laat zich zo gemakkelijk beetnemen. June had het voortdurend over drugs, zoals de misdadiger die naar de plek van de misdaad terugkeert. Ze moest het onderwerp aansnijden terwijl ze heftig ontkende ooit drugs gebruikt te hebben (misschien twee of drie keer). Henry begon de stukken in elkaar te passen. Toen ik zijn wanhoop zag, werd ik bang. 'Je moet niet al te zeker zijn van wat ik zeg. Soms ben ik te vlug met mijn synthese.' Maar ik voelde dat ik gelijk had.

Hier gaf hij het enige ethische oordeel dat ik hem ooit heb horen uitspreken over zelfvernietiging, namelijk dat druggebruik duidde op een deficiëntie in je karakter. Dit is wat de relatie hopeloos maakte.

Ik had zo'n medelijden met hem toen hij zich begon af te vragen hoeveel June van hem hield, waarbij hij haar liefde met de mijne vergeleek. Ik verdedigde haar, zei dat zij op haar eigen manier van hem hield, die onmenselijk en fantastisch is. Maar het is waar dat ik hem niet zou verlaten zoals zij. Het is waar, wat hij zegt, dat haar grootste liefde eigenliefde is. Maar het is haar eigenliefde die haar een grote persoonlijkheid heeft gemaakt.

Henry is soms verbaasd over mijn bewondering voor June. Gisteravond zei hij: 'In het begin wilde je heel graag dat June terugkwam. Heb ik gelijk als ik denk dat je dat nu niet wilt?'

'Ja.' En ik heb ook andere dingen toegegeven, terwijl ik eerder nooit zijn vragen over minnaars beantwoord had. Een keer, in zijn armen, drong hij zo gevoelig aan, zei: 'Zeg me dat je me niet bedrogen hebt; het zou me verschrikkelijk pijn doen, zeg het me,' dat ik hem vertelde dat dat nooit gebeurd was. Ik gaf mijn geheim prijs, al wist ik dat ik dat niet moest doen, maar ik kon niet anders.

Om een man gek te maken kan een genot zijn; maar om in Henry's armen te liggen en me zo volledig aan hem over te geven vond ik een groter genot – zijn lichaam te voelen ontspannen en hem met zijn geluk in slaap te zien vallen. De dag daarna kan ik altijd nog mijn vrouwelijk pantser herstellen, en de onnodige en afschuwelijke oorlog weer gaan voeren. In het volle daglicht kan ik hem wat onrust, jaloezie, angst teruggeven, Henry, de Eeuwige Echtgenoot. Hij hield van zijn lijden met June, al houdt hij ook van de verlossing van zijn lijden met mij.

We hadden een geestig gesprek over ons begin. Henry had me de eerste dag dat we alleen waren willen kussen, de dag van onze wandeling naar het bos, toen we over June praatten.

'Maar geef toe dat het voor jou in het begin een spelletje was,' zei ik.

'Niet helemaal in het begin. In Dijon, ja, ik had wrede, koude gedachten, om je te gebruiken. Maar de dag dat ik naar Parijs kwam en je ogen zag – oh, Anaïs, de blik in je ogen in het restaurant toen ik terugkwam. Daar ben ik voor gevallen. Maar je leven, je ernst, je achtergrond, dat maakte me bang. Ik zou heel langzaam te werk zijn gegaan als je niet...'

Ik lach er nu om als ik eraan denk – wat ik hem uit het rode dagboek voorlas, de droom over zijn schrijven. Ik ben het geweest die het pantser doorbrak, omdat ik per se wilde dat hij me leerde kennen. En wat een verrassing was ik voor hem, zegt hij me. Ik volgde een opwelling, dapper, doortastend. Was het omdat ik sneller doorhad en wist dat Henry en ik... Of was het naïveteit?

We bekennen de meest lachwekkende twijfels over elkaar. Ik heb me voorgesteld dat Henry tegen June zei: 'Nee, ik houd niet van Anaïs. Ik deed zoals jij altijd doet, om te zien wat ze voor me kon doen.' En hij heeft zich voorgesteld dat ik over een paar maanden vol minachting over hem spreek. We zitten in de keuken en wisselen deze duivelse uitwassen van overrijke geesten uit, die een liefkozing ogenblikkelijk teniet kan doen. Ik ben in pyjama. Henry's hand glijdt rond mijn schouder, en we lachen, en vragen ons af wat de waarheid zal blijken te zijn.

Het contrast tussen de sensualiteit van Hugo en Henry kwelt me. Zou Hugo sensueler gemaakt kunnen worden? Het duurt met hem zo kort. Hij vindt zichzelf een fenomeen omdat hij me zes nachten achter elkaar genomen heeft, maar met snelle, stotende bewegingen. Zelfs na een hoogtepunt is Henry's tederheid indringender, langduriger. Zijn zachte kusjes, als regen, blijven bijna even lang in mijn lichaam als zijn woeste liefkozingen.

'Ben je ooit droog?' plaagt hij me. Ik beken dat Hugo vaseline moet gebruiken. Dan besef ik de volle betekenis van deze bekentenis, en ik ben verpletterd.

Gisteravond, in mijn slaap, raakte ik Hugo's penis aan zoals ik geleerd heb die van Henry aan te raken. Ik streelde hem en drukte hem in mijn hand. In mijn halfslaap dacht ik dat het Henry was. Toen Hugo opgewonden raakte en me wilde bezitten, werd ik echt wakker en was diep teleurgesteld. Mijn begeerte verdween.

Ik houd van Hugo zonder passie, maar tederheid is ook een sterke band. Ik zal hem nooit verlaten zolang hij mij wil. Ik geloof dat deze passie voor Henry zal doven.

Het is voor de mannen die niet primair lichamelijk zijn dat ik de essentiële vrouw ben, mannen als Hugo, Eduardo, zelfs Allendy. Henry kan zonder mij. Toch is het bijzonder om te zien hoe ik hem veranderd heb, hoe hij heel is geworden, hoe hij nog maar zelden tegen windmolens vecht en onlogisch tekeergaat. Ik ben het die niet helemaal zonder Henry kan leven. Ik ben ook veranderd. Ik voel me rusteloos, energiek, avontuurlijk. Heel eerlijk gezegd hoop ik stilletjes dat ik iemand anders ontmoet, doorga met leven zoals ik leef, sensueel. Ik heb erotische fantasieën. Ik heb geen zin in eenzaamheid, introspectie, werk. Ik wil genot.

Deze dagen houd ik mijzelf bezig met frivoliteiten. Ik dien de godin van de schoonheid, in de hoop dat ze me met geschenken zal overladen. Ik doe mijn best voor een schitterende huid, glanzend haar, goede gezondheid. Het is waar, ik heb geen nieuwe kleren, vanwege Henry, maar dat geeft niet. Ik heb geverfd en veranderd en dingen ergens anders op gezet. Maandag neem ik het risico van een operatie die voor altijd mijn lachwekkende wipneus zal rechtzetten.

Na een nacht samen konden Henry en ik geen afscheid van elkaar nemen. Ik had beloofd zondag naar huis te gaan en de avond met Eduardo door te brengen. Maar Henry zei dat hij met mij meeging naar Louveciennes, wat er ook mocht gebeuren. Ik zal die dag en nacht nooit vergeten. De dienstmeisjes waren uit; we hadden het huis voor onszelf. Henry ging op verkenning en genoot daar met volle teugen van. Toen hij zich op ons grote bed liet vallen, werd hij door de wellustigheid ervan getroffen. Ik kwam bij hem liggen, en hij penetreerde mij snel, hongerig.

We praatten, lazen samen, dansten, luisterden naar gitaarmuziek. Hij las stukjes uit het paarse dagboek. Als hij het sprookjesachtige van het huis voelde, begon ook ik een soort betovering te voelen waarin Henry een buitengewoon wezen was, een heilige, een verbluffende meester van het woord, met een schitterende geest. Ik ben verbaasd over zijn gevoeligheid. Hij huilde toen hij zag hoe ik naar de platen luisterde; en hij weigerde verder te lezen in het dagboek, van streek door de te intieme onthullingen erin – Henry, voor wie niets heilig is.

Eduardo kwam om vier uur en we lieten hem bellen. Henry genoot daarvan, maar ik niet. 'Je bent te menselijk,' zei hij, en voegde eraan toe: 'Nu weet ik hoe je je over mij zult voelen als jij me in dezelfde situatie brengt.' Henry en ik in bed, en Eduardo die belt, wegloopt, en een half uur later weer probeert.

Maandag om half twee ging Henry bij me weg, in de veronderstelling dat ik die avond met vakantie ging. Om twee uur was ik in de kliniek. Ik stond versteld dat ik daar heen ging, helemaal alleen, om een groot risico met mijn gezicht te nemen. Ik lag op de operatietafel, me bewust van elk gebaar van de chirurg. Ik was tegelijkertijd kalm en bang. Ik had het niemand verteld. Mijn gevoel van eenzaamheid was onmetelijk, en daarbij voelde ik een zekerheid die ik altijd krijg op grote momenten. Dat sleepte mij er doorheen. Als de operatie zou mislukken en mijn gezicht geschonden zou worden, was ik zelfs van plan om volledig te verdwijnen, nooit mijn beminden weer te zien. Toen kwam het moment dat ik mijn neus in de spiegel zag, bebloed en recht – Grieks! Daarna verband, opzwellen, een nacht vol pijn, dromen. Zouden mijn neusvleugels ooit weer trillen?

's Morgens brengt de verpleegster me briefpapier, bedrukt met de naam van de kliniek. Dat brengt me op een idee. Ik schrijf Eduardo, in een bibberend handschrift, dat ik de stad uit ben gegaan, cocaïne heb gebruikt en naar het ziekenhuis ben gebracht omdat ik maar niet wakker wilde worden. Ik speel met de gedachte, grinnik terwijl ik schrijf. Om het leven interessanter te maken. Om literatuur na te bootsen, wat ook al bedrog is.

Wat je bedenkt is iets wat je wilt. Hoe zou het geweest zijn, die dag en nacht in Louveciennes alleen met June, als er cocaïne was geweest?

Ik ben thuis, geobsedeerd door het wonder van de uren met Henry en door een vertraagde afschuw voor de kliniek. Mijn neus is zwaar maar mooi.

Ik stel een bezoek aan Allendy uit tot ik me weer kan vertonen. Hij vertelt me dat hij Eduardo heeft gesproken en dat die zeer ongelukkig is. Ik wil dat Allendy het cocaïneverhaal ook gelooft.

Er valt zonlicht op het bed maar een gevoel van heiligschennis omdat Henry hier geslapen heeft ontbreekt. Ik vind het vanzelfsprekend. Het huis is op orde. Mijn koffer is gepakt en staat bij de voordeur. Ik heb Oostenrijks geld in mijn tas en een kaartje voor Innsbruck.

Henry was wanhopig de dag na ons gesprek, waarin alles geregeld had moeten worden. We besloten dat we niet samen zouden weglopen. Ik zei verdrietig tegen hem: 'Je zult me binnenkort kwijtraken omdat je niet genoeg van me houdt.' Maar zo ver zijn we nog niet.

Naarmate mijn passie groter wordt, wordt mijn tederheid voor Hugo groter. Hoe meer afstand ik tussen ons beider lichamen schep, des te ongewoner vind ik zijn perfectie, zijn goedheid, des te groter mijn dankbaarheid, des te meer ben ik me bewust dat hij, van ons allen, het best weet wat liefhebben is. Als hij op reis is en ik alleen ben voel ik me niet aan hem gebonden, stel ik me niet aan zijn zijde voor, verlang ik niet naar hem, en toch heeft hij mij het allerkostbaarste geschenk gegeven, en als ik aan hem denk zie ik een geweldig edelmoedige, warme man voor me, die mij voor ellende, zelfmoord, en waanzin behoed heeft.

Waanzin. Zonder enige moeite kan ik opnieuw de stemming oproepen die ik aan boord van het schip naar New York had toen ik mijzelf wilde verdrinken. Als ik Eduardo mijn verzonnen brief schrijf, zeg ik: 'Ik ben blij dat ik voor vierentwintig uur van dromen aan de hel ontsnapt ben.' Dat meen ik. De aantrekkingskracht die drugs op mij hebben komt voort uit een enorm verlangen bewustzijn uit te vagen. Toen ik laatst bij Henry wegging, voelde ik zo sterk dat ik hem ging verlaten dat ik zonder blikken of blozen de taxichauffeur de opdracht had kunnen geven mij de Seine in te rijden.

Wat ik voor Eduardo verzon zal op een dag gebeuren. Hoe lang ik in staat zal zijn het bewustzijn van leven te verdragen hangt af van mijn werk. Werk is mijn enige stabilisator geweest. Het dagboek is een produkt van mijn ziekte, misschien een benadrukking en overdrijving ervan. Ik spreek van opluchting als ik schrijf; wellicht, maar het is ook pijn ingriffen, mijzelf tatoeëren.

Henry vindt dat het dagboek alleen belangrijk wordt als ik waarheden opschrijf, zoals de details van mijn teleurstellingen.

Ik denk dat ik alleen de meest toegankelijke draad volg. Drie of vier draden kunnen geactiveerd worden, zoals telegraafdraden, tegelijkertijd, en als ik ze allemaal tegelijk in gebruik zou nemen zou ik een heel mengelmoes van onschuld en dubbelhartigheid, edelmoedigheid en berekening, angst en moed onthullen. Ik kan de hele waarheid niet vertellen, domweg omdat ik dan vier dagboeken tegelijkertijd zou moeten schrijven. Ik zou vaak een stap terug moeten doen, vanwege mijn slechte gewoonte altijd te verfraaien.

Hotel Achenseehof, Tirol. Vannacht in bed strekte ik wanhopig mijn hand uit en wou dat ik die altijd levendige, sensuele Henry kon aanraken. Ik vond het erg toen hij me bekende dat hij vanuit Dijon een hartstochtelijke brief had geschreven en vervolgens vernietigd omdat er in mijn brief een toespeling op zijn hyperseksualiteit stond, die ik niet als verwijt had bedoeld, maar die hij zo had opgevat.

Oh, nu slapen tot ik weer heel ben, vrij en licht wakker worden. De gedachte aan de vele brieven die ik moet schrijven maakt me ongelukkig. Zelfs Henry heb ik alleen een kort bericht gestuurd. Bergen, zware wolken, mist, spreien, dekens, en ik, die hier zo stil lig als een muis in winterslaap. Neus weer normaal. Ik verstop mijn dagboek in de kachel, bij de as.

Voor Henry stond ik op en schreef een brief. Ik stond op om me mijn droom te herinneren: June was aangekomen. Ze kwam eerst mij opzoeken voor ze naar Henry ging, keek weer net zo humeurig en onverschillig als in andere dromen. Ik lag te slapen. Ze maakte me wakker met een kus maar begon me meteen te vertellen hoe teleurgesteld ze in mij was en maakte aanmerkingen op mijn uiterlijk. Toen ze zei dat mijn neus te dik was, vertelde ik haar van de operatie. Toen kreeg ik daar meteen spijt van omdat ik besefte dat ze het aan Henry zou vertellen. Ik zei tegen haar dat ik heel goed wist dat zij veel mooier was dan ik. Ze vroeg me haar te bevredigen. Dat deed ik zeer vakkundig en beleefde het gevoel alsof ik het bij mijzelf deed. Ze was dankbaar voor het genot en ging weg, mij nog bedankend. 'Nu ga ik naar Henry,' zei ze.

Brief aan Henry: 'Vannacht heb ik me afgevraagd hoe ik je zou kunnen laten zien, door iets wat me het meest moeite zou kosten, dat ik van je houd; en ik kon niets anders bedenken dan je geld te sturen om aan een vrouw te besteden. Ik moest denken aan de negerin. Ik vind haar aardig omdat ik ten minste kan voelen hoe mijn eigen zachtheid in haar versmelt. Ga alsjeblieft niet naar een te goedkope, te ordinaire vrouw. En vertel het me dan niet, omdat ik zeker weet dat je het al hebt gedaan. Laat mij geloven dat ik het aan je gegeven heb.'

Met wat een vreugde ontvang ik tegelijkertijd Hugo hier. En ik heb veel genot, zelfs onstuimigheid ondervonden in de manier waarop hij de liefde bedreef. Op de een of andere manier kan ik op een plek als deze Henry niet missen, omdat Henry niet hoort bij bergen, meren, gezondheid, eenzaamheid, slaap. Hugo triomfeert hier, met zijn prachtige benen in Tiroler broek. Ik rust hier met hem uit, en mijn leven in Parijs met Henry is als mijn nachtelijke dromen.

Hugo en ik zijn weer vol tederheid en plagerijtjes. Een week zonder mij maakt hem volwassen. Ik geloof dat we niet samen volwassen kunnen worden. Samen zijn we zacht, zwak, jong. Te veel afhankelijk van elkaar. Samen leven we in een onwerkelijke wereld. En in de buitenwereld leven we, zoals Hugo zegt, alleen maar omdat wij deze hebben, onze, om op terug te vallen.

Hij was ongelukkig over mijn volmaakte neus. 'Maar ik was dol op dat grappige wipneusje. Ik zie je niet graag veranderen.' Ten slotte overtuigde ik hem van de esthetische vooruitgang. Ik vraag me af wat Henry zal zeggen.

Aan een kant zie ik er tegenop een brief van hem te ontvangen. Die zal koorts brengen. Ik ben teruggevallen op de zekerheid van Hugo's toewijding. Ik rust uit op zijn brede behaarde borst. Af en toe raak ik een beetje verveeld en ongeduldig, maar dat laat ik niet merken. We zijn gelukkig samen, over kleine dingen. Mensen denken, zoals altijd, dat wij op huwelijksreis zijn.

Wat ik mij nu afvraag is of ik in Hugo's wereld blijf omdat ik de moed mis om alles op het spel te zetten, of is het zo dat ik nog van niemand genoeg gehouden heb om mijn leven met Hugo op te geven? Als hij zou sterven, zou ik niet naar Henry gaan; daar ben ik zeker van.

Ik was heel blij toen ik een lange brief van Henry kreeg. Ik besef dat June en hij Dostojevski levend en verschrikkelijk voor mij hebben gemaakt. Op sommige momenten smelt ik van dankbaarheid bij de gedachte aan wat Henry mij gegeven heeft, gewoon door te zijn wie hij is; op andere momenten ben ik wanhopig over de vrijgemaakte instincten die van hem zo'n slechte vriend maken. Ik herinner me dat hij meer gekwetste ijdelheid toonde dan liefde toen de Hongaar zijn hand onder mijn jurk probeerde te steken die avond in Select. 'Wat dacht hij wel dat ik was, gek?' Als hij dronken is, is hij tot alles in staat. Nu heeft hij zijn hoofd kaal geschoren als een gedetineerde, uit zelfvernedering. Zijn liefde voor June is zelfkwelling. Uiteindelijk is alles wat ik weet dat Henry mij op meer dan één manier bevrucht heeft en dat ik weinig minnaars zal hebben die zo interessant zijn als Henry.

Als we opnieuw beginnen met ons duel van brieven – waanzinnige, vrolijke, vrije brieven – voel ik een lichamelijke, knagende pijn door zijn afwezigheid. Vandaag lijkt het wel of Henry voor vele jaren een deel van mijn leven zal zijn zelfs als hij maar een paar maanden mijn minnaar is. Een fotootje van hem, met zijn zware mond open, ontroert me. Snel begin ik te denken aan een lamp die beter voor zijn ogen zal zijn, raak ik bezorgd over zijn vakantie. Het maakt me intens gelukkig dat hij klaar is met het herschrijven van zijn tweede boek binnen twee maanden, dat hij zo energiek en produktief is. En wat mis ik? Zijn stem, zijn handen, zijn lichaam, zijn tederheid, zijn lompheid, zijn goedheid en zijn duivelachtigheid. Zoals hij zegt: 'June heeft nooit kunnen ontdekken of ik een heilige of een duivel ben.' Ik weet het ook niet.

Tegelijkertijd kan ik meer dan genoeg liefde voor Hugo opbrengen. Dat verwondert me, als we ons als minnaars gedragen, de twee bedden vervloeken en zeer ongemakkelijk in een te klein bed slapen, elkaars hand vasthouden tijdens het eten, in de boot elkaar kussen. Het is gemakkelijk om lief te hebben en er zijn zo veel manieren voor.

Als ik Henry vraag waarom hij de rest van mijn paarse dagboek niet wil lezen, antwoordt hij: 'Ik weet net zomin als jij waarom ik op een bepaald moment ben opgehouden met lezen. Jij kunt er zeker van zijn dat ik er spijt van heb. Ik kan alleen zeggen dat het een onpersoonlijk verdriet was, dat dingen slecht afliepen niet vanwege iets slechts of boosaardigs, maar door een soort inherente noodlottigheid. Waardoor zelfs de meest dierbare en heilige dingen zo bedrieglijk, wankel, vergankelijk lijken. Als je X zou vervangen door een bepaald personage, zou dat niets uitmaken. Om je de waarheid te zeggen, ik was misschien bezig mezelf te vervangen.'

Iedereen mag huilen over de vernictiging van het 'ideale huwelijk'. Maar ik huil niet meer. Ik heb geen scrupules meer. Hugo heeft het meest fantastische karakter ter wereld, en ik hou van hem, maar ik houd ook van andere mannen. Hij ligt nog geen meter van me vandaan terwijl ik dit schrijf, en ik voel me niet schuldig.

Ik woon in zijn koninkrijk. Vrede. Eenvoud. Vanavond hadden we het over slechtheid, en ik besefte dat hij in volledige zekerheid over mij leeft. Hij kan zich niet voorstellen dat ik ooit... terwijl ik me zo gemakkelijk van alles kan voorstellen. Is hij onschuldiger dan ik? Of vertrouw je als je eigen persoonlijkheid een eenheid is?

Hoe meer ik Dostojevski lees, hoe meer ik me afvraag of June en Henry imitaties zijn. Ik herken dezelfde zinnen, dezelfde geïntensiveerde taal, bijna dezelfde handelingen. Zijn zij literaire spoken? Hebben zij een eigen ziel?

Ik herinner me een moment dat ik mezelf toestond een kleinzielige wrok te koesteren jegens Henry. Het was een paar dagen nadat hij me verteld had dat hij met die hoeren had opgetrokken. Hij zou me bij Fraenkel ontmoeten om de mogelijkheid te bespreken hem te helpen met het publiceren van zijn boek. Ik voelde me heel hard en cynisch. Het maakte me kwaad dat ik beschouwd werd als de vrouw van een bankier die een schrijver onder haar hoede zou kunnen nemen. Ik had spijt van mijn enorme bezorgdheid, mijn doorwaakte nachten, waarin ik allerlei manieren bedacht om Henry te helpen. Ik vond hem ineens een parasiet, een ontzettend gulzige egoïst. Voor hij kwam sprak ik met Fraenkel, zei hem dat het onmogelijk was en waarom. Fraenkel had zoveel medelijden met Henry; ik geen. Toen verscheen Henry zelf. Hij had zich voor mij heel zorgvuldig gekleed, met zijn nieuwe pak, nieuwe hoed en overhemd. Hij had zich zorgvuldig geschoren. Ik weet niet waarom me dit woedend maakte. Ik verwelkomde hem niet erg hartelijk. Ik praatte door over Fraenkels werk, Henry voelde dat er iets mis was en vroeg: 'Ben ik te vroeg?' Ten slotte zei hij dat we toch samen uit eten gingen. Ik zei dat ik niet kon. Hugo was niet naar Londen gegaan zoals ik verwacht had. Ik moest met de trein van half acht naar huis. Ik keek naar Henry's gezicht. Het deed me plezier om te zien dat hij vreselijk teleurgesteld was. Ik verliet hen.

Maar meteen daarna was ik erg ongelukkig. Al mijn tederheid kwam terug. Ik was bang dat ik hem pijn had gedaan. Ik schreef hem een briefje. De volgende dag was Hugo weg, en ik ging meteen naar hem toe. Die nacht waren we samen zo voldaan dat Henry voor hij in slaap viel zei: 'Dit is zalig!'

AUGUSTUS

Als ik Henry's vurige liefdesbrieven lees doet het me niets. Ik wacht niet vol ongeduld tot ik weer naar hem toe kan. Zijn tekortkomingen staan op de voorgrond. Misschien ben ik gewoon op Hugo teruggevallen. Ik weet het niet. Ik ben me bewust van een enorme afstand tussen ons. En het kost me moeite met liefde aan hem te schrijven. Ik voel me onoprecht. Ik ontwijk het probleem. Ik schrijf minder dan ik zou moeten. Ik moet mijzelf ertoe zetten om ook maar iets te schrijven. Wat is er gebeurd?

Hugo is verbaasd dat ik zo rusteloos ben. Ik rook, sta op, loop rond. Ik kan mijn eigen gezelschap niet verdragen. Ik heb nog niet geleerd om introspectie te vervangen door denken. Ik zou bij voorbeeld diep over Spengler kunnen nadenken, maar binnen tien minuten ben ik mezelf weer aan het verslinden. Zoals Gide zegt, introspectie vervalst alles. Misschien vervreemdt het me van Henry. Ik heb zijn stem en liefkozingen nodig. Hij schrijft een prachtige brief over onze laatste dagen in Clichy, Henry die me begeert, verloren is zonder mij.

Maar het is voor mij onmogelijk om hem te begeren in Hugo's aanwezigheid. Hugo's lach, Hugo's toewijding verlamt me. Ten slotte schrijf ik hem, en zinspeel hierop. Maar zo gauw ik de brief gepost heb, overweldigen de kunstmatig opgekropte gevoelens me. Ik schrijf hem een waanzinnig briefje.

De volgende dag krijg ik een ellenlange brief van hem. Alleen al het aanraken ervan ontroert me. 'Als je terugkomt zal ik je een één grote literaire neukpartij geven – dat wil zeggen neuken en praten en praten en neuken. Anaïs, ik ga je kruis volledig blootleggen. God vergeve me als deze brief ooit per ongeluk open wordt gemaakt. Ik kan er niets aan doen. Ik verlang naar je. Ik hou van je. Je bent eten en drinken voor me, als het ware het hele verdomde mechanisme. Op je liggen is één ding, maar nauw verbonden met je te zijn iets anders. Ik voel me nauw met je verbonden, één met je, je bent van mij of dat erkend wordt of niet. Elke dag dat ik nu wacht is een marteling. Ik tel de dagen langzaam, vol pijn. Maar probeer zo gauw mogelijk te komen. Ik heb je nodig. God, ik wil je in Louveciennes zien, in het gouden licht van het raam, in je nijlgroene jurk en je gezicht bleek, een bevroren bleekheid als op de avond van het concert. Ik houd van je zoals je bent. Ik houd van je lendenen, de bleekgouden glans, de glooiing van je billen, de warmte binnen in je, jouw sappen. Anaïs, ik houd zoveel van je, zoveel! Ik word sprakeloos. Ik zit jou hier te schrijven met een enorme erectie. Ik voel je zachte mond om me heen sluiten, je been me vast omklemmen, zie je weer hier in de keuken je jurk optillen en boven op me zitten en de stoel over de keukenvloer schuiven, bonk, bonk.'

Ik antwoord in dezelfde toon, sluit mijn waanzinnige briefje in, stuur een telegram. Oh, tegen Henry's invasie valt niet te vechten.

Hugo zit te lezen. Ik buig me over hem heen en stort liefde uit, een liefde die intens berouwvol is. Hugo kreunt: 'Ik zweer dat ik bij niemand anders dan jou zoveel genot zou vinden. Jij bent alles voor me.'

Ik heb een slapeloze nacht, met zenuwslopende pijn, en denk aan Junes wijze woorden: 'Laat de dingen gebeuren.' De volgende dag pak ik langzaam, terwijl ik droom van Henry. Hij is eten en drinken voor me. Hoe kon ik, zelfs maar voor een paar dagen, me van hem afkeren? Als Hugo maar niet zo lachte, als een kind, als zijn warme, behaarde handen maar niet steeds naar mij reikten, als hij zich maar niet vooroverboog om een chocolaatje aan de zwarte Schotse terriër te geven, als hij maar niet dat fijnbesneden gezicht naar mij zou toewenden, en vragen: 'Poesjelief, hou je van me?'

Intussen is het Henry die in mijn lichaam rondwoelt. Ik voel zijn krachtige aandrang, zijn bonken, zijn stoten. Maandagavond is ondraaglijk ver weg.

De lengte van zijn brieven, twintig en dertig bladzijden, is symbolisch voor zijn grootte. Zijn stortvloed zweept me op. Ik verlang alleen nog maar vrouw te zijn. Geen boeken te schrijven, niet rechtstreeks in contact te zijn met de wereld, maar te leven door middel van literaire bloedtransfusie. Achter Henry te staan, hem te voeden. Uit te rusten van zelfbevestiging en scheppen.

Bergbewoners. Rook. Thee. Bier. De radio. Mijn hoofd zweeft weg van mijn lichaam, hangt in de lucht in de rook van Tiroolse pijpen. Ik zie kikkerogen, strohaar, monden als open notitieboekjes, varkensneuzen, hoofden als biljartballen, apehanden met hamkleurige palmen. Ik begin te lachen, alsof ik dronken ben, en zeg Henry-woorden, 'sodemieter', 'klote', en Hugo wordt boos. Ik ben stil en koud. Mijn hoofd zweeft terug. Ik huil. Hugo, die geprobeerd heeft zich aan mijn vrolijkheid aan te passen, ziet nu de plotselinge overgang en is verbijsterd.

In toenemende mate ondervind ik deze monsterlijke deformatie van de werkelijkheid. Ik bracht een dag door in Parijs voor mijn vertrek naar Oostenrijk. Ik huurde een kamer om uit te rusten, omdat ik de nacht tevoren niet had geslapen, een kleine zolderkamer met een dakkapel. Toen ik daar lag kreeg ik de gewaarwording dat alle verbindingen verbroken werden, ik afscheid nam van ieder wezen dat ik liefhad, zorgvuldig en volledig. Ik herinnerde me Hugo's laatste blik vanuit de trein, Joaquíns bleke gezicht en broederlijke kus, Henry's laatste schuchtere kus, zijn laatste woorden – 'Is alles in orde?' wat hij zegt als hij verlegen is en iets gevoeligers wil zeggen.

Ik nam van hen allen afscheid precies zoals ik afscheid nam van mijn grootmoeder in Barcelona toen ik een kind was. Ik had in een kleine hotelkamer kunnen sterven, beroofd van mijn liefdes en mijn bezittingen, niet geregistreerd bij de receptie. Toch wist ik dat er, als ik enkele dagen in die kamer bleef en van het geld zou leven dat Hugo mij voor mijn reis gegeven had, een heel nieuw leven kon beginnen. Het was eerder de angst voor dit nieuwe leven dan de angst om te sterven die me wakker schudde. Ik rukte me los uit bed en ontvluchtte de kamer die zich als een web om me heen spon, zich vastgreep aan mijn verbeelding, zich in mijn geheugen vrat zodat ik binnen vijf minuten zou vergeten wie ik was en van wie ik hield.

Het was kamer vijfendertig, waarin ik de volgende ochtend had kunnen ontwaken als een hoer, of als een waanzinnige, of wat erger is misschien, totaal onveranderd.

Ik ben zo gelukkig met de dag van vandaag, dus houd ik mezelf aangenaam bezig met verdriet bedenken. Wat zou ik voelen als Henry zou sterven en ik, ergens op een hoek in Parijs, de accordeon zou horen die ik altijd in Clichy hoorde? Maar ja, ik heb willen lijden. Ik klamp me aan Henry vast om dezelfde reden als June zich aan hem vastklampt.

En Allendy?

Ik heb zijn hulp weer nodig, dat staat vast.

Parijs. Ik had niemands hulp nodig. Alleen Henry weer zien op het station, hem kussen, met hem eten, hem horen praten, tussen nog meer kussen door.

Ik wilde hem jaloers maken, maar ik ben te trouw, dus dook ik in het verleden en bedacht een verhaal. Ik schreef een brief die zogenaamd van John Erskine was, verscheurde die en plakte hem weer aan elkaar. Toen Henry in Louveciennes aankwam, was het vuur de rest van Johns brieven aan het verslinden. Later op de avond liet ik Henry het fragment zien dat aan vernietiging was ontsnapt, zogenaamd omdat het in het dagboek zat. Henry was zo jaloers dat hij op de tweede bladzijde van zijn nieuwe boek Johns schrijven de grond in boort. Kinderachtige spelletjes. En intussen ben ik zo trouw als een slaaf – in gevoel, in gedachte, in lichaam. Mijn gebrek aan verleden lijkt nu goed. Het heeft mijn vurigheid bewaard. Ik ben bij Henry gekomen als een maagd, fris, ongebruikt, goedgelovig, gretig.

Henry en ik zijn één, met elkaar versmolten vier dagen lang. Niet met lichamen maar met vlammen. God, laat mij iemand bedanken. Geen medicijn zou sterker kunnen zijn. Wat een man. Hij heeft mijn leven zijn lichaam ingezogen zoals ik het zijne. Dit is de apotheose van mijn leven. Henry, Louveciennes, eenzaamheid, zomerhitte, zinderende geuren, murmelende briesjes, en, binnen in ons, wervelstormen en verrukkelijke kalmten.

Eerst verkleedde ik mij in mijn Maja-kostuum – bloemen, juwelen, make-up, hardheid, schittering. Ik was boos, boordevol haat. Ik was de vorige avond uit Oostenrijk aangekomen, en we hadden in een hotelkamer geslapen. Ik dacht dat hij me had bedrogen. Hij zweert van niet. Het geeft niet. Ik haatte hem omdat ik van hem hield zoals ik nog nooit van iemand heb gehouden.

Ik sta bij de deur als hij binnenkomt, handen in mijn zij. Ik kijk vanuit een primitief zelf. Henry nadert, verdwaasd, en herkent me niet tot hij heel dichtbij komt en ik glimlach en hem aanspreek. Hij kan het niet geloven. Hij denkt dat ik gek geworden ben. Dan, voordat hij helemaal tot bezinning is gekomen, neem ik hem mee naar mijn kamer. Daar, op het rooster in de haard, ligt een grote foto van John en zijn brieven. Ze branden. Ik glimlach. Henry zit op de bank. 'Je maakt me bang, Anaïs,' zegt hij. 'Je bent zo anders, en zo vreemd. Zo theatraal.' Ik zit op de grond tussen zijn knieën. 'Ik haat je, Henry. Dat verhaal over [Osborns vriendinnetje] Jeanne... Je hebt tegen me gelogen.'

Hij antwoordt me zo rustig dat ik hem geloof. En als ik hem niet geloof doet het er niet toe. Al het verraad ter wereld doet er niet toe. John is weggebrand. Het heden is schitterend. Henry vraagt of ik me uit wil kleden. Alles gaat uit behalve de zwartkanten mantilla. Hij vraagt of ik die aan wil houden en ligt op bed naar me te kijken. Ik sta voor de spiegel, laat een voor een de anjers, de juwelen vallen. Hij kijkt door het kant naar mijn lichaam.

De volgende dag ren ik door het huis, en kook. Plotseling houd ik van koken, voor Henry. Ik maak eten in overvloed, met oneindig veel zorg. Ik geniet ervan hem te zien eten, met hem te eten.

We zitten in de tuin, in onze pyjama's, dronken van de lucht, de liefkozingen van de ruisende bomen, het vogelgezang, aandachtige honden die onze handen likken. Henry's begeerte is altijd op jacht. Ik ben doorploegd, open.

's Avonds, boeken, gesprekken, passie. Als hij zijn passie in mij laat stromen voel ik dat ik mooi word. Ik laat hem honderd gezichten zien. Hij kijkt naar me. Het komt allemaal als in een optocht voorbij, tot aan de climax van vanochtend, voor hij mij verlaat, als hij een donker gezicht ziet, vol, sensueel, Moors.

Gisteravond heeft het gestormd. Hagelstenen zo groot als knikkers. Ziedende bomenzee. Henry zit in een leunstoel en vraagt: 'Gaan we nu Spengler lezen?' Hij zit te spinnen als een poes. Hij gaapt als een tijger, al de oerwoudkreten van bevrediging. Zijn stem vibreert in zijn buik. Ik heb mijn hoofd daar gelegd en geluisterd, als tegen een orgel. Ik lig op het bed. Ik heb een kanten jurk aan, verder niets, omdat hij ervan geniet naar me te kijken. 'Nu,' zegt hij, 'zie je eruit als een Ingres.' Ik kan de afstand tussen ons niet verdragen. Ik zit op de grond. Hij streelt mijn haar. Hij geeft mij vederlichte kussen op mijn ogen. Hij is een en al tederheid, aandacht.

Sensualiteit was 's middags opgebrand. Maar hij kijkt omlaag en laat mij weer zijn speer van begeerte zien. Hij is zelf verbaasd: 'Ik hou van je; ik dacht niet eens aan neuken. Maar alleen al jouw aanraking...' Ik zit op zijn knie. En dan zinken we weg in die dronkenschap van zuigen. Heel, heel lang, alleen tongen, ogen gesloten. Dan de penis en de meegevende wanden van vlees, die omklemmen, openen, kloppen. We rollen over de vloer tot ik het niet meer kan verdragen, en ik lig stil, zeg nee. Maar als hij mij uit mijn jurk helpt en mij van achteren omhelst, spring ik naar hem op, opnieuw in vuur en vlam. Wat een slaap daarna, ver weg, droomloos.

'Wat sensualiteit betreft,' zegt Henry, 'ben je bijna sensueler dan June. Want ze kan dan een schitterend beest zijn als je haar in je armen houdt, maar daarna niets. Ze is koud, hard zelfs. Jouw seks doordrenkt je geest, stroomt naderhand je hoofd binnen. Alles wat je denkt is warm. Je bent voortdurend warm. Het enige is dat je het lichaam van een meisje hebt. Maar wat heb je het in je macht die illusie niet te verstoren. Je weet hoe mannen zich voelen nadat ze een vrouw bezeten hebben. Zij willen haar van het bed trappen. Met jou blijft het daarna even intens als daarvoor. Ik kan nooit genoeg van je krijgen. Ik wil met je trouwen en met je teruggaan naar New York.'

We praten over June. Ik lach om zijn pogingen, in zijn gedachten, om met haar te breken. We zijn met zijn tweeën tegen haar, twee in harmonie, in liefde, in volledige versmelting, toch is zij sterker. Dat weet ik beter dan hij. Hij heeft zoveel toegegeven dat tegen haar is en ten gunste van mij. Maar ik glimlach met een wijsheid, geworteld in twijfel. Ik wil niet meer dan wat mij deze laatste dagen gegeven is, uren zo vruchtbaar dat een heel leven van herinneringen ze niet kan uitputten, niet kan uitmergelen.

'Dit is geen gewone tuin,' zegt Henry in Louveciennes. 'Hij is mysterieus, suggestief. In een Chinees boek wordt een hemelse tuin genoemd, een koninkrijk, zwevend tussen hemel en aarde: dit is hem.'

Over dit alles heen hangt de verheugende waarschijnlijkheid dat zijn boek *Tropic of Cancer* gepubliceerd zal worden. Als ik alleen ben hoor ik hem praten. Zoals de slang van Lawrence komt Henry's gedachtenwereld uit de ingewanden van de aarde. Iemand heeft hem vergeleken met een kunstenaar die bekend stond als de 'schilder van kutten'.

Hij is voor mij nu zoveel begrijpelijker. Tegenover bepaalde vrouwen toont hij zich ruw en cynisch; tegenover andere naïefromantisch. Eerst leek June hem een engel, vanuit haar dancing-achtergrond, en hij bood haar het vertrouwen van een dwaas (June beweert dat zij in negen jaar maar twee minnaars heeft gehad, en tot nu toe heeft hij dat geloofd). Ik zie hem nu als een man die onderworpen kan worden door verbazing, een man die alles van een vrouw kan geloven. Ik zie hem uitgezocht worden door vrouwen (dit ging op voor al de vrouwen die hij serieus heeft liefgehad). Het zijn de vrouwen die in het seksueel contact het initiatief nemen. Het was June die haar hoofd op zijn schouder legde en uitnodigde tot een kus, de eerste avond dat ze elkaar ontmoetten. Zijn ruwheid zit alleen aan de buitenkant. Maar zoals alle zachte mensen kan hij op bepaalde momenten de meest laaghartige dingen doen, daartoe aangezet door zijn eigen zwakte, die van hem een lafaard maakt. Hij verlaat een vrouw op de wreedste manier omdat hij het verbreken van de verbintenis niet aankan.

Zijn sensualiteit leidt ook tot ongelooflijk schofterige handelingen. Alleen als je het geweld van zijn instincten begrijpt kan je geloven dat iemand zo meedogenloos kan zijn. Zijn leven stormt voort in zo'n onstuimig ritme, zoals hij van June zei, dat alleen engelen of duivels het tempo ervan kunnen bijhouden.

We zijn drie dagen lang gescheiden geweest. Dat is onnatuurlijk. We hadden kleine gewoonten gekregen, samen slapen, samen wakker worden, zingen in de badkamer, onze sympathieën en antipathieën met elkaar in overeenstemming brengen. Ik honger zo naar de kleine intimiteiten. En hij?

Ik voel een krachtig levensgevoel dat zowel voor Hugo als voor Eduardo niet voorstelbaar is. Mijn borsten zijn gezwollen. Ik spreid mijn benen wijd open bij het vrijen in plaats van zoals vroeger gesloten. Ik heb zo van afzuigen genoten dat ik bijna tot een climax kwam terwijl ik het deed. Ik heb eindelijk mijn kinderlijke persoonlijkheid uitgeschakeld.

Ik duw Hugo van me af, verhevig zijn begeerten, zijn angst mij te verliezen. Ik spreek cynisch tegen hem, terg hem, vestig zijn aandacht op vrouwen. Er is geen ruimte in mij voor verdriet of berouw. Mannen kijken naar me en ik kijk naar hen, met mijn wezen ontgrendeld. Geen sluier meer. Ik wil vele minnaars. Ik ben nu onverzadigbaar. Als ik huil, wil ik het weg neuken.

Henry komt op een hete zomermiddag naar Louveciennes en neukt me op de tafel, en dan op het zwarte kleed. Hij zit op de rand van mijn bed en ziet er getransfigureerd uit. De verstrooide man, gemakkelijk beïnvloed, concentreert zich nu om over zijn boek te praten. Op dit moment is hij een groot man. Ik zit vol bewondering naar hem te kijken. Een moment geleden, verhit door drank, was hij zijn rijkdommen aan het versnipperen. Het moment dat hij kristalliseert is prachtig om te zien. Het duurde lang voordat ik me afstemde op zijn stemming. Ik had de hele middag kunnen neuken. Maar toen vond ik onze overgang naar een belangrijk gesprek ook heerlijk. Onze gesprekken zijn fantastisch, wisselwerking, geen duel maar elkaar flitsend dingen duidelijk maken. Ik kan zijn aftastende gedachten kloppend maken. Hij verruimt de mijne. Ik doe hem ontvlammen. Hij laat mij stromen. Er is altijd beweging tussen ons. En hij is hongerig. Hij houdt me vast als een prooi.

Zo liggen we hier, ordenen zijn ideeën, nemen beslissingen over de plaats van ware gebeurtenissen in zijn romans. Zijn boek zwelt binnen in mij op alsof het het mijne was.

Ik ben gefascineerd door de activiteit in zijn hoofd, de verrassingen, de nieuwsgierigheid, de belustheid, de amoraliteit, de gevoeligheden, en de schofterigheid. En ik vond zijn laatste brief heerlijk: 'Verwacht geen gezond verstand meer van me. Laten we niet verstandig zijn. Het was in Louveciennes een huwelijk, dat kun je niet tegenspreken. Ik kwam eruit en had een stuk van jou aan mij kleven; ik loop rond ondergedompeld in een oceaan van bloed, jouw Andalusische bloed, gedistilleerd en giftig. Alles wat ik doe en zeg en denk slaat terug op ons huwelijk. Ik zag je als de meesteres van je huis, een Moorse met een vol gezicht, een negerin met een wit lichaam, ogen tasten je huid af, vrouw, vrouw, vrouw. Ik weet niet hoe ik zonder jou kan blijven leven – deze onderbrekingen zijn dodelijk. Hoe was het voor jou toen Hugo terugkwam? Was ik er nog? Ik kan me niet voorstellen dat je met hem net zo tekeer gaat als met mij. Benen gesloten. Breekbaarheid. Zoete verraderlijke meegaandheid. Dociliteit van een vogeltje. Bij mij werd je een vrouw. Ik werd er bijna bang van. Je bent niet pas dertig jaar oud – je bent duizend jaar oud.

Hier zit ik nu, weer thuis en nagloeiend van passie, als dampende wijn. Niet meer een passie voor vlees, maar een allesoverheersende honger naar jou, een verterende honger. Ik lees in de kranten over zelfmoorden en moord en ik begrijp het allemaal door en door. Ik voel me moordzuchtig, suïcidaal.

Ik hoor je nog zingen in de keuken... een soort onharmonisch, monotoon Cubaans gezang. Ik weet dat je je gelukkig voelt in de keuken en dat het maal dat je aan het voorbereiden bent het beste maal is dat we ooit samen gegeten hebben. Ik weet dat je niet zou klagen als je je zou branden. Ik voel de grootste rust en blijdschap zoals ik daar in de eetkamer zit en naar je geredder luister, het geruis van je jurk als van de godin Indra bezet met duizend ogen. Anaïs, ik dacht vroeger alleen maar dat ik van je hield, dat was niets vergeleken bij deze zekerheid die ik nu in me voel. Was het allemaal zo fantastisch omdat het kort en gestolen was? Speelden we het voor elkaar, tegenover elkaar? Was ik minder ik, of meer ik, en jij minder of meer jij? Is het waanzin om te denken dat dit zo kan doorgaan? Wanneer en waar zullen de momenten van sleur komen? Ik bestudeer je zo vaak om de mogelijke tekortkomingen te ontdekken, de zwakke punten, de gevarenzones. Ik vind ze niet – geen een. Dat betekent dat ik verliefd ben, blind, blind, blind. Voor altijd blind te zijn!

Ik zie je voor me terwijl je steeds weer de platen afspeelt – Hugo's platen. *Parlez moi d'amour*. Het dubbele leven, dubbele smaak, dubbele vreugde en verdriet. Wat moet jij daardoor doorgroefd, doorploegd zijn. Ik weet dat allemaal maar ik kan niets doen om het te voorkomen. Ik wou werkelijk dat ik het was die dat moest doorstaan. Ik weet nu dat je ogen wijd open zijn. Bepaalde dingen zal je nooit meer geloven, bepaalde gebaren zal je nooit herhalen, bepaalde verdrietige gevoelens, bepaalde bange vermoedens zul je nooit meer beleven. Een soort witte misdadige gloed in je tederheid en wreedheid. Berouw noch wraakzucht, verdriet noch schuldgevoel. Tot op de bodem gaan, met niets om je van de afgrond te redden dan een hoog gestemde hoop, een vertrouwen, een genot dat je proefde, dat je kan herhalen als je dat echt wilt.

Terwijl het dondert en bliksemt lig ik op bed en beleef wilde dromen. We zijn in Sevilla, en dan in Fez, en dan in Capri, en dan in Havana. We zijn voortdurend op reis, maar er is altijd een schrijfmachine en boeken, en je lichaam is altijd dicht bij me en de blik in je ogen verandert nooit. Mensen zeggen dat we ongelukkig zullen worden, dat we er spijt van krijgen, maar we zijn gelukkig, we lachen altijd, we zingen. We spreken Spaans en Frans en Arabisch en Turks. We worden overal toegelaten en er worden bloemen op ons pad gestrooid. Ik zeg dat dit een wilde droom is – maar het is deze droom die ik wil verwezenlijken. Leven en literatuur samengevoegd; liefde, de dynamo; jij, met de ziel van een kameleon, die mij duizenden liefdes schenkt, altijd verankerd in welke storm dan ook, thuis waar we ook zijn. In de ochtenden voortgaan waar we gebleven waren. Opstanding na opstanding. Jij die je doet gelden, het rijke gevarieerde leven krijgt dat je begeert; en hoe meer je je doet gelden, hoe meer je naar me verlangt, me nodig hebt. Je stem die heser, dieper wordt, je ogen die zwarter, je bloed dat dikker, je lichaam dat voller wordt. Een wellustige onderdanigheid en tirannieke behoefte. Nu wreder dan vroeger – bewust, gewild wreed. De onverzadigbare verrukking van ervaring...'

Het is ironisch dat de sterkste ervaring in mijn leven op een ogenblik is gekomen dat ik niet snak naar diepte maar naar genot. Sensualiteit verteert me. Wat diep en serieus is bekijk ik met minder intensiteit, maar dat fascineert Henry nu juist, de diepten die hij in de liefde nog niet heeft doorleefd.

Is dit het hoogtepunt? Kwam June maar nu terug, om in Henry en mij de smaak van de climax achter te laten, die nooit meer bereikt zal worden, nooit zal worden vernietigd.

Henry zei: 'Ik wil een litteken op de wereld achterlaten.'

Ik schrijf hem wat ik van zijn boek vind. Dan: 'Er zal nooit duisternis zijn omdat er in ons beiden altijd beweging is, vernieuwing, verrassingen. Ik heb nooit stagnatie gekend. Zelfs introspectie is geen stilstaande ervaring geweest... Als dit zo is, bedenk dan wat ik in jou, die een goudmijn is, vind. Henry, ik hou van je met een besef, een kennis van jou, die alles van jou in zich opneemt, met de kracht van mijn geest en mijn verbeelding, naast die van mijn lichaam. Ik hou van je op zo'n manier dat June terug kan komen, onze liefde vernietigd kan worden, en dat toch niets de versmelting die er eens was kan verbreken... Ik denk vandaag aan wat je zei: "Ik wil een litteken op de wereld achterlaten." Ik zal je helpen. Ik wil het vrouwelijke litteken achterlaten.'

Vandaag zou ik Henry naar het eind van de wereld volgen. Het enige dat me redt is dat we beiden geen cent bezitten.

Luciditeit: bij Henry ontbreekt een gevoel (niet passie of emotie), dat zich verraadt door zijn nadruk op neuken en praten. Als hij het over andere vrouwen heeft, is wat hij zich van hen herinnert hun tekortkomingen, de sensuele eigenschappen, of de twisten. De rest is of afwezig of impliciet. Ik weet het nog niet. Maar gevoelens zijn boeien. Henry moet niet vereerd worden als een menselijk wezen, maar als een genie en een monster. Hij kan lief voor iemand zijn maar dan zonder erover na te denken. Hij gaf Paulette, uit hartelijkheid, het paar kousen dat ik in zijn la had laten liggen, mijn beste paar, terwijl ik uit zuinigheid gestopte kousen droeg om cadeautjes voor hem te kunnen kopen. Het geld dat ik hem vanuit Oostenrijk stuurde, voor een vrouw, besteedde hij aan grammofoonplaten voor mij. Toch stal hij vijfhonderd franc van Osborns toelage aan zijn vriendin toen Osborn naar Amerika vertrok. Hij geeft mijn hond de helft van zijn biefstuk, maar hij houdt het teveel aan wisselgeld dat een taxichauffeur hem teruggeeft. Deze plotselinge uitingen van harteloosheid, die June soms ook heeft, verbijsteren me en ik ben er bang voor, hoewel Henry zweert dat hij me zo iets nooit zou aandoen. En tot nu toe kan ik in de manier waarop hij mij behandelt niets anders zien dan uiterste fijngevoeligheid. Hij heeft niet geaarzeld me wrede waarheden voor de voeten te werpen – hij is zich volledig bewust van mijn tekortkomingen – maar tegelijkertijd bezwijkt hij voor de betovering, de zachtheid. Waarom vertrouw ik hem zo, geloof ik in hem, ben ik niet bang voor hem? Misschien is het net zo'n grote vergissing als het voor Hugo is om mij te vertrouwen.

Ik hunker naar Henry, alleen naar Henry. Ik wil met hem samenleven, vrij zijn met hem, lijden met hem. Zinnen uit zijn brieven achtervolgen me. Toch heb ik twijfels over onze liefde. Ik ben bang voor mijn onbezonnenheid. Alles is in gevaar. Alles wat ik geschapen heb. Ik volg Henry de schrijver met mijn schrijversziel, ik ga zijn gevoelens binnen als hij over straat zwerft, ik heb deel aan zijn nieuwsgierigheden, zijn verlangens, zijn hoeren, ik denk zijn gedachten. Alles in ons is getrouwd.

Henry, je liegt niet tegen me; jij bent alles wat ik voel dat je bent. Stel me niet teleur. Mijn liefde is te nieuw, te absoluut, te groot.

Toen Hugo en ik vanavond van de heuvel omlaag wandelden zag ik Parijs in een waas van hitte liggen. Parijs. Henry. Ik dacht niet aan hem als een man, maar als leven.

Verraderlijk zei ik tegen Hugo: 'Het is zo verschrikkelijk heet. Zouden we Fred en Henry en Paulette niet kunnen uitnodigen om een nachtje te blijven slapen?'

Dit omdat ik vanochtend de eerste bladzijden van zijn boek ontvangen had, ongelooflijke bladzijden. Hij schrijft nu op zijn best, koortsachtig en toch coherent. Ieder woord raakt nu zijn doel. De man is vollediger, sterker dan hij ooit was. Ik wil zijn aanwezigheid een paar uur inademen, hem voeden, hem tot rust brengen, hem vullen met die zware adem van aarde en bomen die zijn bloed opzwepen. God, dit is als aldoor in een orgasme leven, met alleen korte onderbrekingen tussen stoten.

Ik wil dat Henry dit weet: dat ik de jaloerse gretigheid van de vrouw ondergeschikt kan maken aan een gepassioneerde toewijding aan de schrijver. Ik voel een trotse dienstbaarheid. Er zit grootsheid in zijn schrijven, een grootsheid die alles wat hij aanraakt transfigureert.

Gisteravond spraken Henry en Hugo in elkaars straatje, bewonderden elkaar. Hugo's edelmoedigheid bloeide op. Toen we in onze slaapkamer waren beloonde ik hem. Aan het ontbijt, in de tuin, las hij Henry's nieuwste bladzijden. Zijn enthousiasme vlamde op. Ik maakte daar gebruik van en stelde voor ons huis open te stellen voor hem, de grote schrijver. Terwijl hij mijn hand vasthield, mijn woorden van geruststelling afwoog – 'Henry interesseert me als schrijver, verder niet' – stemde hij toe in alles wat ik wilde. Ik loop met hem mee naar het hek als hij vertrekt. Hij is al gelukkig met het feit dat ik van hem houd, en ik sta versteld van mijn eigen leugens, mijn toneelspel.

Ik kwam niet ongeschonden uit het inferno van Henry's logeerpartij. De ontwikkeling van die twee dagen was verward. Net toen ik me begon te gedragen als June, 'in staat tot verering, toewijding, maar ook tot de grootste harteloosheid om te krijgen wat ze wil', zoals Henry had gezegd, werd zijn stemming emotioneel.

Het was nadat Hugo naar zijn werk was gegaan. Henry zei: 'Hij is zo gevoelig, je zou zo'n man niet moeten kwetsen.' Dit verwekte in mij een storm. Ik stond op van tafel en ging naar mijn kamer. Hij kwam naar me kijken terwijl ik lag te huilen, en hij was blij dat ik huilde, wat liet zien dat er van harteloosheid geen sprake was. Maar ik werd gespannen, giftig.

Toen Hugo 's avonds thuiskwam, ging Henry weer aandachtig naar hem luisteren, zijn taal spreken, ernstig, zwaarwichtig praten. We zaten in de tuin.

Ons gesprek was aanvankelijk onsamenhangend, tot Henry vragen begon te stellen over psychologie. (Ik had die dag op een gegeven ogenblik, waarschijnlijk uit jaloezie over June, iets gezegd dat Henry's jaloezie over Allendy had opgewekt.) Alles wat ik het afgelopen jaar gelezen had, al mijn gesprekken met Allendy, mijn eigen overpeinzingen over het onderwerp, dat alles kwam in een stortvloed naar buiten met verbazingwekkende felheid en helderheid.

Plotseling onderbrak Henry mij en zei: 'Ik vertrouw noch Allendy's ideeën noch jouw gedachtenwereld, Anaïs. Ach, ik heb hem maar één keer gezien. Hij is een botte, sensuele man, lethargisch, met een bodem van fanatisme achter in zijn ogen. En jij – nou, jij zegt de dingen zo helder en mooi, volgens mij – zo kristalhelder – dat het eenvoudig en waar is. Jij bent zo verschrikkelijk spits, en slim. Ik wantrouw je slimheid. Jij maakt een prachtig patroon, alles staat op zijn plaats, het ziet er overtuigend helder uit, te helder. En intussen, waar ben jij? Niet op het heldere oppervlak van je gedachten, maar je bent al dieper gezakt, duisterder regionen in, zodat iemand alleen denkt dat hij alle gedachten heeft gekregen, iemand zich alleen verbeeldt dat je je hebt uitgestort in die helderheid. Maar er zijn lagen en nog eens lagen – je bent bodemloos, onpeilbaar diep. Je helderheid is bedrieglijk. Jij bent de denker die in mij de meeste verwarring zaait, de meeste twijfel, de meeste beroering.'

Dit was zijn aanval in grote trekken. Het werd buitengewoon geïrriteerd en heftig gebracht. Hugo voegde er rustig aan toe: 'Je krijgt het gevoel dat ze je een keurig patroon geeft en er dan zelf uitglipt en je uitlacht.'

'Precies,' zei Henry.

Ik lachte. Ik besefte dat de optelsom van zijn kritiek vleiend was, en het deed me genoegen dat ik hem geïrriteerd en in de war gebracht had, maar daarna voelde ik steken van bitterheid bij het idee dat hij het nodig vond mij plotseling aan te vallen. Ja, oorlog was onvermijdelijk. Hugo en hij praatten door terwijl ik me probeerde te vermannen. Het was te onverwacht voor me. Henry's bewondering voor Hugo was ook verwarrend, na alles wat hij had gezegd.

Ik weet nog dat ik dacht: nu hebben de twee tragen van geest, de zwaarwichtige Duitser en de slome Schot, zich aaneengesloten tegenover mijn gevatheid. Goed, dan zal ik nog gevatter zijn en nog verraderlijker. Henry vereenzelvigt zich met Hugo, de echtgenoot, zoals ik mij vereenzelvig met June. June en ik zouden die twee mannen met plezier gegeseld hebben.

Wat een nacht! Hoe kun je gaan slapen als je vol venijn bent, de tranen achter je ogen branden, de woede nog smeult. Ga je gang, Henry, heb maar medelijden met Hugo, want ik ga hem nog honderden keren bedriegen. Ik zou de meest fantastische en aardige man op aarde bedriegen. Het ideaal van trouw is een lachertje. Onthoud wat ik je vanavond geleerd heb: psychologie probeert de grondslag van het leven te herstellen, niet op grond van idealen maar van oprechtheid ten opzichte van de eigen persoonlijkheid. Sla, sla zoveel je wilt. Ik zal terugslaan.

Ik ging slapen, vervuld van haat en liefde voor Henry. Hugo maakte me later wakker met liefkozingen en wilde met me vrijen. Half in slaap duwde ik hem weg, zonder gevoel. Naderhand vond ik er een verontschuldiging voor.

's Ochtends werd ik wakker, onuitgerust, kribbig. Henry zat in de tuin. Hij was gebleven om te praten. Hij maakte zich zorgen over de vorige avond. Ik luisterde alleen. Hij zei dat hij zich op zijn gebruikelijke manier gedragen had. Hij zei en deed dingen die hij niet meende. 'Niet meende?' herhaal ik. Ja, hij had zich laten meeslepen door zijn voornemen om zijn liefde voor mij te verdoezelen. Hij had niet zoveel bewondering voor Hugo als hij gezegd had, niet bij benadering. De waarheid was dat hij overdonderd was door mijn tirade. Hij wilde mij omhelzen. Hij had mij nog nooit zo tot op de bodem van een onderwerp zien gaan. Het meeste van mijn gedachtenwereld was steno voor hem. Hij had gevochten tegen een gevoel van bewondering, jaloezie op Allendy, ook tegen een perverse haat jegens iemand die hem iets nieuws kan vertellen. Ik had werelden voor hem geopend.

Het kwam bij me op dat hij aan het toneelspelen was, de ene komedie na de andere, dat hij nu, om de een of andere reden, een spelletje met me speelde. Dat zei ik hem ook. Hij zei zachtjes: 'Ik zweer je, Anaïs, ik lieg nooit tegen je. Ik kan het niet helpen als je me echt niet wil geloven.'

Zijn verklaring klonk zwak. Wat was er voor noodzaak om te verdoezelen? Hugo's blindheid was míjn zorg. Was het niet eerder zo dat hij van problemen hield, dat onze laatste week van wederzijdse doordringing, harmonie, vertrouwen, nu zijn bekende perverse hunkering naar disharmonie naar boven bracht? 'Nee, Anaïs, ik wil geen oorlog. Maar ik verloor mijn vertrouwen. Je zei dat Allendy...' Oh, Allendy. Dus ik had hem verwond, had hem op een spoor gezet. Jaloezie inspireerde hem. Ik zei: 'Ik wil je niet beroven van het genoegen dat je vindt in jaloezie door jouw vragen te beantwoorden.'

Toen zei hij iets wat me ontroerde. Het begon: 'Wat een man wil (wat een man wil!) is dat hij kan geloven dat een vrouw zoveel van hem kan houden dat geen andere man haar interesseert. Ik weet dat dat onmogelijk is. Ik weet dat elke vreugde zijn eigen tragedie met zich meedraagt.' Zou er dan weer openheid tussen ons kunnen zijn? Als ik eerlijk was? 'Luister,' zei ik opgelaten, 'wat een man wil is wat ik je tot op vandaag gegeven heb, met een absoluutheid die je je nooit zou kunnen indenken.'

'Dat is fantastisch,' zei hij, heel teder, verward. Ons eerste duel was afgelopen.

Er zat veel onzinnigheid in dit alles, meer in zijn verklaring dan in zijn aanvankelijke gedrag. Was dit werkelijk een scène uit jaloezie of de eerste uiting van zijn instabiliteit in menselijke verhoudingen, van zijn onberekenbaarheid? Voor het eerst heb ik te maken met een karakter dat gecompliceerder is dan het mijne. Het kan zijn dat we interessanter voor elkaar zijn geworden ten koste van het vertrouwen. Hij is blij dat hij mij gezien heeft als een instrument dat het hele scala van zijn klanken laat horen. Menselijkerwijs heb ik iets verloren. Geloof misschien. In plaats van die blinde openheid naar hem, roep ik mijn slimheid te hulp.

Later, als hij huilt terwijl hij me vertelt dat zijn vader honger lijdt, zit ik als verlamd en welt mijn medelijden niet op. Ik zou er alles voor geven om te weten of hij zijn vader iets van het geld gestuurd heeft dat ik hem gegeven heb, en daardoor zelf honger leed. Alles wat ik hoef te weten is: kan hij tegen me liegen? Ik heb zowel van hem kunnen houden als tegen hem liegen. Ik zie mijzelf verstrikt in leugens, die mijn ziel niet lijken binnen te dringen, alsof ze niet werkelijk deel van me zijn. Ze zijn als kostuums. Toen ik van Henry hield, zoals ik die vier dagen deed, hield ik van hem met een naakt lichaam dat zijn kostuums had afgeschud en zijn leugens was vergeten. Misschien is dat met Henry niet zo. Maar liefde wankelt daarin als een speer in duinzand. Door te liegen verwek je, natuurlijk, waanzin. Het moment dat ik in de grot van mijn leugens stap stort ik het duister in.

Ik heb geen tijd gehad om de leugens op te schrijven. Ik wil ermee beginnen. Ik neem aan dat ik er geen zin in had om naar ze te kijken. Als eenheid onmogelijk is voor de schrijver die een 'zee van spiritueel protoplasma' is, 'in staat naar alle richtingen uit te vloeien, elk object op zijn weg te verzwelgen, elke spleet binnen te dringen, elke mal te vullen', zoals Aldous Huxley zei in *Point Counter Point*, dan is ten minste waarheid mogelijk, of oprechtheid over je eigen onoprechtheden. Het is waar, zoals Allendy zei, dat wat mijn geest aan fictie verwekt, ik verrijk met ware gevoelens, en ik word, te goeder trouw, ingepalmd door mijn eigen verzinsels. Hij noemde mij *'le plus sympathique'* van de onoprechten. Ja, ik ben de nobelste der huichelaars. Mijn motieven, onthult de psychoanalyse, hebben een zeer kleine graad van kwaadaardigheid. Het is niet om iemand te kwetsen dat ik mijn minnaar in het bed van mijn echtgenoot laat slapen. Het komt omdat ik geen gevoel voor heiligheid heb. Als Henry zelf wat dapperder was, zou ik Hugo een slaapdrankje gegeven hebben tijdens Henry's bezoek zodat ik bij hem had kunnen gaan slapen. Maar hij was zelfs te bangelijk voor een stiekeme kus. Pas toen

Hugo weg was wierp hij me op de klimopbladeren, achter in de tuin.

Eens heb ik vier dagen doorgebracht met een hartstochtelijke menselijke minnaar. Die dag werd ik geneukt door een kannibaal. Ik lag daar menselijke gevoelens uit te ademen, en ik wist toen op dat moment dat hij niet-menselijk was. De schrijver is gekleed in zijn menselijkheid, maar het is slechts een vermomming.

Mijn verhaal de avond daarvoor over oprechtheid, over van elkaar afhankelijk zijn, over een onophoudelijk vertrouwen zoals je dat zelfs niet kunt hebben in het wezen dat je liefhebt, had zijn doel geraakt.

Misschien is mijn verlangen de pracht van die vier dagen met Henry in stand te houden verspilde moeite. Misschien ben ik, net als Proust, niet in staat tot beweging. Ik kies een punt in de ruimte en draai daar omheen, zoals ik twee jaar om John gedraaid ben. Henry's bewegen is een aanhoudend gehamer om vonken te slaan, zich niet bekommerend om de daarmee gepaard gaande verminkingen.

Ik vroeg hem later: 'Als je gevoelens voor June terugkomen, verandert dat dan, zelfs maar voor een moment, onze verstandhouding? Breekt dan onze verbintenis? Vloeien je gevoelens terug naar een bronliefde of vloeien ze in twee richtingen?' Henry zei dat het een dubbele stroom was. Dat hij een brief aan June in zijn hoofd had: 'Ik wil je terug, maar je moet weten dat ik van Anaïs houd. Dat moet je accepteren.'

De vervreemding tussen Hugo's lichaam en het mijne zal me gek maken. Zijn voortdurende liefkozingen zijn ondraaglijk voor mij. Tot nu toe kon ik mijzelf forceren, een teder genoegen vinden in zijn nabijheid. Maar vandaag lijkt het wel of ik met een vreemde woon. Ik haat het als hij dicht bij me zit, met zijn handen over mijn benen strijkt, en rond mijn borsten. Toen hij mij vanmorgen aanraakte sprong ik boos opzij. Hij was vreselijk geschrokken. Ik kan zijn begeerte niet verdragen. Ik wil weglopen. Mijn lichaam reageert niet op het zijne. Hoe gaat mijn leven er nu uitzien? Hoe kan ik doorgaan met veinzen? Mijn uitvluchten zijn zo armzalig, zo zwak – slechte gezondheid, slechte bui. Het zijn doorzichtige leugens. Ik zal hem kwetsen. Wat snak ik naar mijn vrijheid!

Tijdens onze siësta wilde Hugo mij weer bezitten. Ik deed mijn ogen dicht en liet hem begaan, maar zonder genot. Al is het waar dat ik dit jaar nieuwe hoogtepunten van genot heb bereikt, het is ook waar dat ik nooit zulke zwarte diepten heb bereikt. Vanavond ben ik bang voor mezelf. Ik zou Hugo nu op dit moment kunnen verlaten en een zwerfster kunnen worden. Ik zou mijzelf verkopen, drugs gebruiken, sterven met wellustig genot.

Ik zei tegen Hugo, die zat op te scheppen dat hij een beetje dronken was: 'Nou, vertel me eens iets over jezelf wat ik niet weet, vertel me iets nieuws. Heb je niets op te biechten? En kan je dan niets verzinnen?'

Hij begreep niet wat ik bedoelde. Ook begreep hij niet wat ik bedoelde toen ik zijn liefkozingen ontweek. Zoet vertrouwen. Uitgelachen te worden, gebruikt te worden. Waarom ben je niet slimmer, minder goedgelovig? Waarom sla je niet terug, waarom heb je geen afwijkingen, geen passie, geen komedies te spelen, geen wreedheid?

Terwijl ik vandaag aan het werk was realiseerde ik me dat ik veel van mijn ideeën over June aan Henry had weggegeven en dat hij ze gebruikt. Ik voel me verarmd, en hij weet het, omdat hij me schrijft dat hij zich een oplichter voelt. Wat was er nog voor mij over om te doen? Als een vrouw schrijven en alleen als een vrouw. Ik werkte de hele morgen, en ik voelde me nog steeds rijk.

Wat Henry van me gevraagd heeft is onaanvaardbaar. Niet alleen moet ik gedijen op een halve liefde maar ook zijn conceptie over June voeden en zijn boek stimuleren. Bij elke bladzijde die me bereikt, waarin hij haar steeds meer recht doet, voel ik dat het mijn visie is die hij geleend heeft. Er is vast van geen vrouw ooit zoveel gevraagd. Henry zou dit niet van de primitieve June vragen. Hij stelt mijn moed volledig op de proef. Hoe kan ik mij uit deze nachtmerrie ontwarren?

Henry heeft me gadegeslagen om me te kunnen betrappen op mijn eerste zwakte, op de eerste vlaag van jaloezie, en hij heeft het ontdekt, zwolg erin. Omdat ik een vrouw ben die begrijpt, wordt er van me verlangd dat ik alles begrijp, alles accepteer. Ik zal opeisen wat mij toekomt. Ik wil miljoen dagen als die vier dagen met Henry, en ik zal ze krijgen ook al zijn ze niet van hem. Ik zal Henry en June aan elkaar teruggeven, mijn handen aftrekken van alle bovenmenselijke rollen.

Je leert niet minder te lijden maar de pijn te ontwijken. Ik ging aan Allendy denken als een ontsnappingsmogelijkheid. Zijn ideeën hebben ten grondslag gelegen aan veel van mijn handelingen. Hij is het die me geleerd heeft dat meer dan één man mij kan begrijpen, dat je vastklampen een zwakte is, dat lijden onnodig is. Ik denk dat mijn gevoel voor hem zich uitkristalliseerde toen Henry hem die avond in de tuin beschreef. Hij noemde hem een sensueel man. Ik heb een scherpe herinnering aan zijn blik bij onze laatste ontmoeting. Ik was toen te vol van Henry om dat op te merken. Laatst heb ik Allendy een zeer dankbare brief geschreven die eindigde met een gedeeltelijke kopie van een van Henry's brieven aan mij. Het sloot logisch aan bij wat ik vertelde en gaf blijk van wat hij, psychoanalytisch gezien, kon beschouwen als een succesvol staaltje van zijn kunnen. Maar de waarheid is dat ik hoopte hem jaloers te maken.

Wat ik in Henry heb gevonden is uniek; dat kan niet herhaald worden. Maar er zijn nog andere ervaringen. Toch was ik vanavond aan het bedenken hoe zijn laatste boek verbeterd kon worden, hoe ik hem sterk kon maken, hem geruststellen.

Maar hij heeft mij ook sterker gemaakt, zodat ik nu genoeg kracht voel om zonder hem door te gaan als het moet. Ik ben niet de slaaf van een doem uit mijn jeugd. De mythe dat ik op zoek was de tragedie van mijn jeugd te herleven is nu vernietigd. Ik wil een volledige en gelijke liefde. Ik ga zo actief als ik kan weglopen van Henry.

Hij kwam gisteren. Een serieuze, vermoeide Henry. Hij moest komen, zei hij. Hij had al een paar nachten niet geslapen, gespannen door zijn boek. Ik ben mijn zorgen vergeten. Henry is moe. Hij en zijn boek moeten verzorgd worden. 'Wat wil je Henry? Ga op mijn bank liggen. Neem een glas wijn. Ja, dit is de kamer waarin ik heb zitten werken. Ik wil nu geen kus. We gaan in de tuin lunchen. Ja, ik heb je veel te vertellen, maar dat moet wachten. Ik stel met opzet alles uit wat de ademhaling van je boek kan verstoren. Het kan allemaal wachten.'

En toen zei Henry, bleek, intens, ogen heel blauw: 'Ik kwam je vertellen dat ik terwijl ik aan mijn boek werkte besefte dat alles tussen June en mij drie of vier jaar geleden doodgebloed is. Dat wat wij de laatste keer dat ze hier was samen hebben doorgemaakt alleen maar een automatische continuering was, als een gewoonte, als de voortzetting van een drijfkracht die niet tot stilstand kan komen. Natuurlijk was het een ongelooflijke ervaring, alles stond op zijn kop. Daarom kan ik er met zoveel bezetenheid over schrijven. Maar dit is de zwanezang die ik nu aan het schrijven ben. Je moet in staat zijn verschil te maken tussen de evocatie van het verleden door de schrijver en zijn gevoelens van nu. Ik zeg je: ik hou van je. Ik wil dat je met me mee naar Spanje gaat, onder welk voorwendsel dan ook, voor een paar maanden. Ik droom ervan dat we samen werken. Ik wil je dicht bij me hebben. Tot de dingen zich zo ontwikkelen dat ik je volledig kan beschermen. Ik heb met June een bittere les geleerd. Jij en June zijn vrouwen met zo'n grote persoonlijkheid dat jullie niet kunnen gedijen op sleur, ontberingen. Dat is niet jullie element. Jullie zijn beiden te belangrijk. Dat vraag ik niet van jullie.'

Ik zat daar verbijsterd. 'Zeker,' voegde hij eraan toe, 'dat heb ik allemaal moeten doormaken, maar juist omdat ik het doorgemaakt heb, heb ik ermee afgedaan en kan ik een nieuw soort liefde ervaren. Ik voel me sterker dan June; toch, als June terugkomt zouden de dingen opnieuw kunnen beginnen uit een soort onontkoombare noodzaak. Wat ik voel is dat ik van jou wil dat je me van June redt. Ik wil niet weer door haar gekleineerd, vernederd, vernietigd worden. Ik weet genoeg om te weten dat ik met haar wil breken. Ik zie ontzettend op tegen haar terugkomst, de vernietiging van mijn werk. Ik moest eraan denken dat ik je tijd en je aandacht heb opgeëist, het je moeilijk heb gemaakt, je zelfs gekwetst heb; dat ook de zorgen van anderen over je uitgestort worden; dat van jou wordt gevraagd problemen op te lossen, te helpen. En intussen schrijf je ook nog, dieper en beter dan wie ook, waar niemand ook maar een reet om geeft en waar niemand je bij helpt.'

Hier moest ik om lachen. 'Maar Henry, het kan jou wel een reet schelen en bovendien kan ik wachten. Jij bent het die in tijdnood is en de kans moet krijgen om in te halen.'

Ik vertelde hem een beetje over de storm die ik de afgelopen dagen getrotseerd had. Ik voelde me als iemand die ter dood veroordeeld was en plotseling werd vrijgesproken. Het leek er niet meer toe te doen hoe vaak June Henry terug zou nemen. Op dit moment waren hij en ik onlosmakelijk getrouwd. De versmelting van onze lichamen die erop volgde ging haast buiten ons om – voor de eerste keer, niet meer dan een symbool, een gebaar. Een versmelting zo flitsend dat het zich in de ruimte leek af te spelen, en de bewegingen van het lichaam in langzamer tempo volgden.

Ik heb dertig bladzijden over June geschreven, intens en vol scheppingskracht, het beste dat ik tot nog toe gedaan heb. Het doet me goed al de laboratoriumexperimenten te zien culmineren in een lyrische uitbarsting.

Gisteravond heb ik ongelooflijk genoten in de Grand Guignol: de schokbewegingen van een vrouw door passie bezeten, naakt op een zwartfluwelen bank. Een wellustige vrouw trekt haar pyjama omlaag. Ik voelde een enorme seksuele opwinding.

Hugo en ik bezochten een ander huis, waar de vrouwen lelijker waren dan die van de rue Blondel 32. Langs de muur stonden allemaal spiegels. De vrouwen bewogen als een kudde passieve dieren, twee aan twee, ronddraaiend op de grammofoonmuziek. Van tevoren had ik hoge verwachtingen gehad. Ik kon de lelijkheid van de vrouwen niet geloven toen ze binnenkwamen. In mijn hoofd was de dans van de naakte vrouwen nog steeds een prachtige en wellustige orgie. Toen ik de hangende borsten zag met hun grote bruine leren punten, de blauwachtige benen, de puilende buiken, glimlachen met ontbrekende tanden, en die dierlijke massa vlees levenloos ronddraaiend, als hobbelpaarden van een draaimolen, stortten mijn gevoelens in. Zelfs geen medelijden. Alleen koele observatie. Weer zien we monotone houdingen, en daar tussenin, op de meest onlogische momenten, kusten de vrouwen elkaar ongepassioneerd, seksloos. Heupen, glooiende billen, het mysterieuze duister tussen de benen – alles zo betekenisloos ten toon gespreid dat het Hugo en mij twee dagen kostte om de associatie van mijn lichaam, mijn benen, mijn borsten te scheiden van die kudde ronddraaiende dieren. Wat ik wel zou willen is om één keer met hen mee te doen, naakt met hen de kamer binnenkomen, naar de mannen en vrouwen kijken die daar zitten en hun reactie te zien als ik verschijn, ik en mijn aureool van illusie.

Wreedheid jegens Eduardo. Wanneer hij een plan heeft uitgewerkt om zijn pijn intellectueel te onderdrukken, ga ik heel dicht bij hem op de bank zitten en laat hem zien wat Henry heeft geschreven, waar hij een hekel aan heeft. Hij zegt dat ik een kleine reus opfok. Ik zie dat hij naar mijn agressievere borsten kijkt. Ik zie dat hij bleek wordt en wegvlucht, een trein eerder neemt.

Vandaag werd ik bijna gek van het hunkeren naar Henry. Ik kan niet drie dagen zonder hem leven. Heerlijke, vreselijke slavernij. Oh, een man te zijn, in staat je zo makkelijk, zo zonder onderscheid te bevredigen.

Ik ben, langs zeer kronkelende wegen, teruggekeerd tot Allendy's simpele bewering dat liefde passie uitsluit en passie liefde. De enige keer dat Hugo's liefde en de mijne in passie veranderde was tijdens onze wanhopige ruzies na onze terugkeer uit New York, en op dezelfde manier heeft June Henry het maximum aan passie gegeven. Ik zou hem het maximum aan liefde kunnen geven. Maar dat weiger ik omdat passie nu meer waard lijkt. Misschien ben ik nu op dit moment blind voor diepere waarden. Er school gevaar in mijn verzoening laatst met Henry, gevaar verliefd te worden. Ik had hem niet alleen jaloers moeten laten worden op Allendy, ik had hem ook met Allendy moeten bedriegen. Dat zou onze liefde tot passie verheven hebben. Zelfs Henry's vocabulaire verandert als hij aan mij of over mij schrijft; zijn toon is minder extravagant, echter. En ik ben tegen deze behandeling, omdat ikzelf ben opgezweept tot een hoogtepunt. Niets minder dan passie kan me nu bevredigen. Toch kan ik niet handelen in overeenstemming met mijn ijldromen. Allendy heeft me bang gemaakt voor handelingen met voorbedachten rade. Mijn instincten leiden mij tot liefde, steeds maar weer.

Na een lang weekend belt Henry me op om te zeggen dat hij pas woensdag kan komen. Ik had de hele dag op hem zitten wachten. Ik zei hem dat ik voor donderdag geen tijd had, dat ik voor Allendy aan het werk was. Ik wilde hem kwetsen. En toen ik het had over onze plannen voor Spanje, zei hij: 'Gezien de omstandigheden is het beter om niet te gaan.'

Toen wist ik dat hij alleen maar van me hield om zich te troosten voor zijn verlies van June, om hem te helpen leven, alleen voor het geluk dat ik kon geven. Zelfs de reis naar Spanje was bedacht om hem te redden van June, niet om met mij samen te zijn. Zodra Allendy terug is, geef ik mij aan hem.

Hugo leest mijn dertig pagina's over June en roept uit dat ze goed zijn. Weer vraag ik mij af of hij alleen maar half leeft of gewoon stom is. Ik vraag hem dit en doe hem pijn. Hij doet een opmerkelijke uitspraak: 'Als dit jouw ware persoonlijkheid is, degene die je bevestigt, dan moet ik zeggen dat het een hele harde persoonlijkheid is.'

Ja. Deze bevestiging is het begin van June, van een nieuwe vulkaan. Een paar eeuw heb ik braaf geslapen, en ik barst uit zonder waarschuwing. De hardheid in mij, een onuitputtelijke hoeveelheid, heeft zich langzaam opgestapeld door de pogingen de gulzigheid van mijn ego te onderdrukken. Henry zal ook lijden. Ik vroeg hem vandaag te komen.

Hij kwam meteen, op zijn fiets, zacht en ongerust. Ik liet hem een lange brief lezen die ik hem geschreven had, en al die dingen bevat die ik aan mijn dagboek verteld heb. Hij sprak het niet tegen. Hij lachte, half treurig. Toen ging hij op de bank zitten, volledig in beslag genomen door de angst te weten hoe gemakkelijk alles in elkaar kan storten. Ik wachtte, verbijsterd door zijn gepeins. Ten slotte schudde hij zich wakker en zei: 'Ik ben alleen wat jij verbeeldt dat ik ben.' Ik weet niet wat we verder zeiden. Ik besefte zowel de omvang als de begrenzing van Henry's liefde, hoe hij tegen zijn wil bezeten is van June, net als ik, en dat hij heel veel van mij houdt, net als ik van hem. Toen hij gekweld tegen me zei: 'Ik moet weten wat je wilt,' zei ik tegen hem: 'Niets meer dan deze verbondenheid. Als alles goed is tussen ons kan ik mijn leven aan.'

Hij zei: 'Ik besefte dat een vakantie in Spanje van een paar maanden geen oplossing is. En ik weet dat als we gegaan waren, jij nooit naar Hugo terug zou gaan. Ik zou je niet terug laten gaan.' Ik antwoordde: 'En ik kan niet verder denken dan een vakantie vanwege Hugo.' We keken elkaar aan en wisten hoeveel wij betaalden voor onze zwakheid: hij voor zijn verslaving aan passie, en ik voor mijn verslaving aan medelijden.

De dagen die volgden waren uniek, luisterrijk. Praten en passie, werk en passie. Wat ik moet vasthouden, stevig tegen mijn borst moet drukken, zijn de uren in die bovenkamer. Henry kon me niet verlaten. Hij bleef twee dagen, die in zo'n uitspatting van seksuele drift culmineerden dat ik nog lang daarna bleef gloeien.

Ik maak me geen zorgen meer. Ik ontspan me en hou alleen maar van hem, en ik krijg zoveel liefde van hem dat dat mijn hele bestaan zou rechtvaardigen. Ik stotter wanneer ik zijn naam noem. Elke dag is hij een nieuwe man, met nieuwe diepten en nieuwe gevoeligheden.

Ik kreeg vandaag een foto van hem. Het was een vreemd gevoel zo duidelijk de volle mond te zien, de bestiale neus, de lichte, Faustiaanse ogen – dat mengsel van verfijning en dierlijkheid, van grofheid en gevoeligheid. Ik vind dat ik de meest opmerkelijke man van onze eeuw heb liefgehad.

Het grootste gedeelte van mijn leven heb ik zo goed mogelijk besteed aan het verrijken van het lange, lange wachten op de grote gebeurtenissen die mij nu zo diep vervullen dat ik overweldigd ben. Nu begrijp ik de vreselijke rusteloosheid, het tragische gevoel van mislukking, het diepe ongenoegen. Ik was aan het wachten. Dit is het uur van expansie, van echt leven. Al het overige was een voorbereiding. Dertig jaar gespannen waakzaamheid. En dit zijn nu de dagen waarvoor ik heb geleefd. En je daarvan bewust te zijn, zo volledig bewust, dat is wat menselijkerwijs haast niet te dragen is. Mensen kunnen kennis van de toekomst niet verdragen. Voor mij is de kennis van het heden even verblindend. Zo intens rijk zijn en dat te wéten!

Gisteravond legde Hugo zijn hoofd op mijn knieën. Terwijl ik met tederheid naar hem keek zei ik tegen mezelf: hoe kan ik hem ooit laten weten dat ik niet meer van hem houd? En daarbij komt dat ik niet volledig in beslag ben genomen door Henry, dat Allendy me bezighoudt, dat ik laatst op een avond door Eduardo's aanwezigheid emotioneel geprikkeld werd. De waarheid is dat ik grillig ben, met sensuele prikkelingen in vele richtingen. Ik zie Allendy donderdag. Ik stel me veel voor van deze ontmoeting. In mijn verbeelding ben ik met hem uit geweest naar het Russische restaurant, en hij heeft mij hier in Louveciennes opgezocht. Henry kan terecht jaloers zijn op Allendy. Allendy zelf heeft mij bevrijd van schuldgevoel.

Henry was verward door mijn nieuwe bladzijden. Was het meer dan brokaat, vroeg hij, meer dan prachtige taal? Ik was van streek dat hij het niet begreep. Ik ging het uitleggen. Toen zei hij, zoals iedereen al had gezegd: 'Nou, je zou een aanwijzing moeten geven, daar zou je naar toe moeten werken; we worden onverwachts in het vreemde geworpen. Dit moet honderd keer gelezen worden.'
'Wie zal het honderd keer lezen?' zei ik treurig. Maar toen dacht ik aan *Ulysses* en de studies die erbij horen. Maar Henry, met zijn karakteristieke grondigheid, wilde het daarbij niet laten. Hij liep in het rond en raasde dat ik menselijk moest worden en een menselijk verhaal vertellen. Hier stond ik voor het probleem dat ik mijn leven lang al had. Ik wilde op die abstracte, intense manier doorgaan, maar kon iemand dat verdragen? Hugo begreep het, niet intellectueel, als poëzie; Eduardo als symboliek. Maar voor mij hadden deze brokate zinnen een betekenis.
Hoe meer ik over mijn ideeën praatte, hoe opgewondener Henry werd, tot hij begon te schreeuwen dat ik precies in diezelfde toon moest doorgaan, dat ik iets unieks aan het doen was. De mensen zouden moeten worstelen om me te ontcijferen. Hij had altijd al geweten dat ik iets unieks zou doen. Bovendien, zei hij,

was ik dat de wereld verschuldigd. Als ik niet iets goeds deed zou ik opgehangen moeten worden; na dit werk een leven lang te hebben gevoed met dagboekschrijven, de sinaasappelpers, waarin alle pitten en vliezen achterblijven.

Hij stond bij het raam en zei: 'Hoe kan ik nu teruggaan naar Clichy? Het is als teruggaan naar een gevangenis. Dit is de plek waar je groeit, uitdijt, verdiept. Wat houd ik van deze eenzaamheid. Wat is het rijk.' En ik stond achter hem, klampte me aan hem vast en zei: 'Blijf, blijf.'

En als hij hier is, is Louveciennes rijk, vol leven voor me. Mijn lichaam en geest vibreren aanhoudend. Ik ben niet alleen meer vrouw, maar ook meer schrijver, meer denker, meer lezer, meer alles. Mijn liefde voor hem schept een omgeving waarin hij luisterrijk is. Hij raakt betoverd en kan niet weg totdat Fred belt en zegt dat er mensen zijn die naar hem vragen en dat de post gedaan moet worden.

Met welk een verbazend gemak overbrugt onze gedachtenwereld de tegenstelling in thematiek, de contrasten, en de fundamentele overeenstemming. Hij wantrouwt mijn snelheid, remt het ritme af, en ik dompel mij onder in zijn creativiteit als in onbegrensde rijkdom. Ons werk is met elkaar verbonden, van elkaar afhankelijk, getrouwd. Mijn werk is de vrouw van zijn werk.

Vaak staat Henry in mijn slaapkamer en zegt: 'Ik voel me alsof ik de echtgenoot hier ben. Hugo is gewoon een charmante jonge man op wie we beiden heel dol zijn.'

Steeds meer besef ik dat zijn leven met June een gevaarlijk, verpletterend avontuur was. Ik begrijp het als hij van mij wil dat ik hem voor June behoedt. Als hij gaat praten over ergens een huis huren als Louveciennes en ik zeg: 'Als je boek uitkomt laat je June overkomen en ga je dat allemaal doen,' glimlacht hij verdrietig en zegt tegen me dat hij dat niet wil. Ik weet het, of liever, ik weet dat hij zou willen dat een leven als dat van Hugo en mij met June mogelijk was.

Gisteravond, omdat Henry moe was en er een ogenblik minder wellustig, minder uitdagend uitzag, welde er in mij zo'n tederheid op dat ik bijna in het bijzijn van Hugo en Moeder naar hem toe liep om hem te omhelzen, hem te vragen beneden te komen naar ons grote zachte bed om te rusten. Wat wilde ik graag voor hem zorgen. Hij huilde bijna toen hij het had over vrouwen die van elkaar hielden in de film *Mädchen in Uniform*.

Toen zei hij, waar Moeder bij was: 'Ik moet je even spreken. Ik heb je manuscript gecorrigeerd.' We gingen naar beneden en zaten op ons bed. Ik was zo geroerd door het werk dat hij gedaan had. We begonnen elkaar te kussen. Tongen, handen, vocht. Ik beet op mijn vingers om het niet uit te schreeuwen.

Ik ging naar boven, nog na bonkend, en praatte met Moeder. Henry volgde, met een heilige blik, zoetgevooisd. En ik voelde zijn aanwezigheid tot in mijn tenen.

Hugo is aan het spelen en zingen zoals hij in Richmond Hill altijd speelde en zong, klungelig, aarzelend. Zijn vingers zijn stroef, en zijn stem is onvast. De treurigheid die ik voel als ik naar hem luister toont aan hoe ver zijn liedjes en liefheid voor mij zijn teruggeweken naar een verleden dat alleen door de continuïteit van herinneringen aan het nu wordt gekoppeld. Alleen herinneringen houden Hugo en mij samen; en mijn dagboek houdt ze in stand. Oh, kon ik maar een sprong wagen zonder dit web om me heen.

SEPTEMBER

Ik kijk naar Allendy's gezicht met een pasgeboren macht, ik zie zijn intens blauwe, fanatieke ogen smelten, en ik hoor de gretigheid in zijn stem als hij me vraagt snel terug te komen. We kussen elkaar warmer dan de vorige keer. Henry staat nog steeds tussen mij en een volledig proeven van Allendy, maar het duivelse in mij is sterker. Ik herhaal onze kussen in de ruimte, houd mijn hoofd ernaar omhoog als ik over straat loop, mijn mond open voor nieuw drinken.

De hele avond blijven zijn ogen, zijn mond en de ruigheid van zijn baard me bij.

Ik kwel Eduardo en prikkel zijn jaloezie door de bewondering te wekken van een jonge Cubaanse arts, wiens ogen langs de lijnen van mijn lichaam dwalen. We zijn gaan dansen, Hugo, Eduardo en ik. Eduardo wil me naar zich terughalen, mijn uitbundigheid vernietigen. Hij is koel, teruggetrokken, boosaardig. Hij vecht tegen de welvingen van mijn lichaam tijdens onze dans, de aanraking van mijn wang, de zwoele stem in zijn oren. Hij doodt mijn plezier met zijn groenogige woede, en als hij het gedood heeft is hij ongelukkig. Ik zie zijn aderen zwellen op zijn slapen. Hij eindigt de avond met: 'Wat jij me enkele maanden geleden hebt aangedaan!'

Allendy wijst erop dat ik mezelf overgeef aan de verterende wreedheid van een leven met Henry. Pijn is het opperste genot geworden. Voor iedere kreet van genot in Henry's armen staat een zweepslag van vergelding: June en Hugo, Hugo en June. Hoe fel keert Allendy zich nu tegen Henry, maar ik weet dat het niet alleen een betoog is over mijn voorgenomen zelfdestructie maar dat hij bewogen wordt door zijn eigen jaloezie. Aan het einde van de analyse zie ik dat hij zeer geërgerd is. Ik heb met opzet overdreven. Henry is de zachtste, vriendelijkste man ter wereld, zachter zelfs dan ik, al lijken we beiden tirannen en amoralisten. Maar ik geniet van Allendy's bezorgdheid om mij. De kracht die hij in mij heeft gevoed is gevaarlijk, gevaarlijker dan mijn vroegere bedeesdheid. Hij moet mij nu beschermen met de kundigheid van zijn analyse en de kracht van zijn armen en zijn mond.

Ik geloof niet dat mannen ooit, in één vrouw, zo'n potentiële vijand en zo'n daadwerkelijke vriend hebben gehad. Ik ben boordevol onuitputtelijke liefde voor Hugo, Eduardo, Henry en Allendy. Eduardo's jaloezie gisteravond was ook mijn jaloezie, mijn pijn. Ik liep met hem mee toen hij een eindje wilde lopen, om tot bezinning te komen, zei hij. Mijn ogen waren star, mijn handen koud. Ik weet zo goed wat pijn is dat ik die niet kan aandoen. Later, thuis, stortte Hugo zich zo ongeveer boven op me, en passief spreidde ik mijn benen, als een hoer, zonder enig gevoel. Toch weet ik dat alleen hij edelmoedig en onzelfzuchtig liefheeft.

Gisteren vertelde ik Allendy dat ik dolgraag met Henry een gevaarlijk leven zou leiden en een moeilijker, en onzekerder wereld binnengaan; heroïsch zijn en me enorme opofferingen getroosten zoals June, me ten volle bewust dat ik, met mijn tere gezondheid, in een sanatorium zou eindigen.

Allendy zei: 'Je houdt van Henry uit overdreven dankbaarheid, omdat hij een vrouw van je heeft gemaakt. Je bent te dankbaar voor de liefde die je wordt gegeven. Dat is de tol die je moet betalen.'

Ik herinner me de heiligschennende communies tijdens mijn kinderjaren waarbij ik mijn vader ontving in plaats van God, met zalige huivering mijn ogen sloot en het wittebrood doorslikte, mijn vader omhelsde in communie met hem, in een verwarring van religieuze extase en incestueuze passie. Alles was voor hem. Ik wilde hem mijn dagboek sturen. Mijn moeder raadde het mij af omdat het onderweg verloren zou kunnen gaan. Oh, de huichelachtigheid van mijn neergeslagen ogen, de verholen huilbuien 's nachts, de wellustige verborgen obsessie voor hem. Wat ik me nu het best van hem herinner is niet vaderlijke bescherming of tederheid, maar een uitdrukking van intensiteit, dierlijke kracht, die ik in mijzelf herken, een karakterovereenkomst die ik met de onschuldige intuïtie van een kind herkende. Een vulkanische honger naar leven – dat is wat ik me herinner en nog steeds met hem deel, omdat ik diep in mijn hart een sensuele potentie bewonder die automatisch mijn moeders waarden afwijst.

Ik ben de vrouw gebleven die van incest houdt. Ik bega nog steeds de meest incestueuze misdaden met een heilig religieus vuur. Ik ben de corruptste aller vrouwen, want ik zoek verfijning in mijn incest, de begeleiding van mooie gezangen, muziek, zodat iedereen in mijn ziel gelooft. Met een madonnagezicht slik ik nog steeds God en sperma in, en mijn orgasme lijkt op een mystieke climax. De mannen die ik liefheb, heeft Hugo ook lief, en ik laat hen als broers met elkaar omgaan. Eduardo vertrouwt Allendy zijn liefde toe. Allendy wordt mijn minnaar. Nu stuur ik Hugo naar Allendy opdat Allendy hem leert voor zijn geluk minder afhankelijk van mij te zijn.

Toen ik mijn jeugd opofferde aan mijn moeder, als ik alles weggeef wat ik bezit, wanneer ik help, begrijp, dien; voor welke enorme misdaden doe ik dan boete – vreemde, verraderlijke genietingen, zoals mijn liefde voor Eduardo, mijn eigen bloed; voor Hugo's geestelijke vader, John; voor June, een vrouw; voor Junes echtgenoot; voor Eduardo's geestelijke vader, Allendy, die nu Hugo's gids is. Nu blijft mij alleen nog over naar mijn vader zelf te gaan en volop te genieten van de ervaring van ons sensueel gelijk zijn, uit zijn mond de obsceniteiten, de grove taal te horen die ik nooit onder woorden heb gebracht, maar die ik in Henry zo liefheb.

Ben ik gehypnotiseerd, gefascineerd door het kwaad omdat ik dat helemaal niet in me heb? Of zit het grootste geheime kwaad in mij?

Mijn analyse was in feite voorbij toen Allendy mij de laatste keer kuste en ik het ontstaan van een persoonlijke relatie voelde aankomen. Ik genoot intens van zijn kus, en een uur later lag ik in Henry's armen. Henry ligt nu te slapen in mijn werkkamer, en ik zit een paar meter van hem vandaan te schrijven over Allendy's kus. Het grote van Allendy vond ik heerlijk, zijn mond, zijn handen aan mijn hals. Henry stond later op het station op me te wachten. Ik weet dat ik van hem houd en dat het met Allendy koketterie is, een aangenaam spel dat ik begin te leren.

Allendy zegt dat als ik Hugo een paar schokken zou geven, zoals mijn verlangen naar John, ik hem dan zou prikkelen, maar dat ik niet, en ik vertrouw hem liever aan Allendy toe. Hem op te wekken door middel van pijn – dat is mijn beperking, mijn falen. En diep in mijn hart ben ik bang om zijn beperkingen te peilen. Ik ben bang op een bodem te stuiten van veel gevoel en verder niets. Hoeveel geest, hoeveel verbeeldingskracht, hoeveel sensualiteit zit er in hem? Kan hij ooit weer tot leven worden gewekt, of moet ik doorgaan op deze weg van de ene man naar de andere? Nu ik op weg ben, ben ik bang. Waar ga ik naar toe?

Ik zie wat ik niet leuk vind in Allendy – een zekere conventionaliteit, een vernis van conservatisme; hij is een lichtgewicht, terwijl ik van tragische mannen met een zware ziel houd, net zoals Henry zei dat hij van romantische vrouwen hield.

Vandaag probeerde Allendy niet te erkennen dat ik weer in orde ben. Hij wil dat ik hem nodig heb. Zijn analyse was minder perfect in zoverre dat er nu een persoonlijk element in zit. Ik kon zien dat zijn objectiviteit aan het afbrokkelen was. Ik ben verwonderd dat deze man, die het slechtste van me weet, zich zo sterk aangetrokken voelt. Ik ben zijn creatie.

Henry leest Hugo's dagboek en vindt het een dagboek van een gehandicapte. Hij begint te vermoeden dat ik ook een gehandicapte was toen ik met hem trouwde.

Toen Henry dit zei haalde ik mijn dagboek uit die periode te voorschijn, toen ik negentien was, en las het hem voor. Hij was verrast, ook verrukt. Hij wilde meer lezen, en de roman lezen die ik op mijn eenentwintigste schreef.

Hugo was weg op zakenreis, en vijf dagen lang leefden Henry en ik hier samen, gingen nooit naar Parijs, werkten, lazen, wandelden. Een middag vroeg ik Eduardo over. Ze discussieerden over astrologie, maar heimelijk bevochten ze elkaar. Henry zei tegen Eduardo dat hij een dode, een vaste ster was, terwijl hij zelf een altijd rondwentelende planeet was, altijd in beweging. Eduardo bleef beheerst, superieur door zijn koelheid, kienheid, hoffelijkheid. Henry raakte in de war, verloren. Eduardo zag er tegelijkertijd faunesk en slim uit. Henry was langzaam en Germaans, wierp me een glimlach toe, zo oneindig ontroerend.

Ik was blij dat het Henry was die op Louveciennes logeerde – warme, zachte, menselijke Henry. Hij was in zo'n ingetogen, hulpeloze stemming. We zaten in de tuin. Hij zei dat hij daar begraven wilde worden, nooit weggestuurd worden, in een beer veranderd worden die door mijn slaapkamerraam naar binnen zou komen als iemand met mij aan het vrijen was. Hij werd een kind, gewiegd door mijn tederheid. Ik had hem nog nooit zo klein en broos gezien. Er is een hoogst merkwaardig contrast tussen zijn dronkenschap, wanneer hij daar verhit zit, strijdvaardig, destructief, sensueel, een en al instinct, een man wiens dierlijke vitaliteit vrouwen lokt en onderwerpt; en wanneer hij nuchter is, als hij tegenover een vrouw kan zitten en haar voorleest uit boeken, op een bijna religieuze toon tegen haar spreekt, weemoedig, bleek, heilig wordt. Het is een verbazingwekkende transformatie. Hij kan in de tuin zitten als een zachtmoedige Eduardo van vijftien jaar geleden, en dan enkele uren later met veel felheid bijten en de meest obscene woorden uitslaan terwijl we krampend van genot in elkaars armen liggen.

Toch welt er grote tederheid in me op als Hugo terugkomt. Ik wil hem vreugde geven, ik dwing mezelf, en ik begin oprecht op zijn passie te reageren. Ik herinner me dat toen Hugo en ik op een avond op de bank in mijn werkkamer lagen, een snaar van Hugo's gitaar sprong, de laagste snaar, klankvol als zijn stem. Het joeg me angst aan, een voorbode van een slotsom waar ik niet naar verlang.

Ik ging maandag naar Allendy, en weigerde geanalyseerd te worden, omdat, zei ik, ik was begonnen tegen hem te liegen. Zo zaten we wat te praten, en hij was zich bewust van mijn vijandigheid. Toen ik net binnen was ontweek ik zijn kus. Wat ik voelde was dat hij mijn verhouding met Henry aan het stuk maken was; hij maakte er barsten in. Ik stoorde me aan zijn sterke invloed, zijn dominantie over mij. Hij antwoordde vol wijsheid. Plotseling wilde ik hem weer gehoorzamen. Ik zei dat ik toe was aan analyse, dat ik niet meer zou liegen, dat ik de gevaren van mijn vlucht met Henry overdreven had alleen maar om te zien hoe bezorgd hij was over mijn leven. Zijn vreemde blauwe ogen fascineerden me. Ik stond op en liep rond op mijn gebruikelijke manier, armen opgeheven achter mijn hoofd. Hij strekte zijn armen uit.

Hij heeft een groot, overweldigend lichaam, als dat van John. Hij houdt me zo stevig vast dat ik bijna stik. Zijn mond is niet zo vol als die van Henry, en we begrijpen elkaar niet. Maar ik blijf in zijn armen. Hij zegt: 'Ik zal je leren te spelen, liefde niet zo tragisch op te vatten, daar niet zo'n zware tol voor te betalen. Je hebt er iets te dramatisch en te intens van gemaakt. Dit zal aangenaam zijn. Ik verlang zo naar je.' Verachtelijke wijsheid. Oh, ik haat hem. Terwijl hij praat buig ik mijn hoofd en glimlach. Hij schudt me zachtjes heen en weer, wil weten wat ik denk. Eigenlijk wil ik huilen. Ik had uitgekeken naar zo'n verhouding, en nu heb ik die. Allendy is beheerst, sterk, maar ik heb hem in de war gebracht. Ik heb hem mij eerst laten liefhebben, om zijn liefde te verraden. Als dit genieten is dan wil ik dat niet. Hij merkt mijn reactie. 'Dit vind je te saai?' Alleen zijn lichaam fascineert me. Hij is het onbekende.

Eduardo, aan wie ik dit hele verhaal opbiecht, is blij dat ik naar Allendy toe trek. Beiden haten Henry.

Toch wil ik Henry vanavond, mijn liefde, mijn echtgenoot, die ik weldra zal bedriegen met evenveel verdriet als ik voelde toen ik Hugo bedroog. Ik smacht ernaar volledig lief te hebben, trouw te zijn. Ik houd van de groef waar mijn liefde voor Henry in rondgedraaid heeft. Toch word ik door duivelse krachten uit elke groef verdreven.

Hugo wordt aanzienlijk geholpen en versterkt door Allendy. Hij begint van hem te houden, want hij heeft wel iets homoseksueels in zich.

Allendy is nu een duivelse god die al onze levens dirigeert. Toen Hugo gisteravond aan het praten was kon ik daarin Allendy's kundige en prachtige invloed horen. Ik lachte uitbundig toen Hugo zei dat Allendy hem verteld had dat ik gedomineerd moest worden. Hugo antwoordde: 'Ja, maar dat is gemakkelijk. Anaïs is Latijns en zo volgzaam.' Allendy moet geglimlacht hebben. Dan komt Hugo thuis en stort zich met een nieuwe woestheid op me, en ik geniet ervan, oh, ik geniet ervan. Ik vind dat ik op dit moment gezegend ben met drie fantastische mannen en heel wel in staat van alle drie te houden.

Ik veronderstel dat alleen scrupule mij verhindert van hen te genieten. Ik wou dat Allendy dwingender was. Hij onderwerpt zich aan vrouwen. Hij vond mijn agressiviteit in onze seksuele spelletjes aangenaam. Zijn eerste seksuele ervaring was passief, toen hij zestien was en een oudere vrouw met hem naar bed ging.

Ik ging naar hem terug vol ongeduld, trillend, nu eens van kou, dan van koorts. We hebben van analyse afgezien. We spraken over Eduardo, Hugo, astrologie. Ik vroeg hem mij te komen opzoeken, maar hij vindt dat hij dat nog niet kan doen vanwege zijn analyse van Hugo. We lachten samen over de kwestie van het domineren. Ik houd van de manier waarop hij me liefkoost. Hij maakt geen van Henry's obscene gebaren, toch voel ik de man wiens dierenriemteken Stier is. Ik vind het prettig als we staand kussen en ik me heel klein voel in zijn armen. Hij kent mij beter dan ik hem. Zijn ondoorgrondelijke karakter is me een raadsel. Ik zei hem dat ik hem blindelings vertrouwde, dat we de dingen gewoon moesten laten gebeuren. Ik weigerde een analyse. Dat begreep hij.

Van zijn huis ging ik naar een café op de hoek, waar ik Henry had gevraagd me te ontmoeten. Voor ik bij Allendy was, sprak ik met Eduardo. En om half negen had ik afgesproken met Hugo. Toen ik Henry zag voelde ik mij van hem vervreemd. Ik haatte mijn grilligheid.

Nu moet ik dingen voor Henry geheim houden, en ik kan niet langer alles aan Allendy toevertrouwen omdat we man en vrouw zijn met groeiende passie tussen ons. Ik heb een vader verloren! Ik kan hem niet zeggen dat ik nog steeds van Henry houd. Zal ik proberen helemaal eerlijk te zijn met Henry?

Hugo speelt gitaar vanavond terwijl ik schrijf en trekt me met een door analyse nieuwe heftigheid naar zich toe. Hij heeft uitvoerig in zijn dagboek geschreven en uitgebreid en, eindelijk, interessant zitten praten.

Eduardo gelooft mijn ontboezemingen over Allendy niet. Hij denkt dat we van plan zijn hem te redden door zijn jaloezie op te wekken – mijn dierbare pathologische kind, Eduardo, waar ik op een bepaalde manier voor altijd van zal houden. We zijn alleen gelukkig samen als we ons terugtrekken in een magische sfeer van schoonheid. Hij heeft onze seksuele uren uit zijn herinnering gewist, maar niet mijn belediging. Hij droomt ervan dat ik op een dag op mijn knieën naar hem toe zal kruipen, zodat hij mij kan doen lijden omdat ik hem ostentatief met Henry heb geconfronteerd.

Hij bestrijdt me blindelings, vol woede, en maakt me verwijten om de avond dat we uit dansen gingen en ik hem probeerde te dwingen tot leven te komen. Tegelijkertijd is zijn jaloezie overduidelijk, en hij laat Allendy een briefje zien waarin ik tegen hem zeg dat ik van hem houd en altijd van hem zal houden, op een vreemde, mystieke manier.

Ik ga direct naar Allendy voor hulp, omdat mijn ogenschijnlijke begeerte voor Eduardo alleen was geuit om de belediging die hij niet kon verdragen te niet te doen. Ik wilde dat hij het laatste woord had, dat hij het gevoel zou hebben mij te hebben afgewezen, omdat hij het nodig heeft zijn kracht te voelen. Maar als Allendy mij zijn tederste, meest beschermende liefde toont, rebelleer ik daartegen. Hij wil persoonlijke intimiteit uitstellen vanwege de analyse, waarvan hij het gevoel heeft dat ik die nog steeds nodig heb. Als ik mij heftig tegen de analyse verzet, verraad ik precies datgene wat hij vermoedt: dat ik extravagant, gepassioneerd liefdesbetoon verwacht, geen tederheid of bescherming. Hij heeft aangevoeld dat ik zijn liefde als een trofee wil binnenhalen, niet om hemzelf. Maar zodra ik deze woorden opschrijf, weet ik dat ze niet helemaal waar zijn.

Ik laat hem totaal ontredderd achter. En vandaag ontvang ik mijn ware liefde, Henry, met veel genot, en vurige verstrengeling. Wat vlammen wij! En dan besef ik dat ik alleen volledig lief kan hebben als ik vertrouwen heb. Ik ben zeker van Henry's liefde, en dus laat ik me gaan.

Dan vertelt Henry mij, omdat hij jaloers was en bezorgd, dat hij wel gelezen heeft over die hysterische vrouwen die in staat zijn om tegelijkertijd van twee of drie mannen echt te houden. Ben ik zo?

Het enige dat psychoanalyse bereikt is je meer bewust te maken van je tegenslagen. Ik heb een helderder en angstaanjagender beeld gekregen van de gevaren van mijn koers. Ik heb er niet door leren lachen. Ik zit hier vanavond net zo somber als ik kon zitten toen ik een kind was. Alleen Henry, de meest levende van alle mannen, heeft het in zijn macht mij gelukzalig te maken.

Ik heb ontzettende ruzie met Allendy gehad. Ik had twee bladzijden 'verklaringen' voor hem meegebracht, waar hij eerst niets van begreep. Ik benadrukte twee momenten waardoor ik me van hem terugtrok. Eén toen hij zei: 'En wat moet er van die arme Hugo worden als ik mijzelf laat gaan? Als hij erachter komt dat ik hem bedrogen heb, kan ik hem onmogelijk verder behandelen.' Scrupules. Net als de scrupules van John. Die zijn voor mij ondraaglijk, omdat ik zelf te veel te lijden heb gehad van scrupules, en daarom hou ik van Henry's gebrek aan scrupules. En van dat van June. Ze scheppen een evenwicht dat mij op mijn gemak stelt. Maar, zoals Allendy stelt, evenwicht moet niet worden gezocht door associatie met anderen: het moet binnen jezelf aanwezig zijn. Ik zou voldoende vrij van scrupules moeten zijn om niet onder de indruk te hoeven raken van andermans gebrek aan scrupule.

Het tweede bezwaar: Allendy's grote tederheid, opgewekt door een keer lezen in mijn kinderdagboek. Ik haat alles wat op tederheid lijkt, omdat het me doet denken aan de manier waarop Eduardo en Hugo me behandelen, waar ik bijna kapot aan ben gegaan. Hierom werd Allendy boos omdat hij mijn woorden verkeerd begreep. Vergeleek ik hem met Eduardo en Hugo? Maar ik had genoeg tegenwoordigheid van geest, hoewel ik huilde, om te zeggen dat ik maar al te goed besefte dat mijn reactie de ware betekenis van tederheid vervormde, dat er in hem geen zwakheid zat, maar eerder in mij een abnormaal smachten naar agressiviteit en herstel van zelfvertrouwen. Toen begon hij zacht te spreken, en legde uit dat een scheiding tussen het erotische en het emotionele geen oplossing was, dat al was mijn ervaring met liefde, vóór Henry, een mislukking geweest, ik nooit gelukkig zou worden door een louter erotische verbintenis.

Aanvankelijk dwaalde hij in het labyrint van vertakkingen dat ik geschapen had. Ik wilde hem in verwarring brengen, de precieze waarheid vermijden. Tot mijn grote verbazing schoof hij alles wat ik had gezegd terzijde en zei: 'De laatste keer had je de indruk, omdat ik rustig over Hugo en mijn werk praatte, dat ik minder van je hield. En onmiddellijk nam je afstand van me, om niet te lijden. Je pantserde je. Het is de tragedie uit je jeugd die zich herhaalt. Als jou, toen je een kind was, duidelijk was gemaakt dat je vader zijn eigen leven moest leven, dat hij gedwongen was je te verlaten, dat hij desondanks van je hield, dan zou je niet zo verschrikkelijk geleden hebben. En het is altijd hetzelfde. Als Hugo het druk heeft op de bank, heb je het gevoel dat hij jou verwaarloost. Als ik over mijn werk praat ben je gekwetst. Geloof me, je hebt het heel erg mis. Ik hou van jou, op een manier die veel dieper en echter is dan wat je najaagt. Ik voelde dat je nog steeds analytische hulp nodig hebt, dat je niet beter was. Ik was vastbesloten jouw aantrekkingskracht op mij op geen enkele wijze mijn zorg voor jou te laten verstoren. Als ik waanzinnig ongeduldig was om je alleen maar te bezitten, zou je snel beseffen wat een pover geschenk ik je gaf. Ik wil meer dan dat. Ik wil het conflict uit de weg ruimen dat jou zoveel pijn bezorgt.'

'Je kúnt niets meer voor me doen,' zei ik. 'Sinds ik van je afhankelijk ben geworden voel ik me zwakker dan ooit. Ik heb je teleurgesteld door neurotisch te reageren, juist op dat moment dat ik de wijsheid van jouw leiding had moeten aantonen. Ik wil nooit meer bij je terugkomen. Ik voel dat ik moet gaan en werken en leven en dit alles vergeten.'

'Dat is geen oplossing. Deze keer moet je met mij het geheel onder ogen zien. Ik zal je helpen. Ik moet tijdelijk alle persoonlijke begeerte opzij zetten, en jij moet vandaag deze twijfel volledig laten varen. Het maakt je geluk altijd stuk. Als je kan aanvaarden wat ik ditmaal zeg – dat ik van je houd, dat we moeten wachten, dat je moet beseffen hoe ik met Hugo en Eduardo verbonden ben, dat ik, vóór alles, mijn taak als arts moet afmaken voordat ik van onze persoonlijke relatie mag genieten – dan kunnen we jouw reactie misschien voorgoed overwinnen.'

Hij sprak zo vurig, zo terecht. Ik lag achterover in mijn stoel, zachtjes huilend, vol besef van zijn gelijk, verscheurd door pijn, niet alleen vanwege mijn strijd hem voor me te winnen maar vanwege de opeenstapeling van bitterheid van al mijn ongelukkige verhoudingen.

Toen ik bij hem wegging voelde ik me versuft. Ik viel in de trein bijna in slaap.

Aan Henry: 'Herinner je je die keer dat ik je vertelde dat ik me sterk afzette tegen Allendy en analyse? Hij had me een punt laten bereiken waar hij, door een knap staaltje van logica van zijn kant, mijn chaos had opgelost, een patroon had vastgelegd. Ik werd woedend bij de gedachte dat ik in een van die "paar fundamentele patronen" gepast kon worden.

Voor mij werd het een punt het patroon in de war te brengen. Ik legde het erop aan dit met de meest vernuftige leugens te doen, met tot zo in de kleinste details uitgewerkt komediespel als ik nog nooit in mijn leven gedaan had. Ik gebruikte al mijn talent voor analyse en logica, waarvan hij toegaf dat ik dat in grote mate bezat, het gemak waarmee ik verklaringen ergens voor kon geven. Zoals ik aan je liet doorschemeren, aarzelde ik niet om met zijn persoonlijke gevoelens te spelen, elk brokje macht dat ik had gebruikte ik, om een drama te scheppen, om aan zijn theorie te ontsnappen, om verwarring te stichten en sluiers te leggen. Ik loog en loog steeds zorgvuldiger, berekenender dan June, met alle kracht van mijn geest. Ik wou dat ik je kon vertellen hoe en waarom... In ieder geval, ik deed het zonder onze liefde in gevaar te brengen: het was een strijd van scherpe geesten waarvan ik uitermate genoten heb. En weet je wat nu? Allendy heeft ons verslagen, Allendy heeft de waarheid ontdekt, hij heeft het allemaal juist geanalyseerd, de leugens ontdekt, is (zij het met moeite) langs al mijn kronkels en misleidingen gezeild, en heeft vandaag ten slotte weer de waarheid van die verdomde "fundamentele patronen" bewezen die het gedrag van alle menselijke wezens verklaren. Ik zeg je dit: ik zou June nooit naar hem toe laten gaan, want June zou domweg ophouden te bestaan, aangezien June één grote vertakking van neuroses is. Het zou een misdaad zijn haar weg te verklaren... En morgen ga ik naar Allendy en beginnen we met een volgend drama, of ik begin een volgend drama, met een leugen of een opmerking, een drama van een ander soort, de worsteling om te verklaren, die op zich dramatisch is (zijn onze gesprekken over June soms niet even dramatisch als de gebeurtenis die we bespreken?). Ik merk dat ik niet weet wat ik moet geloven, dat ik nog niet beslist heb of analyse ons bestaan simplificeert en ontdramatiseert of dat het de meest subtiele, de meest verraderlijke, de meest schitterende manier is om drama's verschrikkelijker te maken, nog waanzinniger... Het enige dat ik weet is dat drama geenszins dood is in het zogenaamde laboratorium. Dit is net zo'n gepassioneerd spel als voor jou het samenleven met June is geweest. En als je dan ziet dat de analyticus zelf met de stroom wordt meegevoerd, dan ben je bereid te geloven dat drama overal is...'

Mijn brief aan Henry onthult mijn leugens tegen hem, noodzakelijke leugens, meestal leugens bedoeld om mijn zelfvertrouwen te versterken.

OKTOBER

Ik breng de nacht door met mijn geliefde. Ik vraag alleen maar dat hij niet met June teruggaat naar Amerika, hetgeen hem duidelijk maakt hoeveel ik om hem geef. En hij laat me zweren dat ik, wat er ook gebeurt als June komt, in hem moet geloven en in zijn liefde. Dat zal niet gemakkelijk voor me zijn, maar Allendy heeft me geleerd om te geloven, dus beloof ik. Dan vraagt Henry: 'Als ik vandaag over de middelen beschikte en je vroeg om voor altijd met me mee te gaan, zou je dat dan doen?'

'Vanwege Hugo en June zou ik, kon ik dat niet doen. Maar als er geen June en geen Hugo waren, zou ik met je weggaan, zelfs als we niet over de middelen beschikten.'

Hij is verbaasd. 'Ik vroeg me wel eens af of het een spelletje voor je was.' Maar hij ziet mijn gezicht en is tot zwijgens toe ontroerd. Een nacht van helder, kalm praten, waarin sensualiteit bijna overbodig is.

Allendy waakt over mijn leven. Hij heeft mij in een vertrouwensvolle hypnotische slaperigheid gebracht. Hij wil dat ik gewiegd word door mijn geluk, uitrust op zijn liefde. We besluiten, om wille van Hugo (Hugo is jaloers op hem geworden), dat ik hem zo'n tien à twaalf dagen niet zie. Het is ook een soort proef voor mijn zelfvertrouwen. Plotseling ontspan ik mijn koortsachtige verlangen naar hem en aanvaard zijn edelmoedigheid, zijn serieusheid, zijn zelfopoffering, zijn zorg om mijn geluk, en ik voel me nederig. Wat me nederig maakt is dat hij gelooft dat ik van hem houd, en ik voel dat ik lieg. Het ontroert me te bedenken dat ik tegen deze grote, oprechte man kan liegen. Ik vraag me af of hij beter weet dan ik van wie ik houd of dat ik hem bedrieg, zoals ik ze allemaal bedrogen heb. In 1921, toen ik nog met Eduardo correspondeerde, was ik al op Hugo verliefd. Als Hugo zou weten dat ik in Havana, terwijl wij liefdesbrieven aan elkaar schreven, opgewonden raakte van Ramiro Collazo; als Henry wist dat ik dol ben op de kussen van Allendy, en als Allendy wist hoe sterk ik ernaar verlang om met Henry te leven...

Allendy gelooft dat mijn leven met Henry, mijn verborgen leven, niet waar of echt blijvend is, terwijl ik weet dat ik er hoor. 'Je hebt schimmige ervaringen doorkruist, maar ik voel dat je puur gebleven bent. Het zijn tijdelijke nieuwsgierigheden, honger naar ervaring.' Welke ervaring ik ook betreed, ik kom er ongeschonden uit. Iedereen gelooft in mijn oprechtheid en puurheid, zelfs Henry.

Allendy wil dat ik mijn liefde voor Henry als een literaire of dramatische excursie zie en mijn liefde voor hèm als een uiting van mijn ware persoonlijkheid, terwijl ik geloof dat het precies het tegendeel is. Henry heeft me, geest en schoot; Allendy is mijn 'ervaring'.

Er klinkt onafgebroken muziek uit onze nieuwe radio. Hugo luistert terwijl hij gelukzalig de zegeningen van Allendy's hulp overpeinst. De omroeper spreekt in een vreemde taal uit Boedapest. Ik denk over mijn leugens tegen Allendy en vraag me af waarom ik lieg. Bij voorbeeld, ik heb me onredelijk veel zorgen over Henry's oogkwaal gemaakt. Als hij zo blind zou worden als Joyce, wat zou er dan van hem terechtkomen? Ik zeg tegen mezelf: ik moet alles opgeven en met hem gaan wonen en voor hem zorgen. Als ik Allendy over mijn angst vertel overdrijf ik het gevaar waar Henry in verkeert.

Leugens zijn een teken van zwakte. Volgens mij heb ik niet de moed om Allendy openlijk te zeggen dat ik niet van hem houd en dus, in plaats daarvan, wil ik dat hij ziet wat ik voor Henry overheb.

Een middag met Henry. Als eerste zegt hij dat onze conversatie van laatst de diepste en de intiemste was die we gehad hebben, dat het hem veranderd heeft, hem kracht heeft gegeven. 'Weglopen van June, voel ik nu, is geen oplossing. Ik ben altijd van vrouwen weggelopen. Nu voel ik dat ik June en het probleem dat ze vertegenwoordigt onder ogen moet zien. Ik wil mijn eigen kracht testen. Anaïs, je hebt me verwend, en nu kan ik me niet tevreden stellen met een huwelijk dat alleen op passie gebaseerd is. Ik had nooit gedacht dat ik in een vrouw zou vinden wat jij me gegeven hebt. De manier waarop we samen praten en werken, de manier waarop jij je aanpast, de manier waarop we als hand en handschoen in elkaar passen. Met jou heb ik mezelf gevonden. Ik was gewend met Fred te wonen en naar hem te luisteren, maar niets dat hij zei raakte me echt totdat ik die paar dagen met jou leefde toen Hugo op reis was. Ik besef hoe arglistig je me hebt beïnvloed. Ik had het nauwelijks gemerkt, maar plotseling besef ik de mate van je invloed. Door jou viel alles opeens op zijn plaats.'

Ik zei: 'Ik zal June als verwoestende tornado aanvaarden terwijl onze liefde diep geworteld blijft.'

'Oh, als je dat zou kunnen! Weet je dat mijn grootste angst is geweest dat je de strijd zou aanbinden met June, dat ik tussen jullie in zou zitten, zonder te weten wat ik voor jou zou kunnen doen, omdat June me verlamt met haar barbaarsheid. Als je het zou kunnen begrijpen en wachten. Het is dan wel een tornado, maar ik zal voor eens en altijd stelling nemen tegen wat June vertegenwoordigt. Ik moet deze strijd tot het einde toe uitvechten. Het is de grote kwestie van mijn hele leven.'

'Ik zal het begrijpen. Ik zal het niet erger voor je maken.'

En zo zitten we hier, Henry en ik, en we praten op zo'n manier dat we aan het eind van de middag ons rijk voelen, vol verlangen om te schrijven, te leven. Als we samen op bed gaan liggen, ben ik zo opgewonden dat ik niet kan wachten op onze vereniging.

Later zitten we in het iriserende licht van het aquarium, terneergeslagen door verwarring. Henry staat op en loopt door de kamer. 'Ik kan niet weggaan, Anaïs. Ik hoor hier. Ik ben je echtgenoot.' Ik wil me aan hem vastklampen, hem vasthouden, hem gevangen zetten. 'Als ik nog een minuut blijf,' gaat hij door, 'dan doe ik iets geks.'

'Ga snel weg,' zeg ik. 'Ik kan hier niet tegen.' Als we de trap aflopen ruikt hij het avondeten dat opstaat. Ik leg zijn handen op mijn gezicht. 'Blijf, Henry, blijf.'

'Wat jij begeert,' zei Allendy, 'is minder waard dan wat je hebt gevonden.'

Door hem kan ik vanavond zelfs begrijpen hoe John op zijn eigen manier van me hield. Ik geloof in Henry's liefde. Ik geloof dat Henry, zelfs als June wint, voor altijd van me zal houden. Ik voel sterk de neiging om June met Henry onder ogen te komen, ons beiden door haar te laten kwellen, van haar te houden, haar liefde en die van Henry te winnen. Ik neem me voor de moed die Allendy me geeft te gebruiken in grotere ontwerpen van zelfkwelling en zelfvernietiging.

Geen wonder dat Henry en ik ons hoofd schudden over onze overeenkomsten: we haten geluk.

Hugo praat over zijn sessie bij Allendy. Hij vertelt hem dat liefde voor hem nu als honger is, dat hij het verlangen voelt me op te eten, in me te bijten (eindelijk!). En dat hij dat gedaan heeft. Allendy begint hartelijk te lachen en vraagt: 'Vond ze het prettig?' 'Het is vreemd,' zegt Hugo, 'maar het leek er wel op.' Waarop Allendy nog meer moet lachen. En om de een of andere vreemde reden wordt Hugo hierdoor jaloers op Allendy. Hij had de indruk dat Allendy genoot van dit gesprek en ook best een hapje van me had willen nemen.

Daarom moet ik waanzinnig lachen. Hugo gaat serieus door: 'Psychoanalyse is iets geweldigs, maar het zou nog veel fantastischer zijn als de gevoelens erbij betrokken raken. Wat als bij voorbeeld Allendy in jou geïnteresseerd zou zijn.'

Hier word ik zo hysterisch dat Hugo bijna kwaad wordt. 'Wat vind je er allemaal zo grappig aan?'

'Dat je zo slim bent,' zei ik. 'Psychoanalyse brengt je wel op nieuwe en grappige ideeën.'

Ik besef dat het niets anders is dan koketterie, koketterie en weinig gevoel. Hij is een man die ik wil doen lijden, ik wil hem laten dwalen, hèm een avontuur bezorgen! Afstammend van mannen die de zeeën bezeilden, zit deze grote gezonde man nu opgesloten in zijn met boeken bedekte grot. Ik zie hem graag staan aan de deur van zijn huis, zijn ogen gloedvol als de blauwe zee van Mallorca.

'Vanuit de droom voortgaan naar buiten...' Toen ik voor het eerst die woorden van Jung hoorde, spraken ze me ontzettend aan. Ik gebruikte het idee in mijn bladzijden over June. Toen ik de woorden vandaag aan Henry herhaalde raakten ze hem sterk. Hij heeft de laatste tijd zijn dromen voor me opgeschreven, en daarna de antecedenten en associaties. Wat een middag. Het was zo koud bij Henry dat we naar bed gingen om elkaar te verwarmen. Daarna gesprekken, bergen manuscripten, heuvels boeken, en beken wijn. (Hugo komt naar me toe terwijl ik dit schrijf, buigt zich vooroveren kust me. Ik had net tijd genoeg om de bladzijde om te slaan.) Ik ben heel koortsachtig, ruk razend aan de tralies van mijn gevangenis. Henry glimlachte treurig toen ik weg moest, om half negen. Hij beseft nu dat zijn niet-weten dat hij een zeer waardevol man is, bijna tot zijn zelfvernietiging heeft geleid. Zal mij de tijd gegeven worden om hem op zijn troon te plaatsen? 'Heb je het zo echt warm genoeg?' vraagt hij, terwijl hij mijn jas om me heen trekt. Een paar avonden geleden liep hij tegen obstakels op de onverlichte weg op, zijn zwakke ogen verblind door de lichten van de auto's. In gevaar.

Tegelijkertijd leid ik Hugo naar Allendy, die hem niet alleen in menselijk opzicht redt maar in hem een enthousiasme voor psychologie opwekt, wat hem interessant maakt.

Als ik naar Henry kijk wanneer hij zit te praten besef ik weer dat het zijn sensualiteit is waar ik van houd. Ik wil er dieper in doordringen, ik wil erin zwelgen, het zo duidelijk proeven als hij heeft gedaan, als June heeft gedaan. Ik voel dit met een soort wanhoop, een verholen wrok, alsof Hugo en Allendy en zelfs Henry mij allemaal willen tegenhouden, terwijl ik weet dat ik het ben die mezelf tegenhoudt. Ik ben verschrikkelijk verliefd op Henry, dus waarom neemt de rusteloosheid, de koorts, de nieuwsgierigheid dan niet af? Ik loop over van energie, van verlangens naar lange reizen (ik wil naar Bali), en gisteravond tijdens een concert voelde ik me als Mary Rose in Barries toneelstuk, die muziek hoort als ze op een eiland is, wegloopt en twintig jaar verdwijnt. Ik voelde dat ik als een slaapwandelaarster mijn huis zou kunnen uitlopen, en net als in die hotelkamer al mijn verbintenissen volslagen zou kunnen vergeten, en voortgaan, een nieuw leven in. Elke dag worden er aan mij meer eisen gesteld die mij beroven van de vrijheid die ik nodig heb: Hugo's steeds grotere aanspraak op mijn lichaam, Allendy's aanspraak op het beste in mij, Henry's liefde, die van mij een onderworpen en trouwe echtgenote maakt – dit alles, tegenover het avontuur dat ik steeds weer moet opgeven en sublimeren. Als ik het diepst geworteld ben voel ik het sterkste verlangen me te ontwortelen.

Wat Hugo in Allendy's boeken heeft gelezen heeft hem ervan overtuigd dat ik niet van Allendy houd, noch hij van mij. Het is gewoon een wederzijdse bekoring ontstaan door de analyse, de intimiteit, een soort sterk gevoel van sympathie voor elkaar.

Ik zit een uur in een café met Henry, die in mijn dagboek uit 1920 heeft zitten lezen, toen ik zeventien was, en erom heeft moeten huilen. Hij las over de periode dat Eduardo mij niet schreef omdat hij een homoseksuele ervaring doormaakte. Henry zei dat hij mij voor iedere dag van teleurstelling een brief had willen schrijven, aan al mijn verwachtingen voldoen, elk geschenk dat mij vroeger was ontzegd goedmaken. Ik zei hem dat hij dat nou juist al die tijd gedaan had.

Later schreef hij over mijn liefde op mijn zeventiende: 'En dus roept zij uit: "Mijn hele hart zingt van mijn verlangen naar liefde." Ze is verliefd op de liefde, maar niet louter als een adolescent, niet als een meisje van zeventien, maar als de embryonale artiest die ze is, degene die de wereld met haar liefde zal bevruchten, degene die lijden en twisten zal veroorzaken omdat ze te veel liefheeft...

In handen van een doorsnee individu kan een dagboek als louter toevlucht beschouwd worden, als een vlucht uit de werkelijkheid, als de vijver van een nieuwe Narcissus, maar Anaïs weigert het in deze mal te laten wegvloeien...'

De man die dit begreep, die deze regels schreef, aanvaardt in één klap de uitdaging van mijn liefde en verbrijzelt het denkbeeld van narcisme.

Ik lag op de bank terwijl ik Henry's brieven vele malen herlas, met intens genot, alsof hij op me lag, me bezat. Ik hoef niet langer bang te zijn om te veel lief te hebben.

Na een fles Anjou gisteravond praatte Henry over zijn moeite met de overgang van aardig tegen vrouwen zijn en ze het hof maken. Of hij had een keurig gesprek met hen of hij stortte zich op hen en raakte door het dolle heen. Hij had zijn eerste seksuele ervaring op zijn zestiende in een bordeel en liep een ziekte op. Toen kwam de oudere vrouw die hij niet durfde te neuken. Hij was verrast toen het gebeurde en beloofde zichzelf het niet weer te doen. Maar het gebeurde wel, en hij bleef bang dat het niet goed was. Hij schreef het aantal keren op, met data, als het vastleggen van even zo vele overwinningen. Enorme fysieke overdaad, spelletjes, acrobatische toeren, grof geweld.

Hij vertelde me over zijn gesprek met een hoer laatst op een avond. Hij zat in een café Keyserling te lezen. De vrouw benaderde hem, en omdat ze onaantrekkelijk was weerde hij haar aanvankelijk af. Maar hij liet haar wel bij hem zitten en met hem praten. 'Ik moet erg mijn best doen om mannen aan te trekken, maar als ze me leren kennen beseffen ze dat ik beter ben dan de meeste hoeren, omdat ik het fijn vind met een man. Wat ik nu wil is mijn hand in je broek steken en hem eruit halen en afzuigen.'

Henry was onder de indruk van de directheid van haar woorden, het beeld dat ze bij hem achterliet, maar hij ontvluchtte haar. Hij begreep niet waarom hij zo ontvankelijk was geweest terwijl hij een moment tevoren nog in een andere wereld verkeerde en hij de vrouw niet eens leuk vond. Hij heeft een voorkeur voor agressieve vrouwen. Was dat een zwakte? vroeg hij. Ik wist het niet, maar ik moest leren agressief te zijn, om hem te behagen.

Nadat hij zo had gepraat, verhit, uitbundig, voor me heen en weer dansend, en voordeed hoe hij tekeerging en in de kont van een vrouw beet, werd hij plotseling kalm, bedachtzaam, en kwam er een grote verandering over zijn gezicht. 'Hier ben ik overheen gegroeid,' zei hij. En ik, die zijn vertoning met een applaus beloonde, kwam in de verleiding om te zeggen: 'Ik ben er nog niet overheen gegroeid. Ik moet nog als een dolle tekeergaan.'

Ik kijk naar Hugo's gekwelde gezicht (een periode van kwelling en jaloezie in zijn analyse) en voel grote golven van tederheid uitstromen. En Henry zegt: 'Als jij en ik gaan trouwen nemen we Emilia mee.' Terwijl we de trap oplopen naar mijn 'grot' legt hij zijn hand tussen mijn benen.

Ik stort me weer in Junes chaos. Het is June die ik wil en niet Allendy's wijsheid, zelfs niet Henry's liefde voor agressiviteit. Ik wil erotiek. Ik wil die vochtige dromen die ik 's nachts droom, weer vier dagen zoals die zomerdagen met Henry toen hij me voortdurend op bed wierp, op het kleed, tussen de klimop. Ik wil mij wentelen in seksualiteit totdat ik er overheen groei of net zo verzadigd raak als Henry.

Ik kom in Clichy voor het avondeten, dronken en koortsig. Henry heeft over mijn werk geschreven. De laatste pagina zit nog in de tikmachine. En ik lees deze bijzondere regels: 'Het was aanmatigend van me om haar taal te willen veranderen. Het mag dan geen Engels zijn, niettemin is het een taal en hoe verder je erin meegaat hoe vitaler en noodzakelijker het lijkt. Het is een verkrachting van taal die correspondeert met de verkrachting van gedachte en gevoel. Het had niet geschreven kunnen worden in een Engels dat iedere bekwame schrijver kan gebruiken... Het is vooral de taal van moderniteit, de taal van zenuwen, repressies, ingesponnen gedachten, onbewuste processen, beelden niet volkomen gescheiden van hun droominhoud; het is de taal van de neurotische, de perverse persoonlijkheid, "gemarmerd en dooraderd met verdigris", zoals Gautier het stelde, refererend aan de stijl van de decadentie...

Als ik probeer te bedenken aan wie je deze stijl verschuldigd bent lukt me dat jammer genoeg niet – er schiet me niemand te binnen met wie je ook maar de geringste gelijkenis vertoont. Je doet me alleen aan jezelf denken...'

Dat verheugde me omdat Henry volgens mij de manlijke tegenhanger van mijn werk had geschreven. Ik zat bij hem aan de keukentafel, dronken en stotterde: 'Het is fantastisch wat je geschreven hebt!' We lieten onszelf nog dronkener worden, we neukten in een staat van delirium. Later, in de taxi, pakt hij mijn hand alsof we pas een paar dagen minnaars zijn. Ik kom thuis met twee van zijn zinnen in mijn gedachten gegrift: 'overladen met leven' en 'doordrenkt van seks'. En ik zal hem grotere en angstaanjagender raadsels te ontwarren geven dan Junes leugens!

Er zit in onze verhouding zowel menselijkheid als monsterachtigheid. Ons werk, onze literaire fantasie, is monsterachtig. Onze liefde is menselijk. Ik merk het als hij het koud heeft, ik ben ongerust over zijn gezichtsvermogen. Ik zorg voor een bril, een speciale lamp, dekens. Maar als we praten en schrijven, treedt er een fantastische deformatie op, waardoor wij intensiveren, overdrijven, kleuren, opzwellen. Er bestaan satanische genoegens, alleen aan schrijvers bekend. Zijn gespierde stijl en de gelakte van mij worstelen en copuleren onafhankelijk. Maar als ik hem aanraak, wordt het menselijke wonder voltrokken. Hij is de man voor wie ik vloeren zou schrobben. Voor wie ik de nederigste en de meest schitterende dingen zou doen. Hij denkt aan ons huwelijk, waarvan ik voel dat het nooit zal bestaan, maar hij is de enige man met wie ik zóu trouwen. Samen zijn we groter. Na Henry zal er nooit meer zo'n polariteit zijn. Een toekomst zonder hem is duisternis. Ik kan het me zelfs niet voorstellen.

Allendy moet Hugo toegeven dat er een gevaar schuilt in mijn literaire vriendschappen omdat ik met ervaring speel als een kind en mijn spelletjes serieus neem, dat mijn literaire avonturen me naar milieus voeren waar ik niet thuis hoor. Grote, meelevende Allendy en trouwe en jaloerse Hugo, ongerust over het kind dat zo'n gevaarlijke behoefte aan liefde heeft.

Allendy heeft mijn literair-creatieve kant niet serieus genomen, en ik heb hem zijn simplificatie van mijn aard tot puur vrouw-zijn kwalijk genomen. Hij heeft geweigerd zijn visie te laten vertroebelen door rekening te houden met mijn fantasie.

De absolute oprechtheid van mannen als Allendy en Hugo is prachtig maar voor mij niet interessant. Het fascineert me niet zo als Henry's onoprechtheden, dramatiek, literaire escapades, experimenten, streken. Als Henry en ik in elkaars armen liggen, houden alle spelletjes op, en tijdelijk vinden we onze fundamentele heelheid. Wanneer we weer aan het werk gaan, doordringen wij onze levens met onze fantasie. Wij geloven erin niet alleen als mens te leven maar ook als scheppers, avonturiers.

Die kant van mij, die Allendy terzijde schuift, de gestoorde, gevaarlijke, erotische kant, is precies de kant die Henry oppakt en waarop hij reageert, die hij vervult en uit doet dijen.

Allendy heeft gelijk over mijn behoefte aan liefde. Ik kan niet leven zonder liefde. Liefde is de wortel van mijn bestaan.

Hij praat om de brandende jaloezie van Hugo te verzachten, misschien om zijn eigen twijfels te sussen. Zijn passie is beschermend, medelevend, dus benadrukt hij mijn breekbaarheid, mijn naïveteit; terwijl ik, met een dieper instinct, een man kies die mijn kracht afdwingt, die mij enorme eisen stelt, die niet aan mijn moed of weerbaarheid twijfelt, die niet gelooft dat ik naïef of onschuldig ben, die de moed heeft mij als een vrouw te behandelen.

JUNE IS GISTEREN AANGEKOMEN.

Fred belde en vertelde me het nieuws. Ik was geschokt, al had ik mij het tafereel ook nog zo vaak voorgesteld. Ik ben me de hele dag bewust dat June in Clichy is. Ik stik in werk en eten, herinner me Henry's smekende woorden: wachten. Maar de periode van wachten is ondraaglijk. Ik slik grote doses slaapmiddelen. Ik spring op als de telefoon gaat. Ik bel Allendy. Ik ben als iemand die aan het verdrinken is.

Henry belde me gisteren op en vandaag weer, ernstig, in de war. 'June is in een vriendelijke stemming gekomen. Ze is rustig en redelijk.' Hij is ontwapend. Zal dat zo blijven? Hoe lang zal June blijven? Wat moet ik doen? Ik kan niet wachten hier, in deze kamer, alleen met mijn werk.

Ik ga slapen met een pijn die zwaar op me drukt. Als ik 's morgens wakker word ligt die als een steen achter in mijn hoofd. Hugo's liefde is op dit moment geweldig, bovenmenselijk. En die van Allendy. Ze vechten voor me. Als kind ben ik bijna doodgegaan om de liefde van mijn vader te winnen, en ik laat me geestelijk doodgaan om dezelfde reden, namelijk om degenen die ik liefheb te kwellen en te tiranniseren, om hun zorg te verkrijgen. Dit besef was een klap in mijn gezicht. Ik vecht nu om mezelf te helpen.

Ik moet Henry niet opgeven alleen omdat June redelijk is. Toch moet ik hem tijdelijk opgeven, en om dit te doen moet ik de onmetelijke leegte vullen die zijn afwezigheid in mijn leven veroorzaakt.

June belde me op, en ik voelde geen schok bij het horen van haar stem, geen verrukking, niets van de opwinding die ik verwachtte te voelen. Ze komt morgenavond naar Louveciennes.

Hugo reed me naar Allendy. Ik was van plan naar Londen te gaan, waar ik nieuwe mensen zou ontmoeten en redding vinden, geestelijk evenwicht. Tegen de tijd dat ik Allendy zag had ik mijzelf weer in de hand. Hij was zo blij dat hij me van masochisme gered had. Hij vermoedde het einde van mijn onderwerping aan Henry en June. Terwijl hij voortdurend mijn handen kuste sprak hij goed en menselijk. De jaloerse Allendy versus Henry. Hij is zo handig. Ik zei toevallig dat Henry's grote behoefte aan vrouwen voortkwam uit het feit dat hij zo màn was, honderd procent man; leve de heidense goden dat hij geen spatje vrouwelijkheid had. Maar Allendy zegt dat juist de seksueel volwassen man tedere en intuïtieve vrouwelijke eigenschappen heeft. De ware man bezit sterke beschermende instincten, die Henry niet heeft. Allendy is heel wijs behalve als het om Henry gaat. Hij, de grote analyticus, is zo jaloers dat hij de krankzinnige uitspraak deed dat Henry misschien een Duitse spion is.

Hij wil mij bevrijd zien van de behoefte aan liefde zodat ik uit eigen vrije wil van hem kan houden. Hij wil niet dat de behoefte aan liefde mij in zijn armen drijft. Hij wil zijn invloed op mij niet gebruiken om me te bezitten, wat hij zou kunnen doen. Hij wil dat ik eerst op eigen benen sta.

Hij zei dat Henry genoot van de macht van een liefde zoals ik die hem gaf, dat hij zijn hele leven nooit meer zo'n kostbaar geschenk zou bezitten, dat dit alleen maar gebeurde omdat ik geen besef had van mijn eigen waarde. Hij hoopte, voor mij, dat het voorbij was.

Ik aanvaardde dit alles verstandelijk. Ik vertrouw Allendy, en ik voel me tot hem aangetrokken. (Speciaal vandaag, toen ik de sensuele vormen van zijn mond zag, de mogelijkheid tot wreedheid.) Maar in de grond voelde ik, zoals alle vrouwen, een sterke, beschermende liefde voor Henry – hoe minder perfect, hoe meer je van hem moet houden.

Ik word sterk. Ik bel Eduardo om hem te helpen, hem te steunen. Ik zie van mijn reis naar Londen af. Ik heb het niet nodig. Ik kan Henry en June onder ogen zien. De verstikkende knoop van pijn is verdwenen. Ik hoef niet op veranderingen van buitenaf, op nieuwe vrienden te leunen.

Dit alles is niets anders dan een heftige verdediging tegen het verlies van de minnaar die ik nooit zal vergeten. Wat zal er van zijn werk, zijn geluk worden? Wat zal June met hem doen? – mijn liefde, Henry, die ik met kracht en zelfkennis vervulde; mijn kind, mijn creatie, zacht en meegaand in vrouwenhanden. Allendy zegt dat hij nooit meer zo'n liefde als de mijne zal hebben, maar ik weet dat ik er altijd voor hem zal zijn, dat de dag dat June hem kwetst ik er zal zijn om weer van hem te houden.

Middernacht. June. June en waanzin. June en ik op het station elkaar kussend terwijl de trein langs ons voorbij raast. Ik breng haar weg. Mijn arm ligt om haar middel. Ze beeft. 'Anaïs, ik ben gelukkig met jou.' Zij is het die mij haar mond biedt.

Tijdens onze avond samen praatte ze over Henry, over zijn boek, over zichzelf. Ze was eerlijk, of ik ben de grootste sukkel die er ooit bestaan heeft. Ik kan alleen geloven in onze verrukking. Ik wil haar niet kennen, ik wil alleen van haar houden. Ik heb één grote angst, dat Henry haar mijn brief aan hem zal laten zien en haar pijn doen, dodelijk kwetsen.

Ze vergeleek mij met de lerares uit *Mädchen in Uniform*, en zichzelf met het dwepende meisje Manuela. De lerares had prachtige ogen, vol medelijden, maar ze was sterk. Waarom wil June denken dat ik sterk ben en zijzelf een gepassioneerd kind, de lerares dierbaar.

Ze wil bescherming, een toevlucht, weg van pijn, van een leven dat te verschrikkelijk voor haar is. Ze zoekt in mij naar een ongeschonden beeld van zichzelf. Ze vertelt mij het hele verhaal van Henry en haar, de andere kant van het verhaal. Ze hield van

Henry en vertrouwde hem tot hij haar bedroog. Hij bedroog haar niet alleen met vrouwen maar hij verwrong haar persoonlijkheid. Hij schiep een wrede persoon, wat ze niet was, door haar tederste, zwakste persoonlijkheid te verwonden. Ze voelde een afwezigheid van vertrouwen, een reusachtige behoefte aan liefde, aan trouw. Ze nam haar toevlucht tot Jean, tot Jeans loyaliteit, trouw, begrip. En nu heeft ze een barricade opgetrokken van zelfbeschermende leugens. Ze wil zichzelf beschermen tegen Henry, een nieuwe persoonlijkheid scheppen die niet voor hem toegankelijk is, onkwetsbaar. Ze put kracht uit mijn trouw, mijn liefde.

'Henry heeft niet genoeg fantasie,' zegt zij. 'Hij is niet echt. Hij is ook niet eenvoudig genoeg. Hij is het die me gecompliceerd heeft gemaakt, die me mijn levenslust ontnomen heeft, me gedood heeft. Hij heeft een fictief personage bedacht door wie hij gekweld kon worden, die hij kon haten; hij moet zichzelf door middel van haat opzwepen om te kunnen scheppen. Ik geloof niet in hem als schrijver. Hij heeft menselijke ogenblikken, natuurlijk, maar hij is een oplichter. Hij is alles waarvan hij mij beschuldigt. Híj is de leugenaar, onoprecht, vol streken, een acteur. Hij is het die drama's zoekt en monsterachtigheden schept. Hij wil geen eenvoud. Hij is een intellectueel. Hij zoekt eenvoud en gaat die dan vertekenen, monsters verzinnen. Het is allemaal onecht, onecht.'

Ik ben verbijsterd. Ik bespeur een nieuwe waarheid. Ik wankel niet tussen Henry en June, tussen hun elkaar tegensprekende versies van zichzelf, maar tussen twee waarheden die ik helder voor me zie. Ik geloof in Henry's menselijkheid, hoewel ik me volkomen bewust ben van het literaire monster. Ik geloof in June, hoewel ik me bewust ben van haar onschuldige verwoestende macht en haar komedie spelen.

Aanvankelijk had ze me willen bestrijden. Ze was bang dat ik Henry's versie van haar geloofde. Ze had in Londen willen aankomen in plaats van in Parijs en mij vragen naar haar toe te komen. Bij de eerst blik van mijn ogen vertrouwde ze me weer.

Gisteravond sprak ze prachtig, coherent. Ze plaatste Henry's zwakheden in een wreed reliëf. Zij verbrijzelde zijn oprechtheid, zijn heelheid. Zij verbrijzelde mijn bescherming van hem. Ik had niets bereikt, volgens haar. 'Henry doet alleen maar of hij het begrijpt, zodat hij zich om kan draaien en aanvallen, vernietigen.'

Ik zal alleen achter de waarheid komen door mijn eigen ervaring met elk van beiden. Is Henry niet menselijker tegen mij geweest, en June oprechter? Ik, die iets van beide karakters heb, zal ik er niet in slagen hun poses te vernietigen, hun ware essentie te vatten?

Allendy heeft mij mijn opium afgenomen; hij heeft me lucide en gezond gemaakt, en ik lijd wreed onder het verlies van mijn denkbeeldige leven.

June is ook genezen. Ze is niet meer hysterisch en in de war. Toen ik vandaag deze verandering in haar opmerkte, was ik doodongelukkig. Dat ze weer beter was, menselijk, dat wilde Henry, en dat is wat hem gegeven wordt. Ze kunnen met elkaar praten. Ik heb hem veranderd, mild gemaakt, en hij begrijpt haar beter.

Dan zitten zij en ik samen, onze knieën raken elkaar, en wij kijken elkaar aan. De enige waanzin is de koorts tussen ons. We zeggen: 'Laten we gewoon zijn bij Henry, maar laten we samen gek zijn.'

Ik stap de chaos van June en Henry binnen en zie dat ze duidelijker voor zichzelf en voor elkaar worden. En ik? Ik lijd onder de waanzin die zij achterlaten. Omdat ik hun verwikkelingen oppak, hun onoprechtheden, hun complexiteit. Ik herleef ze in mijn verbeelding. Ik kan zien dat June bij Henry weer zijn geloof in zichzelf wegneemt, hem in de war brengt. Ze is zijn boek aan het vernietigen. Door middel van haar liefde voor mij, probeert ze mijn invloed op Henry weg te werken, mij van hem af te pakken, hem weer te domineren, louter om hem berooid en verzwakt achter te laten; hiervoor wil ze mij zelfs beminnen. Ze ontraadt hem sterk zijn boek uit te geven langs de weg die ik heb geopend. Ze neemt het hem kwalijk dat hij zijn geloof in haar vermogen om hem te helpen heeft verloren. Ik zie dat ze nu mijn middelen gebruikt – redelijkheid, kalmte – om dezelfde vernietiging te bewerkstelligen.

Ik lig in haar armen in een taxi. Ze houdt me stevig vast en zegt: 'Jij geeft me leven, je geeft me wat Henry van mij heeft afgenomen.' En ik hoor mezelf met koortsige woorden antwoord geven. Deze scène in de taxi – knieën die elkaar raken, handen verstrengeld, wang tegen wang – speelt zich af terwijl we ons bewust zijn van onze fundamentele vijandschap. We hebben tegenstrijdige belangen. Toch kan ik niets voor Henry doen. Hij is te zwak zolang zij er is, zoals hij zwak is in mijn handen. Terwijl ik zeg dat ik van haar houd zit ik te denken hoe ik Henry kan redden, het kind, niet meer de minnaar voor mij, omdat zijn zwakheid een kind van hem gemaakt heeft. Mijn lichaam herinnert zich een man die dood is.

Maar wat een ongelofelijk spel zijn wij drieën aan het spelen. Wie is de demon? Wie de leugenaar? Wie het meest menselijk wezen? Wie de slimste? Wie de sterkste? Wie heeft het innigst lief? Zijn wij drie gigantische ego's die vechten voor dominantie of voor liefde, of loopt dat door elkaar? Ik voel me beschermend tegen zowel Henry als June. Ik voed hen, kleed hen, offer me voor hen op. Ook moet ik ze leven geven, omdat zij elkaar vernietigen. Henry maakt zich zorgen dat ik midden in de nacht van het station terugloop nadat ik June heb weggebracht, en June zegt: 'Ik ben bang voor je perfectie, voor je scherpzinnigheid,' en nestelt zich in mijn armen, om zich klein te maken.

En dan een prachtige brief van Henry, zijn meest oprechte, vanwege zijn eenvoud: 'Anaïs, dank zij jou word ik ditmaal niet verbrijzeld... Verlies het vertrouwen in mij niet, dat smeek ik je. Ik hou meer van je dan ooit, echt waar, echt waar. Ik vind het afschuwelijk om op te schrijven wat ik je graag zou willen vertellen over de twee eerste nachten met June, maar als ik je zie en het je vertel zul je de absolute oprechtheid van mijn woorden beseffen. Tegelijkertijd, vreemd genoeg, maak ik geen ruzie met June. Het lijkt of ik meer geduld heb, meer begrip en sympathie dan ooit tevoren... Ik heb je heel erg gemist en ik heb aan je gedacht op momenten dat, ik zweer het, geen gewone, normale man dat zou doen... En alsjeblieft, lieve, lieve Anaïs, zeg geen wrede dingen tegen me zoals laatst door de telefoon – dat je blij voor me bent. Wat betekent dat? Ik ben niet gelukkig maar ook niet erg ongelukkig; ik heb een droevig, weemoedig gevoel, dat ik niet helemaal kan verklaren. Ik verlang naar je. Als je me nu in de steek laat ben ik verloren. Je moet in me geloven hoe moeilijk dat ook soms mag lijken. Je vraagt iets over naar Engeland gaan. Anaïs, wat moet ik zeggen? Wat zou ik willen? Met jou daarheen gaan – altijd bij jou zijn. Ik vertel je dit op een moment dat June in haar beste gedaante naar mij toe is gekomen, dat er meer hoop zou moeten zijn dan ooit, als ik hoop wilde. Maar net als jij met Hugo, zie ik dat het allemaal te laat komt. Ik ben verder gegaan. En nu, zeker, moet ik met haar in een treurige prachtige leugen leven, en daar lijd jij onder en dat doet mij verschrikkelijk pijn.

En misschien zul je meer in June zien dan ooit, hetgeen terecht zou zijn en je gaat me misschien haten en verachten maar wat kan ik doen? Neem June voor wat ze is – ze betekent misschien een heleboel voor jou – maar laat haar niet tussen ons komen. Wat jullie beiden elkaar te geven hebben gaat mij niets aan. Ik houd van je, vergeet dat niet. En straf me alsjeblieft niet door me uit de weg te gaan.'

Gisteravond heb ik gehuild. Ik huilde omdat het proces waarin ik vrouw ben geworden pijnlijk was. Ik huilde omdat ik geen kind meer was met het blinde vertrouwen van een kind. Ik huilde omdat mijn ogen nu open stonden voor de realiteit – Henry's egoïsme, Junes liefde voor macht, mijn onverzadigbare creativiteit, die zich bezig moet houden met anderen en niet genoeg heeft aan zichzelf. Ik huilde omdat ik niet meer kon geloven en ik geloof zo graag. Ik kan nog steeds gepassioneerd liefhebben zonder te geloven. Dat betekent dat ik menselijk liefheb. Ik huilde omdat ik van nu af aan minder zal huilen. Ik huilde omdat ik geen pijn meer had en ik nog niet gewend ben aan de afwezigheid ervan.

Henry komt dus vanmiddag, en morgen ga ik met June uit.

ooievaarpockets

Een selectie uit de beste Nederlandse en internationale literatuur, vanaf f 10,-

'Hij is ongetwijfeld één van de grootste schrijvers (en reizigers) van onze tijd, om meer dan één boek, maar dan voor mij met name om dat onvergetelijke portret van die breekbare Utz.'

Joost Galema - Twentsche Courant

'Dit is het soort boek (...) waarmee de recensent het liefst langs de deuren zou gaan om het in iedere brievenbus te duwen. Wie zich heeft laten ontmoedigen door het fletse realisme van de Jonge Amerikanen en wanhoopt aan de toekomst van de roman, kan aan **De passie** zijn hart ophalen.'

Bas Heijne - NRC Handelsblad

'Het fascinerende van de Sade is dat hij, hoewel hij seks van ieder gevoel of sentiment ontdoet en daarbij vaak het beestachtige in de mens in scène zet, tegelijkertijd precies datgene naar voren haalt, waarin de erotiek zich van het animale onderscheidt.'

Ieme van der Poel – NRC Handelsblad